《市民学堂》（第8辑）

主　　编　李东来

副 主 编　蔡　冰

参编人员　莫启仪　　陈本峰　　陈家欣

　　　　　严丽洁　　梁毅华　　韩志锋

市民学堂

第 8 辑

李东来　主编

中国出版集团

世界图书出版公司

广州·上海·西安·北京

图书在版编目（CIP）数据

市民学堂．第 8 辑 / 李东来主编．－－ 广州 ：世界图书
出版广东有限公司，2013.11
　ISBN 978-7-5100-7106-5

　Ⅰ．①市… Ⅱ．①李… Ⅲ．①社会科学－文集
Ⅳ．① C53

中国版本图书馆 CIP 数据核字（2013）第 265565 号

市民学堂第 8 辑

策划编辑　赵　泓
责任编辑　阮清钰
装帧设计　文　竹　曹相宜
出版发行　世界图书出版广东有限公司
地　　址　广州市新港西路大江冲 25 号
电　　话　020-84459702
印　　刷　虎彩印艺股份有限公司
规　　格　787mm×1092mm　1/16
印　　张　15.5
字　　数　170 千
版　　次　2013 年 11 月第 1 版　2013 年 11 月第 1 次印刷
ＩＳＢＮ　978-7-5100-7106-5/Z・0071
定　　价　55.00 元

前　言

　　书籍是人类进步的阶梯。爱读书的人，可以在书籍里获取精神粮食，汲取营养，攀爬至人生更高的巅峰，追寻更广阔的人生境界。阅读氛围浓郁的城市，更尤胜高楼林立的钢铁之城，芬芳四邻，远近闻名。城市阅读，日益成为城市软实力的硬名片，在日趋激烈的城市竞争中占据愈来愈重要的位置。

　　"十二五"期间，东莞市委、市政府按照"经济社会双转型"的发展战略，着力建设"文化名城"，构建城市公共文化服务体系。通过有形和无形的图书馆网络覆盖和服务全市，为广大市民提供方便快捷的学习服务，让市民工作、生活的每一个地方都成为阅读之处、学习之所；通过举办一年一度的读书节，打造城市阅读品牌，营造城市阅读氛围，培养城市阅读习惯，提升城市阅读能力；通过举办市民学堂，激荡市民思想，启迪市民智慧，促进知识传播……城市阅读已成为推动东莞城市发展的重要手段和经济社会全面快速转型的重要力量，已成为东莞文化名城建设的重要内容和东莞城市精神凝集的重要举措。

　　为将城市阅读之风引向深入，我们推出"城市阅读系列"，旨在让业已蓬勃开展的城市阅读活动进一步传播开去，走近市民；旨在加大市民对城市阅读的参与度，通过优秀的"阅读"自觉产生并传递和谐心态，提升自我素养和人文精神，迸发创新才能；旨在让生活在城市里的每一个人，以自己的方式，"阅读"一切带着城市印记的文化符号。

东莞市民学堂作为东莞城市阅读的生动载体，定期邀请各领域知名学者面向社会公众开展公益讲座。在这个"社会学校"里，专业、精深、新颖的知识成为广大市民精神餐桌上的饕餮盛宴。自 2006 年起，我们每年精选年度优秀讲座汇编出版。此辑为"城市阅读系列"《市民学堂》的第 8 辑，汇编优秀讲座 15 篇，以饷读者。

　　翻开书页，品位浓浓的翰墨书香；走进东莞，感悟城市阅读的美丽芬芳；踏入市民学堂，领略知识与思想的融汇碰撞。让我们通过城市阅读，共同走向知识的海洋，延展飞翔的翅膀！

目　录
Contents

健康·生活 / 171

附录 / 217

阅读·文学

阅读，与经典同行

【嘉宾简介】

王余光，历史学博士，北京大学信息管理系教授，系主任，另兼任教育部高等学校图书馆学学科教学指导委员会主任，中国图书馆学会副理事长，全国古籍保护工作专家委员会委员。主要个人著作有《中国历史文献学》、《中国文献史》第一卷、《中国文字与典籍：揭开文明的篇章》、《中国新图书出版业初探》、《名著的阅读》、《读书随记》和《文献学与文献学家》等。另与他人合作有《影响中国历史的三十本书》、《中国读书大辞典》和《中国读者理想藏书》等。

【按语】

发现经典，选择经典，阅读经典，最终与经典同行。

坐在图书馆明净宽大的玻璃窗下，阳光柔和地洒落在书桌上，或听着外面雨点垂落在树叶上的声音，我们不仅感受着经典的魅力，也在体悟着时空的静谧。今天，我们阅读传统经典，不仅是为了获取知识，也是为了文化的传承与发展。这或许是完善自我的最好途径。

一、何为经典：需要具备影响力、历史性和广泛性三个因素

说起阅读经典，首先就会碰到哪些作品可以成为经典这个问题。其实，所谓"经典"并没有定论。

60多年前，朱自清写成《经典常谈》，他所说的经典，相对于儒学的"经"而言，是广义的：包括群经、先秦诸子、几种史书、一些集部；要读懂这些书，特别是经、子，得懂"小学"，就是文字学，所以《说文解字》等书也是经典的一部分。

当代学者龚鹏程在《经学概说》一文中，讨论经典之所以成为经典时说：一方面是经典本身的原因，因当它具有真理，足以启发后人，故为人所尊崇，视为恒经，乃不刊之理论。另一方面，它也形成于圣典崇拜之中。在经典化及其竞争关系里，某些书虽然也很重要，但未被经典化；某些书，原亦平常，却在某一历史条件下经典化了。

先贤时哲所言，予人颇多启迪。

我们常说的经典，是指那些具有重要影响的、经久不衰的著作，其内容或被大众普遍接受，或在某专业领域具有典范性与权威性。

如果我们不讨论专业经典，仅就一般意义而言，那么经典具有三重特性或三要素。

（一）影响力

影响力体现了作品内容的吸引力。那些成为经典的作品，无不在一定区域具有重要影响力，如《周易》、《孙子兵法》等。当然，影响力分积极的与消极的，也有长期的与短暂的。那些"影响一时"的作品可称之为名著。而影响力，应当说并不完全出自作品的自身，或者说绝对自然发生的影响力是不存在的。我们每个人的阅读都受到很多因素的影响，如政治形态、家庭、个人的素质和兴趣、老师与同学、环境以及广告等等。

（二）时间性

一部作品，或许影响一时，或许在某一特定的时期被人顶礼膜拜，但时过境迁，很快就被人们遗忘或抛弃。经典，需经得起时间的检验，

需经久而不衰。也就是说，一切著作，若要成为经典，我想它必须要经得起历史的考验。

（三）广泛性

我所理解的经典（非专业领域的经典），必须是广泛的，即它所讨论的问题是人们所普遍关心的，是大家普遍接受的。比如《诗经》、《论语》、《史记》、《三国演义》等等，它们的内容是广泛的。《诗经》三四千年以来，它讨论的话题我们今天仍然关心，有不少诗在今天还成为流行歌曲，像邓丽君唱过的《在水一方》等。

二、中国人的阅读传统：经典崇拜

中国悠久的阅读历史，形成了丰厚的读书传统，这种传统的积淀与承继，对后世读书人有着重要的影响，读书人在心理上和阅读的价值取向上无不受其支配。中国阅读传统的一个重要内容，是阅读的思想与方法，然而阅读的目的与动力还有着强烈的现实需求，这种需求深刻而广泛地影响着读书人的阅读价值观。

首先，是"学而优则仕"。从孔夫子提倡读书做官，到《大学》中阐发的修身、齐家、治国、平天下；从隋代初年创科举制度，到宋代流传的"书中自有黄金屋"、"书中车马多如簇"等，一个很鲜明的目的：读书以致富贵。这一传统是中国文化传统和价值观中的重要组成部分，对中国文化的发展有着不可低估的影响。

其次是勤学苦读。在中国阅读史上，勤学苦读的感人事例层出不穷，如"悬梁刺股"、"凿壁偷光"、"囊萤映雪"、"韦编三绝"等等，这些故事曾激励过数千年来读书人发愤攻读，积极进取，其影响至今犹存。

第三，对文本的尊重。过去的读书人，往往都是藏书人或抄书人。印刷术在我国发明得很早，但印本书籍的流传仍不是很普及。宋代的雕版印刷术虽然已经流行，但印出的图书品种一般不是很多，或仅限于一些经史名著。在 11 世纪初期，《史记》、《汉书》等，一般读书人还要靠手抄。古代中国读书人的抄书，是一种很普遍的现象。过去的学者认为，好书当抄，抄书有益，抄书也是一种读书与学习的方法。书既不易得，读书人对书的敬重与珍视是可想而知的。清代藏书家孙从添在所著《藏书记要》中的一段记叙，颇能反映读书人的一般心态。他写道：

　　且与二三知己，与能识古本今本之书籍者，并能道其源流者，能辨原板翻板之不同者，知某书之久不刷印、某书之止有抄本者，或偕之间访于坊家，密求于冷铺，于无心中得一最难得之书籍，不惜典衣，不顾重价，必欲得而后止。其既得之也，胜于拱璧。即觅善工装订，置之案头，手烧妙香，口吃苦茶，然后开卷读之，岂非人世间一大韵事乎？

　　书不仅因贵重而加珍视，同时，书也是读书人生活中不可缺少的组成部分。明代一学者曾说：可无衣、可无食，不可以无书。衣食本是不可无的，这里只是想表明书的重要。读书人常常嗜书如命，并从中获得乐趣。在读书人尊重文本的基础上所构建的私人阅读空间，书房的内外环境、买书、藏书、借书、抄书、读书，某些读书人的如痴如疯，正是中国阅读史中最具特色和感人的篇章。

　　书籍是读书人生活的重要组成部分，在书籍中，经典又具有其重要而特殊的地位。在读书人心目中，经典具有力量，经典或阅读经典具有重要的象征性意义。唐代魏征在《隋书经籍志序》中，对经典的力量与象征意义作了极为精彩的概括，他认为：经籍是圣贤智慧的结晶，可以用来领悟宇宙的奥妙，探究天地、阴阳的消息，端正世间的纲纪，弘扬人类的道德。经籍显则可救济世人，经籍藏则可独善其身。读经籍可令人进步，否则就会落后。成大业者能推崇经籍，则将有令人敬重的光明德性；普通人能以经籍为念，则将为世人所重。统治者若要树立政声、显扬德威、敦励教化、移风易俗，哪有不从经籍而来呢？

　　首先，经籍是知识的宝库，古今中外的读书人，在这方面都持有相同或相似的看法。苏轼在《李氏山房藏书记》中说：经籍是取之不竭、用之不竭的，人的天分不同，贤或不肖，读书都会各有所获。英国哲学家波普尔曾说：假使我们所有机器和工具，连同我们所有的主观知识都被毁坏了，然而，只要图书馆和我们从中学习的能力依然存在，我们的世界就会重新前进的。经籍贮存知识，并为人们的创造提供基础。

其次，在中国科举时代，经书，特别是四书五经，再加上朱熹的注解，一直成为科举的最重要的教科书，成为读书人踏入官场的阶梯。千余年间，读书人无不深受其影响。

第三，经籍有助于甚或影响着国家的治理。我们现在是否能同意这一看法并不重要，至少我国古代学人是这样看的。司马迁在谈到《春秋》时说，《春秋》明辨人事经纪，判别嫌疑、是非、善恶，以宣扬王道，是一部政治、百官之大法，人伦、礼义之大宗，有国者、为人臣者，都不可不知《春秋》。司马光撰《资治通鉴》，并不是一般意义上的著书立说和史学研究，而是极具政治目的的。他在给皇帝的《进资治通鉴表》中称：该书"专取关国家盛衰，系民生休戚，善可为法，恶可为戒者，为编年一书。"又说，通过此书可"鉴前世之兴衰，考当今之得失，嘉善矜恶，取是舍非，足以懋稽古之盛德，跻无前之至治。"《资治通鉴》成为治理国家的一面镜子，颇受当朝皇帝的赏识，对后世皇帝及大小官员也有很大影响。即便在 20 世纪，有些人认为该书也是公务员必读的。

第四，经籍有益于国家的治理、信仰的确立和教化的形成。

第五，经籍或读书具有象征意义，从某种程度上来看，它体现了一个人的地位、权利或特征。读书会使一个人更有教养，即使不会，它也使一个人看起来有教养。我们在电视上常常看到，一些被采访的人物常常坐在大书架的前面，这不正说明书是极具象征意义的吗？哪怕这些被采访者根本不读书，或根本没时间读书。当然，从阅读史的角度看，我们更希望书不是象征物，而应该是读物。

三、阅读经典：成为每个人教养的一部分

在中国，随着西学的引进，科举制度的废弃，传统经典与读书人愈行愈远。五四运动前后，新教育制度的确立和白话文的推行，青年学生，特别是中小学生，已不把传统经典作为主要读物了。当时，有学者甚至说要把线装书扔到茅厕里去。因而，为什么要读经典，在那个时代就已被提出。近一百年来，这一问题常常被人们提起。

近10余年来，随着新技术的发展，电视、手机与网络的普及所造成的冲击，使人们的阅读时间大大减少了。与此同时，随着中国经济实力的增强，所谓文化软实力被学者们不断宣扬，而阅读传统经典，弘扬中国文化，正是这种软实力的必备内涵。

1923年，梁启超在撰写《国学入门书要目及其读法》的同时，还写了一篇《治国学杂话》的文章。在这里，梁氏就为什么要阅读传统经典，提出了两层意见。

一是，作为中国学人，有必要读一些中国传统经典。他在《最低限度之必读书目》后的附言中说："以上各书，无论学矿学、工程学……皆须一读，若此未读，真不能认为中国学人矣。"

二是，梁氏认为，不仅需要阅读必要的经典，对那些"最有价值的文学作品"和"有益身心的格言"，也需要熟读成诵。他说：好文学是涵养情趣的工具，做一个民族的分子，总该对于本民族的好文学十分领略，能熟读成诵，才在我们的"下意识"里头，得着根底，不知不觉会"发酵"。有益身心的圣哲格言，一部分久已在我们全社会上形成共同意识，我们做这社会的分子，总要彻底了解他，才不至和共同意识生隔阂。一方面我们应事接物时候，常常仗他给我们的光明。

那些传统经典中的好文学，浇溉和滋养着我们的心灵，使我们有涵养与情趣；而圣哲格言，在为人处事方面，给我们以指引，不致使我们陷入困惑的黑暗之中。在20世纪90年代，经过多次动荡

的中国教育界，多少已意识到梁启超的深意，开始强调学生的素质教育。

1925 年，孙伏园在自己主持的《京报副刊》上，发出"青年爱读书十部"与"青年必读书十部"的征文启示。"青年必读书十部"征文，当时有七十余位学者作家应征。

1934 年，《教育杂志》主编何炳松向全国教育界征询"读经"的意见。次年五月，《教育杂志》将收回的 70 余篇文章以专辑的形式推出。其中收录了时任无锡国专校长唐文治的意见。

唐文治说：窃维读经当提倡久矣！往者英人朱尔典与吾华博士严幼陵相友善，严尝以中国危亡为虑，朱曰：中国决不至亡。严询其故，朱曰：中国经书，皆宝典也，发而读之，深入人心。基隆局固，岂有灭亡之理？余谓朱说良然。吾国经书，不独可以固结民心，且可以涵养民性，和平民气，启发民智。故居今之世而欲救国，非读经不可。

在唐文治看来，经书为国家的根基，可以团结人民、提高素质、开发智慧，创造和谐社会。

1942 年，在西南联大任教的朱自清，写成《经典常谈》，此后多次出版或重印。作者在《序》中说：在中等以上的教育里，经典训练应该是一个必要的项目。经典训练的价值不在实用，而在文化……再说做一个有相当教育的国民，至少对于本国的经典，也有接触的义务。

由朱自清的"文化"二字，可见 60 多年前，中国的知识分子就已经意识到中国文化受西方文化冲击的问题，担心中国人走向世界时会忘掉本民族的文化。作为这个民族的知识分子，自有着传承民族文化的责任。60 多年来，《经典常谈》也成了人们习读经典的经典。

1978 年，香港中文大学新亚书院设立"钱宾四先生学术讲座"，请 84 岁高龄的钱穆作了《从中国历史来看中国民族性及中国文化》系列讲座。在讲演中，钱穆指出：有七部书是"中国人人人必读的书"。

他说：我们今天一个知识分子，一个读书人，应该读四部书：一部是《论语》，一部《孟子》，第三部是《老子》，第四部是《庄子》。读了这面，还应读那面，这就叫"一阴一阳"。又说：这四部书都是古代的。若要再读后代的，则我再举三部。一是禅宗慧能的《六祖坛经》。第二部是朱子选的《近思录》。第三部是王阳明的《传习录》。拿唐朝以下的三部，汇合上战国时代的四部，可成为中国新的《七经》。

钱先生终生致力于中国文化的研究，是一位"对其本国已往历史有一种温情与敬意者"。其所《七经》说，乃其一生的读书经验之所得。

钱穆高足余英时，长期在美国大学执教。上世纪末，作《怎样读中国书》，主张读传统经典，提倡"旧书不厌百回读"。该文中有一段话很值得我们思考。他说：中国知识界似乎还没有完全摆脱殖民地的心态，一切以西方的观念为最后依据。甚至"反西方"的思想也还是来自西方，如"依赖理论"、如"批判学说"、如"解构"之类。所以特别是这十几年来，只要西方思想界稍有风吹草动（主要还是从美国转贩的），便有一批中国知识分子兴风作浪一番，而且立即用之于中国书的解读上面，这不是中西会通，而是随着外国调子起舞，像被人牵着线的傀儡一样，青年朋友们如果不幸而入此魔道，则从此便断送了自己的学问前途。

我们注重传统经典的阅读，或许源于中国悠久的传统所赋予我们与生俱来的情感。然而，在美国，习读经典名著，特别是习读传统经典，同样是受人关注的话题。早在 20 世纪初，哥伦比亚大学就创设了"文学人文"和"当代文明"两门本科生的必修课。前者致力于提供一个欧洲文学名著的标准选目，后者提供一个哲学和社会理论名著选目。美国《纽约》杂志的电影评论家大卫·丹比谈到母校坚持开设这类课程的原因时说：学校很清楚地知道，消费主义和平庸趣味的污染从来没有远离过这些经典著作名单。学校试图通过它组织和教授这两门课的方式驱除这种污染。首先，阅读常常是艰涩的，对当代的学生来说尤其如此。这是对西方传统的极度尊崇，而且校方坚持认为它是必要的。它们应该成为每个人的教养的一部分。

这个人48岁回到母校选修"文学人文"与"当代文明"这两门课，重读西方经典。对此他说：媒体给予信息，但信息在90年代已变成了瞬息万变、十分不稳定的东西。"我拥有信息，但没有知识"，"严肃的阅读或许是一种结束媒体生活对我的同化的办法，一种找回我的世界的办法。"

四、阅读哪些经典：时间检验出古老文化的精髓

不少读书人都认为：图书典籍浩如烟海，在阅读时会遇到图书的选择与鉴别等问题。为了解决这些问题，人们往往通过书目，来了解图书典籍的状况，明晓读书的门径。书目，特别是那些指导阅读性的推荐书目，在我们购书、藏书和读书时可提供重要帮助。

然而，由于受多方面因素的制约，推荐书目的推荐性往往并不十分公允、准确与客观。

首先是时间方面的因素。读书是时代需求的一种反映，不同时代的读者对读物的选择是不同的。120年前，张之洞编的《书目答问》面世，很受当时学子的欢迎，100多年过去了，今天的一般读者，不会再依据《书目答问》去读书了。而在1924年，章太炎开列的《中学国文书目》，今天也不适合中学生了。书目中开列的《二程遗书》、《十驾斋养新录》、《申鉴》等书，恐怕学文科的大学生也没有读过。因而，一部好的推荐书目，要能满足时代读者的需要。

其次，推荐书目受推荐者的知识与兴趣的影响。1923年，清华一批要出国留学的学生，为了短期得到国学常识，请胡适拟定了一个有关国学的书目。胡适开列了《一个最低限度的国学书目》，选书较多，偏重哲学史、文学史方面，史部书一概摒绝，有如《资治

通鉴》这样的书亦未入选，当时梁启超就认为胡适这个书目"文不对题"。30年后的1953年，北京图书馆开列了一个《中国古代重要著作选目》，选书20种。这个书目是经过郭沫若、俞平伯、何其芳等人审订过的。既然称为"古代重要著作"，那么如《周易》、《论语》等哲学、思想方面的著作一本未选，这是很令人困惑不解的。

再次，推荐书目的推荐者受偏见或意识形态方面的影响。1945年，英国作家奚普选出十本"震撼世界的书"，这里没有中国人的书。1985年，美国《生活》杂志在数以百万计的读者中，开展评选《人类有史以来的二十本最佳书》，这里也没有中国人的书。美国图书馆学家唐斯曾写过一本《改变世界的书》，书中选择了从文艺复兴到20世纪中叶出版的16本自然科学和社会科学书籍，其后他又写了一本《自1492年以来塑造现代文明的111种杰出名著提要》。这两本书都没有收录中国人的著作。在后一本书的《导言》里，作者虽然承认东方的经典，"其中有许多书同样对西方产生了深远的影响"，但这些书还是被"略去了"。另一位美国专栏作家费迪曼曾出版《一生的读书计划》，向18岁到80岁的读书人推荐了100部名著，这100部名著也都是欧美人的著作。中国典籍被上述推荐者所忽略，这确实是"世界观的限制所致"。也就是说，这些推荐者是深受"欧美中心论"的影响的。

也许，任何一部推荐书目都不可避免地带有推荐者的主观性和偶然性。然而，对于读者来说，准确、客观地去了解、选择、阅读真正的世界名著，往往是十分必要的。

有鉴于此，我们收集了80种中外推荐书目（中国的推荐书目54种，外国的推荐书目26种），运用了计量的方法，对这80种书目所推荐的书进行统计，以各书被推荐次数的多少为序，列出目录。这份书目不带有我们的主观性和偶然性。因而，它在推荐名著方面，应该说更加公允、准确与客观。我想，在这份书目上，推荐次数最多的书，可称之为经典吧。其中国著作大致有以下八类：

（一）四书五经

这类书中《诗经》、《论语》二书被收录的次数最多。自汉以来，两千余年间，这些书对中国政界、学界，都有重大影响。这两本书为什么被学者认为是最重要的，还有一个原因是简单易懂，而《尚书》、《周易》，可不是一般人读得懂的。

《论语》作为孔子的言论记录，一问世就受到人们的尊重，汉代之后，它几乎是每个读书人的必读之书。《论语》经过朱熹的注解后，便一直成为科举考试的最重要的教科书，宋元明清几朝的做官人、读书人无不受其影响。纵是科举废除以后，《论语》还是读书人经常诵读的书，今天，该书仍是一版再版，发行量之大是惊人的。书中许多词语，即便是在这白话文的时代，仍被人们在书面上或口头上常常使用。

《诗经》作为古代优秀的文学遗产，具有丰富的思想内容和迷人的艺术魅力，为后代诗人墨客所景仰、学习、借鉴，强烈影响着中国文学的发展。《诗经》中民歌和贵族讽刺诗表现的现实主义精神，开创了我国诗歌创作的传统。《诗经》也影响了散文的发展。唐代中期，韩愈、柳宗元发起古文运动，提倡散文，反对骈文，就都把《诗经》的内容与优美艺术形式的统一，作为学习的典范，开创了中国散文文学的一个光辉时期。几乎可以说，《诗经》的影响，渗透于我国文学艺术的各个领域。《诗经》不仅是一部重要的文学作品，同时也是一部有史料价值的古代文献。《诗经》中某些诗歌记录了商、周民族起源的传说，商周之际的重大历史事件和周民族早期活动的历史，都极有价值，并成为《史记》所依据的材料之一。

《诗经》中不少诗非常好懂。其中最晚的诗到现在也有 2500 年，但今天读起来还非常有意思，其情感描述跟我们今天的情感仍很吻合。从《诗经》起，看三千年来中国人的情爱表述：从热情奔放，到曲径通幽；从禁闭再到开放。《诗经》成为我们情恋长河之源。我举一个例子，《诗经》中常提到两条河：溱水与洧水，有首诗即名《溱洧》：

溱与洧，方涣涣兮。士与女，方秉兮。女曰："观乎？"士曰："既且。""且往观乎。"洧之外，洵且乐。维士与女，伊其相谑，赠之以勺药。

该诗写于春秋之时的郑国，地点在今河南新郑县，溱水尚存，洧水现名双洎河。这首诗是写在上巳节（夏历三月初三）的时候，青年男女来到溱、洧之畔沐浴嬉戏。他们手拿兰草，又互赠芍药，以表达心中之爱。可以说三月初三应为中国的情人节，定情之花应为芍药。

　　（二）前四史与《资治通鉴》

这类书中《史记》与《资治通鉴》二书收录次数最多。在传统史籍中，《史记》、《汉书》与《资治通鉴》最受重视。

史家之绝唱，无韵之《离骚》——这是鲁迅对《史记》的称赞，也是对《史记》在史学和文学史上卓越成就的精辟评价。《史记》可以当小说看，《史记》里的纪、传跟小说一样很通俗，很有情节。《史记》说起来是一本史书，但实际上后来很多文学作品，如电视剧、剧本、小说等，多以它为根据，比如《霸王别姬》等。司马迁忍受腐刑的痛苦，完成《史记》，并希望通过对往事的表述，以寄望于未来，在这里，作者生命存在的意义在著述中得到了升华。中国自古以来有许多文入学士都希望自己的著作能藏之名山，传之后人，然而，邯郸学步，蹈常袭故，汗牛充栋之中，又有几部著作可与《史记》堪称伯仲？

《资治通鉴》294卷，北宋司马光主编。全书记载了上自周威王23年（前403年），下讫后周显德6年（959年）的1362年的历史，是中国古代一部著名的编年体通史。

司马光不仅是史学家，也是政治家，他在撰写史书的同时，也希望自己的书能为君主治国提供借鉴。

　　（三）先秦诸子

这类书中《老子》、《庄子》、《荀子》、《韩非子》、《孙子兵法》诸家收录次数最多。

道家的著作是很多知识分子晚年读的书，其中《老子》和《庄子》是最具有代表性的。几千年来，老庄的学说与思想一直延续不断，对中国人的思想有着很深的影响。西汉初年，政治上推行"无为而治"、"与民休息"的政策，即是以《老子》的思想为其基础的，并带来了文景之盛。东汉，道教产生后，《老子》作为经典，为道教徒所诵习。魏晋玄学家们以祖述老庄立论，将老庄与《周易》合称"三玄"。唐代，《庄子》成为道教的主要经典之一，被尊称为《南华真经》，老子被道教奉为教主，庄子也被神化了。《韩非子》对我们认识中国政治大有帮助，它是一部政治教科书。即便在今天，《孙子兵法》在军事、企业管理方面仍有借鉴。《荀子》一书在汉代与《孟子》同列诸子，并颇受学者所重。大概是主张性恶说，故受后儒诟厉，未能列入经书中。然而《荀子》对儒学的贡献和在中国学术、思想界的地位是不可忽视的。冯友兰曾作一个比拟，他说：孔子在中国历史中之地位，如苏格拉底之在西洋历史，孟子在中国历史中之地位，如柏拉图之在西洋历史，其气象之高明亢爽亦似之；荀子在中国历史之地位如亚力士多德之在西洋历史，其气象之笃实沈博亦似之。

（四）其他子部书

被收录较多的书是：《论衡》、《坛经》、《颜氏家训》、《明夷待访录》。

近代以来，《论衡》一书受到学者们的普遍关注。章太炎认为王充是"汉代一人"，绝未过火。侯外庐等人在《中国思想通史》里对王充作了这样的评价，他指出：王充的反谶纬反宗教的思想，毫无疑问地是中世纪思想史上第一个伟大的"异端"体系，是两汉以来反对"正宗"思想的与反对中世纪的神权统治思想的伟大的代表。

颜之推的《颜氏家训》问世后，一直受读书人的重视，宋、元、明、清历代学者颇多赞誉，认为古今家训，以此为祖，在古代中国的家庭教育中，极具影响。黄宗羲的《明夷待访录》被蔡尚思与几家大学书目收录，可见此书受当前学界重视。这部思想史上的名著，对中国两千年的专制制度进行了批判，对中国近代思想启蒙起到了极为重要的作用。

（五）唐宋诗文

2000 年元旦，中国青少年发展基金会和国家图书馆联合举办"中华文明火炬传递仪式"，一个重要内容是学生齐诵古典诗词。举办者认为：背诵古诗文，是让民族精神的血液在一代一代人身上流淌，是激活传统、继往开来的有力之举。据最近的调查：73.1% 的家长和 86.7% 的教师认为背诵古典诗文能弘扬传统文化；88.7% 的家长和 96.7% 的教师认为对孩子的修养和人格发育有好处；94.2% 的家长和 100% 的教师认为对提高孩子的语言文字能力有好处。以上数据表明，人们对这一问题基本上达成共识：阅读传统经典，对我们传承文化和提高素质是大有裨益的，而那些优秀的古诗文，特别是唐宋诗文，更受人们重视。

（六）其他诗文

以《楚辞》、《文选》、《陶渊明集》、《世说新语》收录次数最多，宋代以后的诗文被推荐的较少。

《楚辞》作为中国文学的源头之一，与《诗经》差不多有着同等重要的地位。大约从西周初年到春秋中叶，春秋末叶以后，流行于黄河流域的诗不再有人续作了，而南方长江流域的楚国，文化渐渐地发达起来，在文学上更有不少建树，这就是楚辞的兴起。正如刘勰在《文心雕龙·辨骚》中所说：自从《国风》、《小雅》、《大雅》以后，不大有人继续写《诗经》那样的诗了。后来涌现出一些奇特的妙文，那就是《离骚》一类的作品了。这是兴起在《诗经》作者之后，活跃在辞赋家之前，大概由于离圣人还不远，而楚国人又大都富有才华的原因吧？楚辞产生在长江流域，与《诗经》在风格上多有不同。陈耀南在《典籍英华》中，将它们的差异概括为五端：

诗所收作品，多属黄河流域（北），楚辞属长江流域（南）；

诗多写人事、写实、含蓄，楚辞多神话、想象奔放；

诗多短句叠字，以四字为主，楚辞多长句，以五字为干，加虚字以咏叹；

诗各章多重整齐，反复唱叹，楚辞不分章，意或重而语少复；

诗作者多失主名，楚辞多知作者主名。

可以说，《诗经》与楚辞同为后世韵文之祖，堪称为我国远古先民的绝唱。

（七）古典小说

以《红楼梦》、《三国演义》、《水浒传》、《西游记》为主。

1949 年以前，除胡适书目之外，其他书目均不收录这类小说。在中国，小说是向来不算文学的，并受学者的轻视。可以说，只是从胡适开始，才真正重视小说的研究。胡适写过一系列古典小说的考证性文章，并积极协助上海亚东图书馆出版古典小说的标点本。因此，胡适在他的书目中，推荐了《西游记》、《水浒传》、《儒林外史》、《红楼梦》等。1949 年以后，大多数书目都推荐了古典小说，古典小说的影响与日俱增。据一次对北京市民的调查问卷结果表明：对被调查者影响最大的中外书籍，《红楼梦》、《三国演义》、《水浒传》、《西游记》分别排名第一、第二、第五、第十，足可表明四大古典小说的影响力。

（八）其他

以《说文解字》、《左传》二书收录次数较多。

1949 年以前，各书目重视推荐《说文解字》，这是受这种治学传统，即"读书以识字为先"的影响。因而，朱自清的《经典常谈》第一篇即为《说文解字》，并说：从前学问限于经典，所以说研究学问必须从小学入手；现在学问的范围是广了，但要研究古典、古史、古文化，也还得从文字学入手。《说文解字》是文字学的古典，又是一切古典的工具或门径。

1949 年以后，这种治学传统的影响逐渐消失，《说文解字》不再受推荐者重视了。

《左传》一书古代列入经部，长期又受到史学家与文学家的重视，一直有着持久与广泛的影响。《左传》记事起自鲁隐公元年（前 722 年），终于鲁哀公二十七年（前 468 年），是我国最详备完整的早期编年史。《左传》详于记事，对春秋各国的政治、军事、外交等都有很好的记载，特别是记载军事，不仅写得很详细，而且也很生动。此外，书中对当时的朝聘盟会、天文地理、氏族和少数民族等都各有详略不同的记载。《左传》的出现，标志着我国编年体史书已达到比较完备的程度。史学家刘知几、章学诚都把它看作是编年体史书的鼻祖，给予很高的评价。《左传》善于描写人物，烘托场面，经纬史事，是我国历史文学的开山，成为后人学习和模仿的典范。

【结语】

从以上各类传统经典被推荐的情况来看，不少经典是有着持久的生命力，如《诗经》、《论语》、《孟子》、《史记》、《资治通鉴》、《老子》、《庄子》、《荀子》、《韩非子》、《楚辞》、《文选》、《左传》等书。有些经典其影响力则随着时代的变化而变化，如《明夷待访录》、《古文观止》、《唐诗三百首》、古典小说、《说文解字》等。从总的方面来看，近百余年来，传统经典阅读的基本倾向是：从艰深到浅显，从文言到白话，从原本到节本，从专集到选本，体现了传统经典阅读大众化的发展方向。

以上各部经典，都写成于古代，近人或今人的著作都未进入。这或许从一个侧面反映了中国读书人的一种珍古典重基础的心理。长期以来，中国学人强调辨章学术、考镜源流，这些著作，真正是中国学术之源。而作为经典，是要经得起时间的考验的，这正是明证。

中华民族是一个重古训、尊先法的民族，对前人圣贤的大道理看得特别重。在这样一个民族社会的背景下，结晶着前辈思想的经典，就不仅具有一种狭义的学术意义，同时在政治、思想、文化等方面都发生着不可估量的影响作用。

在这斑斓的文化园地里，大道名儒，各树一帜；诗词曲调，连峰叠起；每一位哲人的每一本宏著，都构成了这一古老文化的精神实体，并垒起了这一厚重国体的思想基础，塑造着民族的灵魂与性格，也在感召着每一代人自强不息。

"花香何及书香远"：
中外经典阅读与古今文化传承

【嘉宾简介】

徐雁，笔名"秋禾"，现为南京大学图书档案系教授，江苏省政协常委，兼任江苏省南社研究会会长，中国阅读学研究会会长，中国图书馆学会阅读推广委员会副主任等。长期从事中国图书文化史研究，著有《秋禾话书》、《藏书与读书》、《纸老，书未黄》、《旧书陈香》，主编有《中国读书大辞典》、《中华读书之旅》、《全民阅读推广手册》和《全民阅读参考读本》等。

【按语】

一个人要在喜好读书的基础上，进一步懂得"读好书"的道理，尤其是掌握"善读书"的方法，才能成为一个学有所用的读书人。

在上这个东莞图书馆讲台之前，我正在馆里阅看本地的史志文献。其中的一个重要收获是，发现了东莞塘厦镇四村有一副老对联非常好。它总共只有20个字，上联是："丹桂有根，生于诗书门第"；下联是："黄金无种，出在勤俭人家"，传达的是一种"耕读传家"的中国本土人文理念，一种"书中自有黄金屋"的读书价值观。

确实，对于人生来说，阅读，尤其是读书和博览群书，一定是有用的，因为在中外古今的好书、名著和经典中，不仅包含着整个人类历史发展和社会进步的深刻教训、精严智慧，更包含着个人要融入这个社会和时代的基本知识、必要技能，因为它们是人类群体中最有文化水准的人士，留给后人继往开来的伟大工具。

前两天在东莞召开的"第十届民间读书联谊会"的开幕式上，我曾自告奋勇地做了一回东莞的代言人。我对来自全国各地的民间读写报刊的编辑和读书爱好者说，东莞的"莞"是一种适合海滨湿地生长的水草，这种水草可以织草席，称之为"莞草"。那为什么叫"东莞"而不叫"西莞"呢？因为当时广东的首府在广州，东莞在首府的东边。"东莞"出产的草席通过水系交通，行销到岭南各地，维系了"东莞"一带百姓的家庭生计。此外，据说原来我们吃的地瓜，有的地方称为"红薯"、"白薯"或者"山芋"的这个东西，也是东莞的先民最早引种到东莞，然后再从东莞传播到全国各地的。东莞有这样的沃土。但东莞在中国历史上的乡土文化之根不仅仅如此。在广州中山大学（原岭南大学校址）的老校园里，有一座令人瞩目的石牌坊，据说这座牌坊原是在广州市里的，牌坊上面刻着5个进士的名字。记得5个进士中，至少有3个是东莞人，顿时，令人对东莞文化的底蕴刮目相看。

几天前，我在深圳图书馆查看《东莞县志》。原来，在历史上东莞的文化跟中原的文化是一脉相承的。在"五胡乱华"以后，北方一些世家大族、读书人家一路迁徙到了岭南地区，有一部分落户到了东莞。在明代中后期，还出了好几任重视民间疾苦、扶持文教活动、重视科举人才培养的县令。

因此，自本世纪以来，"东莞读书节"、东莞建设"学习型城市"

等等举措，对于推动城乡文化的积累和精神文明的建设，对于全国公民改变东莞仅仅是一个工业性城市的形象，大有助益。同时，这也有助于我们在座各位，不管你是老东莞人还是东莞的"新市民"，能够认同东莞这个地方的文化。

一个人要在喜好读书的基础上，进一步懂得"读好书"的道理，尤其是掌握"善读书"的方法，才能成为一个学有成效的读书人。

一、从"读好书"到"创意人生"

人类知识、文化积累至今，已号称"书林"和"学海"，尤其是在日新月异的网络化时代，信息不断泛滥，知识呈爆炸式增长，文化日益多元化，因此，一个人必须在信息海洋和知识山林中寻找到合适的阅读方式，才能有效地汲取知识并运用知识，进而将知识提升成为人生的智慧，将智慧再进一步地转化成为社会实践的才干。

那么，为了有效地指导工作，我们到底应该在书林学海中读什么，怎么读，读多少？

众所周知，人类最高价值级别的图书，往往被称为"经典"、"名著"和"好书"。时新书、热门书、畅销书，并不一定都是"好书"，更不是"经典"和"名著"，因为真正的"经典"和"名著"，往往是一代以上读者自由选读的精神文明果实。譬如说，获得今年诺贝尔文学奖的莫言的一些作品如《生死疲劳》等，在一夜之间，成为了好多人都想要读一读的热门书、时尚书，但它们是否一定能够成为未来世界读者的"经典"和"名著"，还有待于时、空的选择。

"名著"和"经典"，古今有，中外有，数量和品种已然不少。因此，读者从个人来说，除了必要的时新书、热门书、畅销书外，选读好书、名著和经典，应该是自我选读的一个重点。

我们要善于在书林学海中，选择知识品质最好、文化档次最高的知识营养，把真正的好书、名著和经典中的营养吸收到自己的脑海中。一个勤于阅读并善于学习的人，往往会通过阅读，尤其是读好书、名著和经典，从中吸取前人的教训和经验，把前人的教训当作自己的鉴戒，把前人的经验升化成为自己人生的智慧，并用来来指导自己的社会实践，做一个洋溢着知识理性的人。这种从阅读到人生的路径，是古今中外一切成功人士的必由之路。也只有这样的人，他的学业、他的职业和他的事业，才能三位一体地取得成功。

正因为如此，早在1972年，联合国教科文组织就向全世界发出了"走向阅读社会"的号召。所谓"走向阅读社会"，就是号召世界各国，无论是政府，还是家庭，或者是公民个人，都要重视阅读，重视对读物中的信息、知识和文化的萃取，其目的也就是要让每一个人，都能够通过掌握阅读这种工具而更有知识、更有文化、更有文明，能够更快更多地获得社会上的各种资源，从而让人在一个市场经济的社会中，在职业上获得更多一些的社会报酬，在事业上获得更多一些的成功机会。

所以，联合国教科文组织提出人人要读书，要让读书成为人们日常生活中不可缺少部分的重要理念，并接受西班牙最先提出的文化创意，于1995年进一步明确将每年4月23日作为"世界读书日"的设想，最后得到了世界有关各国的积极响应。创意、创造、创新，原本就是每一个人读书、学习和社会实践的终极性追求。

那么，如何才能实现创新、创意、创造这样的一种最高境界？在我国传统词汇库里有三个成语：一个是"温故知新"；第二个是"推陈出新"；第三个是"除旧布新"。

在这三个成语中，"新"都是最后要达到的一个终极目标，但它们都强调，其基础一定是"温故"、"推陈"、"除旧"。这"陈"、"故"、"旧"到底是什么东西？其实就是人类知识宝库中已有的知识、规律、发现。这说明，人们只要能在书林学海的人类知识库中投入足够的阅读时间和学习后的思考，不断追求自己的学识、见识和胆识，那么"山高，人为峰"，他一定能够成为一个"有志者，事竟成"的人物,一定能够站在信息利用者和知识消化者的社会高端,实现自己的"创意人生"。

二、如何"读好书":以沈从文作品及其传记为例

在我和友生们编写的《全民阅读推广手册》和《全民阅读参考读本》(均由海天出版社 2011 年出版)两部书中,介绍了有关阅读和全民阅读的很多知识和方法,更重要的,还有有关"4·23 世界读书日"的介绍。其中"一本好书,一生财富",则是中国政府对"4·23 世界读书日"的宣传语。

接下来,我将以沈从文的传记和莫言的小说为例,来具体说说如何通过阅读一本书,登堂入室,进入到对一个作家的作品理解和欣赏,进而成为一个善于读书的人。

书林与学海是一个有机体,它们之间有着内在的逻辑性。仅从阅读的意义上来说,无论是读书人、藏书家自己,还是图书馆、出版社等机构的阅读推广人,都该懂得一些目录学的基本知识。清代著名经学家、史学家、文献考据专家学王鸣盛(1722—1797 年)说过:"凡读书最切要者,目录之学也。目录明,方可读书。不明,则终是乱读。"

那么,什么是"书目",尤其是其中与阅读接受直接相关的"导读书目"、"推荐书目"、"影响书目"等类型,及其各自拥有的资源,都是必要的知识。因为只有在了解了书目之学后读书、求知、治学,才能够事半功倍,欲速而达,才能够"磨刀不误砍柴工"。

懂得了目录之学,那么在阅读和推荐好书时,一定会关注和提供作者背景的信息、出版事项的信息和馆藏的信息,还要为读者和用户指明这部书是否具有"可读性"和"耐读性"。

比如说阅读和推荐沈从文(1902~1988 年)的作品及其传记,首先要介绍他本人多民族的家庭出身背景:来自湖南凤凰县,祖父沈宏富是汉族,祖母刘氏是苗族,其母亲黄素英是土家族,原名沈岳焕,

字崇文。14 岁时投身行伍，浪迹于湘川黔边境地区等有关信息。

还要介绍和了解他是从 1924 年开始文学创作的，著有《边城》等小说名作和代表作。在其前半生，奉献给世人的文学作品多达 40 多种。在上世纪 30 年代，先后在西南联大、山东大学、北京大学国文系任教。

此外，还应该尽量寻觅和推广读者对沈从文作品的阅读接受评论。如当代语言学家、中国社会科学院语言研究所研究员周定一先生的回忆，他生平第一次读到单行本的鲁迅《呐喊》、《彷徨》，郁达夫《沉沦》，还有沈从文《从军记》这类新文艺小说，是上世纪 20 年代末在长沙读初中时，自己从泰东书局买来的。30 年代先后在上海、南京、北平上高中、大学时期，逐渐感到了沈从文作品的"耐读性"。他体会到，"要逐字逐句细心地读，才能体会其中既平凡而又美丽动人甚至惊心动魄的情景。若是用'看小说'消闲的速度去对付，就印象模糊，甚至不知作者在说什么。'耐读'的另一意义是，过些时候拿来再读，仍很吸引人。像《从文自传》，我就一读再读。《边城》、《湘西》、《湘行散记》中的许多篇章，也是每读一次有一次的新鲜感。就'耐读'这点而论，他和鲁迅相同。"

就沈从文的传记作品而言，他在 1934 年出版了《从文自传》。这部书以湘西为背景，记录了作者童、少年时代的蜕变与成长经历。既有天真好奇的乡野童年，也有胸怀抱负与经历坎坷的青年生涯。后来美国学人金介甫著作了《沈从文传》，从沈氏是一个内心深处十分孤独的中国读书人的视角，解读沈从文的一生，尤其是他在 1949 年后，因受到当时思想"极左"的郭沫若（1892~1978 年）的政治批判，迫于强大的时政压力而弃文改行，做了一名中国历史博物馆的讲解员。他就此逆来顺受地开始了人生的转型，悄然钻研起少数民族的服饰和文物等，终于著成《中国古代服饰研究》等学术名著，晚年成为了中国社会科学院历史研究所的研究员，再次蜚声海内外。

在人生道路上倍受摧折的沈从文，如何应对时政的迫害和社会的寒流，如何数十年如一日地在艰苦困难的条件下坚持信念，不舍追求，不折不挠地做好做强自己……这是老来辉煌而"笑在最后"的沈从文的人生所赋予读者的"正能量"。

三、如何"善读书"：以莫言作品为例

接下来，试以导读和推荐莫言的文学作品为例，来说明"善读书"的重要性和一些具体的阅读学方法。

面对莫言迄今为止出版的《丰乳肥臀》、《蛙》等11部长篇小说，《学习蒲松龄》等数十部短篇小说，《童年读书》等数千篇散文、随笔文章，到底该读什么，怎么读，尤其是先读什么，显然是值得认真考虑的一个阅读学问题。

就我个人的体会和思考而言，我觉得要读懂莫言以《生死疲劳》为代表的所谓"魔幻现实主义"风格的文学作品，不妨先读读他的现实主义和乡土文学作品。而你要读他的现实主义和乡土文学作品，一定要先读读他的散文、随笔，因为，他的散文、随笔文章写得直白而流畅，就一般文化程度而言，他的散文、随笔比他的小说更容易看也更好看一点，更值得学习。

从地域上说，山东淄博蒲家庄是清代著名作家蒲松龄（1640~1715年）的家乡，也是当代著名作家管谟业，即2012年诺贝尔奖获得者莫言的家乡。莫言家乡的具体所在是位于山东高密东北部的大栏乡，也就是他众多文学作品所设定的情景地——"高密东北乡"，那么，作为"隔代同乡"关系的管谟业与蒲松龄之间，又有着怎样的联系呢？

莫言出生于1955年，从他的一些回忆性文章中得知，他生来看的第一部书是《封神榜》，影响他最大的作品是中国古典章回体志怪小说，共收录短篇小说491篇之多的《聊斋志异》（俗称《鬼狐传》），

后来还曾写过《学习蒲松龄》这样的篇章。

《聊斋志异》是蒲松龄主要采集自山东齐地百姓的民间传说，然后加以文艺再加工和创作的一部文言短篇小说集。作者假托狐仙、鬼妖、人兽之间颠倒淆乱的魔幻故事，曲折地影射出了 17 世纪，主要是清康熙年间（1662~1722）中国基层社会的众生相。耐人寻味的是，莫言获得 2012 年诺贝尔文学奖时被向世界各地读者推荐的作品《生死疲劳》，就是一部分地学习了长篇白话小说《封神榜》、《聊斋志异》等小说的创作思想和艺术技巧。这说明，早年阅读《封神榜》、《聊斋志异》这一类中国古典文学名作，对他的小说创作发生了深刻而有长久的有益影响。

那么，莫言是如何阅读包括《封神榜》、《聊斋志异》、《三国演义》、《水浒传》、《西游记》、《红楼梦》等在内的中国古典文学名著的呢？

莫言说，他读《聊斋志异》，不仅吸取了作者蒲松龄的故事表达手法，而且对精美典雅的文言文也产生了特别深的感情，他曾经用这么一句话来表达："作者是我家乡人，书中很多故事，小时候都听村中老人讲过……他的精美典雅的文言文，让我读得入迷。"他当年看《红楼梦》，能把书里面很多诗词、名句都能背诵下来，这说明莫言对其中的诗词、文句的掌握，到了熟读成诵的地步，随时随地能够引用自如。他表示，在经过了社会历练之后再读《红楼梦》，就觉得更有味道了。

手不释卷，废寝忘食地"读得入迷"，是一种在阅读生活中忘我的境界，因为它作用于心灵，影响到审美，最终才能学以致用，活学活用，让精美典雅的文言文融入自己的创作笔墨中。

除了中国古典文学名作对莫言的深刻影响，还有中国当代文学作品如 "三红一创"（《红岩》、《红日》、《红旗谱》、《创业史》）、"青山保林"（《青春之歌》、《山乡巨变》、《保卫延安》、《林海雪原》）以及欧阳山的《三家巷》，尤其是《吕梁英雄传》、冯德英长篇小说"三花"（即《苦菜花》、《山菊花》、《迎春花》）等等，对他文学创作上的潜默影响。

莫言在 1980 年代的创作初期，以一系列乡土作品崛起于文坛，当年，他的作品中洋溢着"怀乡"—"怨乡"的复杂人文情感，被视为"寻根文学"的典型作家。他的"寻根文学"代表作——《红高粱家族》，被文艺评论界称誉为是中国上世纪 80 年代中国文坛的里程碑之作，已被翻译成 20 多种文字，并在 2011 年荣获中国长篇小说"茅盾文学奖"。莫言在这组系列小说作品中，生动地描写了"高密东北乡"的长辈们，在抗击日寇侵略斗争中的传奇爱情故事，这样写，其实是他对中华民族生生不息的旺盛生命力的一种文学性的张扬和宣示。而在读《红高粱家族》之后，再去读读冯氏的长篇小说"三花"，那么一个人的阅读观感和文学体验将会更加丰富，而欣赏当代文学乃至现代文学好书、名作和经典的路子也会越来越宽广。

至于莫言在解放军艺术学院期间读到的劳伦斯的短篇小说集、阿斯塔菲耶夫的《鱼王》、马尔克斯的《百年孤独》和福克纳的《喧哗与骚动》等，也都是我们进入莫言文学世界前后所需阅读的"入门书"。

以上所述，就是阅读学上常常被人自觉或不自觉地采用的"结网式读书法"，即由一本书、一个作家起步，逐渐从点到面，从今往古，从中到外，全面而深入地有序展开自己的阅读生活。

四、从"结缘式读书法"到"循序渐进式读书法"

假如说阅读一个作家，需要一个循序渐进的过程，那么，阅读一部书，也是要循序渐进的。

一个善于读书的人，在开卷时首先浏览的，一定是出自作者笔下的自序、后记，以及一本书的篇目和内容提要，还有作家、评论家的推荐语等。但更重要的方法是，要在书的目次中，选择一篇自己最想要看的篇目先读一下，这等于是同书的作者有了个"互动"——或眉目传神，或心神沟通。假如喜欢这个篇章，哪怕是个段落也好，那么，这个内容，甚至这部书、这个作家，就一定与你有缘了。这在阅读学上称为"结缘读书法"。

当你打开这部与自己"有缘"的作品阅读，也许将会发现其中有更多的篇目你想看……如此由少而多、积少成多，由不知而渐知，由渐知而真知的过程，正是你渐次进入作品的世界，与作家内心进行沟通和互动的过程。而这个"循序渐进"中的"序"已经不是简单地从书的第 1 页到 120 页的天然之"序"，而是包含和凝结了你自己（也就是作为阅读者个人）的自主选择、主动审美、个性化的阅读需求和品味等珍贵要素在内。一般说来，一个好读书又善于读书的人，往往打开一部书的篇目，总能够找到为自己内心所感兴趣的段落和篇章，然后再扩而延之，就会增广自己的阅读面，触类旁通而融会贯通。

总之，阅读一个作家，是需要一个循序渐进、有条不紊的过程的。否则，你没有对莫言作品阅读和欣赏的文学基础，直接拿起一部《生死疲劳》从头开始朝后看，一定不容易耐心细致地逐页把它看完。甚至会因此产生"阅读心障"，原来自己的阅读水平这么低啊，竟欣赏不了"当今最红"的获诺贝尔文学奖的作家的名作，一部"通过幻觉现实主义将民间故事、历史与当代社会融合在一起"的世界名著！如果真是这样，那真是"开卷有害"，得不偿失了！

其实，莫言作品的最大看点之一，是他把文字构筑成篇后的"可读性"。他用我们谁都认得的汉字，为读者创造出了一个不仅有声有色而且绘声绘色，让读者能如临其境、如闻其声的一种文学境界。所以我们读莫言的散文、随笔、短篇小说、"寻根文学"作品乃至"魔幻现实主义"作品，无论是浏览阅读，还是鉴赏阅读，都应该在这些细微之处多多着眼。

举个小例子来讲，莫言写他那条流过家乡高密的胶河，很喜欢用"明亮"这个词去描写流动的河水。"明亮"，我们通常用它来形容中秋之夜如镜高挂的月亮，但莫言却敢于用"明亮"来描写流水。你再用这种关注细节的阅读视角去看莫言的作品，看他的作品中对色彩的把握，原来"明"、"亮"这些词汇是他经常会使用到的，这无疑地反映了他内心的一种潜意识。如何有声有色、绘声绘色地描写环境、描写人物，让读者获得如临其境、如闻其声的阅读接受效果，显然是阅读和欣赏莫言作品的一个重要看点。

莫言作品的另一个更重要看点是，他在作品中展现出来的文学创造力和想象力。他能够用无比新奇的艺术处理手法，匪夷所思的文学想象力来编造故事，塑造人物形象，创造文学情节。据说他在这方面的能力，连最能无中生有的武侠小说大师金庸都深为叹服。在夜深人静的时候开卷阅读莫言的作品，它确实能够让你进入到一种穿越时空的魔幻感，而这正是文学作品的魅力。因此，要进入到莫言的文学世界，还必须要了解莫言文学种种创作手法的来历。

此外，为更加深入地解读莫言，那么，在还没有一部理想的《莫言传》单行本问世的时候，认真读一读他自己所写的《童年读书》、《我的小学时代》等回忆性篇章。或者有条件的话，还可一起去看看位于山东高密一中校园里的"莫言文学馆"。这是一座3层小楼，于2009年8月22日开馆，一楼正堂摆设有在一片红高粱地里的莫言塑像，馆中集中收集并展示了莫言30多年来的文学作品版本及其所获得的各种荣誉。由王蒙题写馆名。贾平凹为书楹联云："身居平安里，心忧天下；神游东北乡，笔写华章。"

作为读者和游客，可到"莫言文学馆"去具体感受其儿时的乡土环境、少年时的成长道路和青、壮年时期的文学成就，尤其是他对故乡、对父老乡亲的深厚情结，尤其值得一看的是，他从小是如何在一个饥饿、孤独和被奚落的恶劣环境中，喜爱读书和坚持写作的。

古希腊的物理学家阿基米德（公元前287~212年）说过："给

我一个支点,你就能撬动整个地球。"这个人生的支点,其实就是阅读,尤其是读书,也就是在读书背后的求学和求知。博览群书,可以让我们在成人的过程中成长,在成长的进程中成才。到那时,我们就能真切地体会到,所谓"天才",不过是天资聪明再加上后天勤奋的要素罢了。

"你是电,你是光,你是唯一的神话……",这个能够创造出人生的光和电的"神话",其实就是阅读,尤其是读书。一个人应该通过勤奋读书和努力学习,以形成自己的爱好、兴趣和专长。当你拥有"一技之长"的时候,那"一技之长"就是你百年人生的"支点",借助这个支点,向着"一专多能"的方向发展,就一定会从一个又一个具体的胜利而走向最后的成功乃至辉煌。

我相信在座的各位读者和听众朋友,今后一定能有更多更勤奋的阅读,从而创造出更和谐、更美好和更幸福的未来人生。谢谢大家!

【互动问答】

听众:徐教授您好,刚才演讲中我听出您好像对莫言的评价挺高。但我个人认为,莫言尽管得了诺贝尔文学奖,他的作品还比不上路遥的作品《平凡的世界》,不知道您怎么看的?

徐雁:谢谢这位朋友!他的文学阅读面不窄,在阅读方面的积累也很丰富,但很明显的,其他听众一定跟我一样,听出了他阅读趣味上的一个特点,就是他明显喜欢甚至偏爱"现实主义文学"。因为无论是《人生》还是《平凡的世界》等路遥(1949~1992年)的代表作,都是一种典型的"现实主义"的表现手法,"现实主义"的表现手法让我们很能够跟我们的生活、经验、阅历发生互动,产生一种共鸣。而共鸣就是一种审美的境界。

对于莫言近年来文学作品中的魔幻创作,确实有很多读者读不懂,有的不喜欢,也有的不清楚,更有一些评论家、作家对此表达过自己的一些质疑。

我们要知道所谓"魔幻现实主义文学"，如果揭开它魔幻的、谵妄的、穿越的、颠倒的甚至荒诞的外衣，其本质还是一种"现实主义"，尤其是"批判现实主义"。刚才这位朋友提到了《生死疲劳》，《生死疲劳》的书名盖源于佛家"生死疲劳，由贪欲起，少欲无为，身心自在"之语的首句，而作品中的人物的名字，则用了不少真实的中国当代社会的时政术语，先后有"解放"、"土改"、"互助"、"抗美"、"开放"等，这其实就是作家在用非常现实主义的手法在唤起读者的注意：作为作家，他是如何地关切现实，而通过作品，他要表达的是对中国现实问题的关注，对那个曾经"用勤劳发财、致富"的西门闹命运的深刻同情！

在小说中，西门闹作为高密东北乡西门屯的一个地主，他在"土地改革运动"中被执行枪毙。他认为自己虽然拥有财富，但在人间并无罪恶，于是在阴间怀着死于非命的大冤屈和大愤怒向阎王索求"公道"，以此经历从驴到牛、到猪、到狗、到猴、到大头婴儿的"六道轮回"，并因此得以通过驴眼、牛眼、猪眼、狗眼、猴眼、到婴儿眼观察和体验世像，这部作品典型地表现出了莫言强烈的"入世之心"。莫言曾经对记者表示，"我这部小说的故事，要从1950年开始说起，我希望通过西门闹这个视角讲述他的村庄和他自己家族的故事。"

因此，我们在鉴赏作家和作品时，一定要有自己的独立思考。基于自己的见闻、阅历、经验和知识、学识、见识积累的思考来阅读和鉴赏文学作品，那么你就能够逐渐锻炼出一双"慧眼"，把作品里由作家虚拟出来的纷扰的情节、场景和人物，乃至作品外社会世界中的真实人物和事物，看得清清楚楚，明明白白，真真切切了！——能够透过作家在作品中设计的魔幻外衣，通过自己的解读，很快获得作品的主题，尤其是作家想通过作品所表述出来的智慧，这是善于读书的重要标志。

一个作家，尤其是名家，往往拥有广泛而独特的社会阅历、复杂而敏感的心智，以及一支超乎常人的妙笔，因此他的智慧体现在很多方面，选用什么样的创作手法，来创作作品是一种智慧，从什么样的角度来叙述也是一种智慧。如在地理空间上，莫言把自己的故事的发生地集中安置到一个不甚确指的"山东高密东北乡"上，这就一下子让他的作品似乎具有了某种"真实性"的文学要素，也避免了某些人事会"对号入座"的现实尴尬。在客观上，这也使他自己所熟悉的家乡具有了某种"文学色彩"，让他的家乡具备了将来被作为一种"文学乡村"建设的潜力。

　　当年，蒲松龄在《聊斋自志》中说："集腋为裘，妄续幽冥之录；浮白载笔，仅成孤愤之书。寄托如此，亦足悲矣！"原来作者故弄玄虚玩魔幻，不是为了搞怪搞笑，而是深刻寄托着他幽怨孤愤的复杂的现实情感。　因此，我们阅读和鉴赏一部文学作品，最重要的是要有一个辩证法的态度。所谓辩证法的实质是"对立又统一"，也就是说，我们要善于"透过现象看本质"，善于发现作品里和作品外的"对立又统一"的矛盾现象。既"魔幻（主义）"，又"现实（主义）"，这看上去不是对立的吗？但它确实统一在莫言智慧和勇气俱存的小说创作里。　总之，《生死疲劳》应是一部看似"满纸荒唐言"，其实饱含着作者"一把辛酸泪"（曹雪芹语）的"忧世伤生"（钱钟书语）的文学佳作。

我读故我在

【嘉宾简介】

胡野秋，文化学者、作家。长期从事文化战略、文化产业及传媒研究，兼任凤凰卫视《纵横中国》总策划、《凤凰影响力》策划人。香港卫视《东边西边》首席嘉宾。现为中国传媒大学南广学院客座教授。拍摄电影纪录

胡野秋

片《触摸》，出版有《胡腔野调》、《冒犯文化》、《作家曰》、《六零派文学对话录》等著作。

【按语】

在网络阅读、手机阅读、微博阅读横行的时代，觅一本适合自己的好书，读透它，与它产生化学反应，这才是真正的"我读"，才会更好的"我在"。

"我读故我在"并不表示不读就不在了，而是对于我个人来说，只有读书才能找到自己。现今时代，有一大部分人不再阅读，或者他们只是在进行泛阅读，而不是读书。特别要强调，"我读"这个"读"是读书，而不是阅读。在我看来"阅读"和"读书"既相同又不同。

有很多人说自己每天都在读，例如早上起来看手机短信，就是在阅读。但是这样只是广义的阅读。我认为在网络上阅读、手机上阅读、微博上阅读不是真正的阅读。我给它起了一个名字，叫泛阅读。这是大家都会的，小孩一出生，每天睁眼就在进行图像阅读，从奶粉开始读起。

当今中国人的读书确实已经到了岌岌可危的地步。我曾经说过"在我们到过的一些国家，看到的外国人几乎是无时无刻不在读书。"例如打的的时候，的士司机载着我，红灯车一停，他就会很自然的从旁边拿出一本厚厚的书开始阅读。当我觉得奇怪回头再一看时，停在那等红灯的车里人都在做相同的动作，司机全部一人捧一本书在那看——没有一个人强迫他，没有一个人要求他。我在法兰克福书展发现，哪怕一个水暖工在修水管中间休息抽根烟的时候，都会拿一本书来读。在公交车站或地铁站等车等等场合都能看到人们在读书。反观我们，今天的中国人应该说已经离阅读越来越远了。这不能不让我们感到沮丧，为什么我们今天不读书了呢？

我认为中国人之所以今天不读书是跟我们长期以来只谈读书的意义，而忽略读书的乐趣有关。中国人读书不快乐，就不会读书。学校的学生应该是职业读书人，但是他们每天为了什么在读书？为了分数在读书。他们是应试教育的产物，在这样的读书环境下，他们逐渐对读书产生一种反叛心理，认为读书就是为了分数，为了考试。如果读书等同于痛苦，那么这样的读书是没有意义的。但是中国人又特别愿意讲意义，尤其是讲读书的意义。很多同学都被这个意义折磨得很害怕，一说起来都是"为了中华崛起而读书，读书是人类进步的阶梯"等非常宏大的口号。

但是究竟读书怎么能让人快乐？我们基本上没有一个实践体系或者理论体系指导大家。面对很多人都会问的读书的意义问题，我会说，"读书之所以在中国今天变得让人恐惧，尤其让年轻人恐惧，就在于他一生都没有体会到读书的快乐。"我想假如你按照我说的方式去读读书，坚持一个月，你一定会喜欢上读书的。如果总是在强调读书的意义，反而让人有逆反心理。例如从来没有人会将赚钱的意义、炒股票的意义，因为钱的意义不用讲，大家就知道在那儿。对于读书，我们经常陷到意义里面去的时候，它就会出问题了。一方面我们跟孩子说，你要读书，你一定要读，可是孩子就是不愿意读。为什么？他被读书的意义和读书空洞的东西折磨坏了，他现实的体验就是我们每天死记硬背，每天为分数，每天都很痛苦。在学校老师看见学生，第一句话是你应该读书、背书；回到家看见父母第一句话是问作业做了没有。这种环境下，孩子读的都是课本。假如他拿一本小说回家看，估计父母一定会将其远远扔开并责骂"你读这个干什么？你功课还没有读完呢？"

人们也常问活着是为了什么？其实活着就是为了活着，而不是为了意义。但是如果能够让人活着更有点意思就挺好，所以我们可以没有意义，但我们要有点意思。从这个角度上，有意思比有意义更重要。读书也是这样，我们要让读书变得有意思往往比有意义能带来更多的东西。

在中国古代，实际上读书人的地位是很高的。古代只有两种人可以称之为"先生"，第一种人是孔夫子为首的这些老师们。第二种人是指中医。这两类人叫先生的时候，读书完全就像药一样，是治疗你的心灵和你的精神的良药。西汉的刘项说，"书犹药也，善读可以医愚。"意思是说书就像药一样，可以医你的愚蠢。我们每天打开电视，打开报纸都能看到各种各样的人被骗，有的骗局很低级，却屡屡得手。被骗的多数是终年不读书，连基本防骗信息也得不到的人。在这个情境里，"书犹药也"，是可以医治"愚蠢"的病的。

现在把这种用读书来治疗心灵的概念灌输给大家，希望让大家能知道怎么能够让自己少点"病"。很多人都说"我阅读，我每天在看电视。"这广义看也是在阅读。但是我真要说要警惕看电视，尤其是电视剧。人们在看的时候不需要思考，但它对人的智力是非常具有破坏力的、杀伤性的。传媒人、电视人，包括社会学家、心理学家都研究过，图像文化对人的思维的杀伤力是巨大的。电视剧既是个好东西，但同时又是一种"毒药"。它让你在笑和哭之间不需要转换，不需要时间。看电视时的愤怒、悲伤、狂喜，都淤积了，而且是碎片式的淤积。

说回今天中国人为什么不读书。

第一，因为我们在被读书折磨怕了之后，把书当成了仇人，然后又有大量可以消解的东西，比如电视、网络、手机。每天眼睛一睁开都在阅读，可是恰恰不是读书，这就是我们那个"药"已经被放弃了。今天的社会每况愈下，道德水准也在逐步降低，跟我们这个"药"已经失去了有很大关系。

第二，怎样才叫会读书？我认为会读书有很多标准，但别人的标准是别人的，我的标准至少几条：首先是会挑书。我有时开玩笑说选书就像选美，并不是每个美女都适合你。书有时候跟人之间是有一种缘分在里面的。我一直认为，你读过的书，尤其是愿意读完以后再拿起来读第二遍的书，它跟你之间一定是有某种缘分的。经常遇到一些年轻朋友跟我说，"你给我推荐一点书吧！"我就跟他说"推荐书首先我需要了解你是什么人，你喜欢什么，才能推荐你适合的书"。我估计很多人选书都是到了书店看什么书畅销。可是买了回家一看，两页还没有翻完，就已经读不下去了，扔在一边了。在扔的同时你又多了个仇人，觉得读书实在没意思，太枯燥了。所以我认为不喜欢读书的人，就好像到现在还没有初恋过一样——你还没有找对人，没找对书。

有时候遇到朋友，我往往会测验他，"你读过《红楼梦》吗？"我指的是曹雪芹和高鹗写的那本书，而不是说连环画、87版的电视剧等。经测验发现有一大半的人是没有读过的，然后再测验，读完了的剩不下几个人。《红楼梦》是我觉得每过5年值得再读一遍的。我想作为一个中国人来说，这样的书不读，真的放掉了太好的东西。

这损失不是曹雪芹的，而是你的。但是，反过来我又会安慰那些朋友，没读完过或者没读那也不是你的错，这是书缘。就如同上面所说，不是所有的好书都适合你。可能你就适合琼瑶，或者你就适合金庸，这都没问题。我的意思是只要你喜欢一个作家的书，无论是谁，都没问题，都证明你选书选择对了。

可是选完以后应该怎么读？我觉得你在读书的时候，其实书也是在读你。这样的观点听起来好像很悬，书没有生命，它怎么读你？这个理论就好像女孩子挑衣服，表面上是你在挑衣服，其实衣服也在挑你，因为可能当你穿上某件衣服的时候会觉得特别的适合，但也有的衣服穿上就觉得特别难看，就能发现衣服没给人长脸。为什么呢？是因为你和衣服之间没有形成一个对位，也就是缘分没到。那么书也是这样，你在挑书时候，书也在挑你。所以歌德有一句话说的非常好，"读一本好书，就是和许多高尚的人在谈话。"人一辈子你要想认识所有的大师是不可能的。歌德在德国，莎士比亚在英国，而且他们在的时候我们还没有出生，根本不可能认识。很多在世的大师也不可能认识，怎么办？答案只有书，书可以让人认识。一本书可以让人认识一大批的大师。

所以我认为读书，首先是会选书，其次是好书不在多，而在精。很多人读书都在泛读，满足于翻一翻。书是一定要读透的，如果不读透，是没办法消化的。从这个角度上，我们常常有一句话，认为所有的书都是半成品，哪怕它是再好的经典，它都是半成品。作家把它写完了出品了，表面上你看这不就是个成品吗？我认为它是半成品，是因为一个好的作品，必须经过读者自己内心的消化，把它咀嚼清楚了，它才是一个完整的一本书。读者必须付出另一半的劳动，否则是不可能把这本书读完、读通、读透的。所以我提倡的是我们可以读少一点，但是必须读透一点。如果选对了书，我们不妨可以多读几遍。

其实人一辈子，有时候如果选对了关键的那几本书，一辈子就够用了。我们以前开玩笑说"半部《论语》治天下"。《论语》才两万多个字，半部即是一万个字。读通了就可以够资格做一个天子治天下了，这是为什么？因为它将世态人心，将所有的物质、精神层面全部梳理了一遍，让你全部了解清楚了。所以在这样的情况下，如果你将它读透了，你就非常了不起。而且在读书的过程中，它跟你之间的关系，读透的时候跟你初看时是不一样的。初看时，书跟你之间是物理关系，书是书，你是你，一加一，你们并没有融到一起。但是一本好书，当你读完了、读透了，书的东西可以融化到你的血液里，实际上你和书之间发生的是一种化学反应，也只有这样，书才能为我所用。

我们有些人总觉得可以不读书，可以看电视获取知识，可是你现在每天在电视上看到的是什么？电视剧多数都是阴谋论，如《甄嬛传》剧里面的女主角，大家觉得她很美的，面带微笑的她，先后用各种各样的方式杀了很多人。如讲年轻人奋斗史的正面电视剧《奋斗》，但是当你看完以后也会发现，多数是勾心斗角，彼此互踩，互相挖墙脚之类的情节。

我认为，中国的电视剧给人的呈现的感觉是这个国家非常累心。活在这个国家，除了要把自己的事做好，你还得平衡各种关系。平级的关系要维护，上面更是不能得罪，跟下面也得搞好。但是，我又反复说，如果你将《红楼梦》认认真真地读两遍，我想至少跟上上下下，左左右右，如何搞好关系，你就已经全知道了。

《红楼梦》就是中国社会的百科全书，它把中国式的所有生活都写在里面。贾府里的一个丫鬟，那都是见人说人话，见鬼说鬼话，而且还说得滴水不漏。王熙凤心里想的什么，跟脸上表现的完全是两回事，面带微笑的时候，其实她可能恨之入骨，用软刀子的方式杀死了好几个人。所以可见如果你对《红楼梦》了解不深，其实你不了解中国。

当年清华的四大教授之一陈寅恪，在英国留学的时候，他先问英国的学生,"我到英国来留学,你介绍一本什么书给我,可以迅速地让我了解英国是一个什么社会。"那个学生说,"很简单,你读《莎士比亚》,你把《莎士比亚》的哈姆雷特和奥赛罗这几部戏,剧本看完了,你就了解英国了。"结果他读完以后,突然发现真的是这样。英国的绅士风度在书里面,但是英国绅士的冷冰冰的礼貌也都在书里面,他们对人客气、礼貌,但是又拒人以千里之外。所以陈寅恪说,"我在英国,后来了解了英国人,他对你非常客气,而且越是陌生人越客气。但是如果你遇到什么问题,想让他帮助你,那是没门,基本上没门的事。"后来陈寅恪在英国的那些同学到中国来,他们问陈寅恪,"我们到中国来,你能不能介绍一本书,让我们迅速地了解中国呢?"陈寅恪理所当然的跟他推荐了《红楼梦》。

"事事洞明皆学问,人情练达即文章。"如果读通了,你马上就会了解中国社会。《红楼梦》里面有一个关于腐败的小细节。全书通篇没有一个字写到贾政是什么官职。但如果你多读几遍一定会感觉到这个官不小,但究竟有多大也并不知道。但后面有一个细节,贾府先被抄家了,又被小偷给偷了。贾政回来了马上叫来管家,问的第一句话是"报官了没有?"他并没有问没了些什么呀?佣人说:"报官了,官来了。"他就很紧张,"那你怎么说的?"这个佣人也很有水平,说"官府问我丢了多少东西?我告诉他,要等老爷回来清点过了才知道。"其实损失惨重,但是不能说。因为如果告诉他,我掉了什么东西,但按照他那个级别工资收入没有那么多,那就很麻烦了。而且贾府是在被抄家以后发生了这起窃案,所以贾政马上就跟管家说:"你明天马上禀告官府,就说没丢什么,一点小东西,不值钱,算了。"这个事就这样被压下来了。

现在我们看很多反腐的、官场的文章都是很外在,包括写送礼都写得很外在。《红楼梦》里面,上面给下面怎么送,下面给上面怎么送,佣人跟佣人之间怎么送,外面来的人怎么送,刘姥姥进来送什么。然后,王熙凤给刘姥姥回什么东西,给每一房回什么东西?

都大有讲究。书里面将中国的世态炎凉的证据都放进去了，但是不着痕迹。

《红楼梦》里王夫人和李纨是婆媳。李纨是王夫人夭折的长子的媳妇，可是她在《红楼梦》里面不掌权，是由王熙凤掌权。如果你要找王夫人和李纨有什么矛盾吧？找不着。但是有一个细节，王夫人跟李纨婆媳之间通篇没有讲过一句话。她们在共同场合出现过，总是各自跟别人说什么，她们俩之间没有交流，完全是中国式的婆媳关系的一种体现。今天电视剧里写中国的婆媳，就很外在的，饭桌上你吵一句，我吵一句。但是要知道，有很多较量不是在斗嘴中完成的，高手过招往往是静悄悄的。所以这点上，书的伟大就在这，它可以比什么都活得久。

现在文化界是说中国有 8000 年的文明史，但是这个历史靠什么来佐证呢？物质的东西已经没有了。屈指可数的文物每天都在各个城市大量地消失。那我们悠久的文化靠什么来传承？物质的传承不可靠。因为物质很容易被毁灭，像阿房宫一把火就被烧了。可是根据书里边写出来的，对比今天，真是没有什么建筑能跟它比。虽然它被烧了，但好在我们还有一篇《火烧阿房宫》这样的文章，我们还知道曾经有那样辉煌的建筑存在。

最后还讲一点：经常有人问究竟我们应该读什么书？应该是读时尚还是经典的？是读优雅的，还是读大众的？应该读硬的，还是读软的？这个不同的专业有不同的说法。

有一个大学问家、作家林语堂，他有过一段非常精彩的话，可以给大家作一个参考。他说，"我只读极上流的和极下流的，我不读中流的。"为什么呢？只读极上流好理解，极上流就是主流的书，统治者也要推荐的书。读极下流的似乎不好理解，怎么读极下流的书呢？其实这个"极下流"不是我们今天认为淫秽的，低等的。他指的就是很边缘化的书。

我认为中国人要想读一本书来了解中国社会就读《红楼梦》，

反复地读，每5年读一次，人的认知就会又上一个台阶。《红楼梦》初面世的时候属于极下流的书，是不能够进皇家书库的禁书。后来它的命运有了很大的改变，我们伟大的领袖毛主席喜欢《红楼梦》，他说，"我读《红楼梦》好，贾宝玉完全就是一个造反派，贾宝玉是一个革命家。"鲁迅也对《红楼梦》的评价很高，他说这本书是个人读个人的，一个多情的人读的就是才子佳人，就是谈恋爱，爱来爱去。革命家读到的是排满，当年清朝末期要排满人、反清。另外，还有《金瓶梅》也是不为主流社会推崇的，"下流"的书。这类书可能有点离经叛道，不按照当时主流社会的规则和标准来行事，所以被排斥掉了，但是这些书往往有独到的见解，所以这些书是好书，要读的。中流的书就是毫无自己见解的，既不害人，但是也没有营养的书。就像现在我们到书店一看，《心灵鸡汤》之类的。你既不能说它是什么"毒药"，但它也没有心灵，没有什么营养，就好像我们吃方便面，能吃饱也不会被毒死，但是如果长期吃肯定营养不良。所以林语堂说这类的东西，中流的书，没有自家的面目，全是人云亦云的，绝不看。

我这里要说的是，应该要建议大家读闲书。"闲得发慌"的"闲"。读"闲书"，读无用的书。经常有人说，我们要利用每分每秒读一点有用的书。我认为这是错了，读书是所有的事情里面最不能功利的，一旦功利就完了。例如现在到书店去，看到的那些实用的，工具类的书，有些在查阅时的确是需要的，但是，另外有大量的书，我个人认为对一生真的没有一点用处。

我曾经应邀给朋友刚刚参加工作的儿子推荐一些书，开了一张书单。可是隔了一段时间，去他们家，看到他儿子在读的，全是《官场厚黑学》、《如何和上司搞好关系》、《应该如何与人打交道》、《商场权谋策》等等。我一点都不反对他看这些书，可是这些书对人的一生来说真的没有太大的帮助。表面上看全是有用的书，哪一本书都有用。《如何炒股票》有用吧？但如果买了这本书，明天就去炒股票,也许会把家当全都给赔掉了。从来没有一本教你发财的书,真的可以让你照搬发财的。

那你什么叫无用之书?就是没有用的书,文学书、哲学的书、历史的书,文史哲都是没用的书。例如,不可能因为你读了一遍《红楼梦》就可以当一名总经理,读了5遍就可以当市长。这个角度上,它是无用的。但是,什么叫有用呢?有用和无用都是在冥冥之间,可能你今天读《红楼梦》的时候,一点用也没有。但是可能哪一天突然就有用。比如说,年轻人恋爱时,一个男孩子如何揣摩女孩子的心态,女孩子怎么揣摩男孩的心态,恋爱时的怎么相处。书里面成功的、失败的都有,林黛玉是失败的,薛宝钗是成功的。读10本爱情小说的人,谈恋爱都比别人成功率高。

"五四"时期有个大教授叫胡适,他在北大做过校长、做过教务长、做了国民党的驻美大使,学贯中西。他研究过中国人的说话,不仅仅是中国人,甚至是人类的语言,他说一辈子讲的话,如果全部都统计下来,75%是废话没有用的,只有5%的话是有用的,剩下来还有部分可有可无,有时候有用,有时候没用。例如两个人陌生人之间,讲话经常没有意义的,"今天天气真好啊!"有意义吗?你打着伞来的,我也打着伞来的,我还跟你讲这话,"今天这个鬼天气!"但是两个陌生人走到一起来往往用这句话开始来作为开场白。而这些开场白放之四海而皆准,无论遇见谁,认识不认识的,先从第一句话开始,一定能够找到共同语言。

如果你不读文学的书,不读小说,不读诗歌,我都会好奇你如何谈恋爱?有两个年轻人相亲,都是硕士毕业,表面看两人帅哥美女很般配的。可是谈完一次以后,再也不来往了。我问他们:"怎么回事?"他说:"我们俩没话说,没有共同语言。"我说:"那什么叫共同语言?你们俩在一起说什么了?"他跟我一说,我说那当然了,你们俩这么说肯定是没有共同语言的。你们看的书都是有用的书,一个是律师,一个是会计,你们俩见面,总不能男的就说"刑

043

事诉讼法又出来个新版。"女的也不能就说："现在营改增，营业税改成增值税了，我们俩探讨一下税率的问题"。两边谁也接不下去。所以我说你们俩到一起一定是谈的是非法律，非会计，要谈什么？只有一个共同的媒介就是文学。假如你们都喜欢读小说，读诗歌，你们很可能会从一本书谈起。哪怕你们喜欢电影也行，最近放一部什么电影，然后就说起来了，一争论，我觉得就好，他（她）觉得不好，不好那咱们再来看一场。好，再看一场，进去的时候两个人看，看完出来就手拉着手了。

类似这种时候你会发现，文学既没有用，又特别有用。你们在一起很可能会讲两个小时的话不觉得长。你们在讨论究竟薛宝钗好还是林黛玉好，你们会讨论一个下午没有结论，你们永远会讨论下去，所以这就是无用之书的用，所以我说无用之用才有大用。只想着有用，最后就陷入实用阅读的危害。

现在去到深圳，经常发现有很多的年轻人也在读书。但是我发现他们基本上读的书也都是跟自己学科有关的，美其名曰叫"充电"。但我认为，"充电"不错，但得看充的是什么电？他们这种是低压电，我们需要充点高压电，得来点真格的。如果你文学的书读多了，你哪怕是一个做会计的，都会让人觉得有趣味。我想一个人想让别人有趣，就得看你的文史哲有什么样的功底？你如果熟读史书，熟读文学、哲学，局面一定会完全不同。如果一个女孩子读完了《红楼梦》，最好读它5遍，最后没有5个小伙子来追你，那才奇怪呢。你的魅力全部在里面。

其实你在《红楼梦》里面看到的，最漂亮的是谁？是晴雯。晴雯是美人中的美人，她作为一个下人放到《金陵十二钗》里面去，要知道十二钗全是小姐，林黛玉、薛宝钗、史湘云等。为什么？因为晴雯真漂亮，她漂亮到什么程度呢？举个例子，你可以想象她是林黛玉，但她比林黛玉漂亮，所以当时贾宝玉，包括王夫人也特别喜欢她。她特别像林黛玉，但是她跟林黛玉是两个极端，林黛玉整个就是一个病人，天天摸着胸口，然后抖抖索索地出来。晴雯是敢爱、敢恨、敢说、泼辣，但是长得非常像林黛玉，她是个阳光型的林黛玉，长得最漂亮。可是她死得特别快，死得很惨，也是因为她的性格所左右。她们中间有些长得很平常，然看起来不着眼的，最后都是胜利者。所以看了《红楼梦》，女孩子应该知道怎样做一个让别人喜欢的女人。所以我说不读书的人都不会恋爱，原因也就在这。

东莞现在在做"今天阅读一小时"，我认为非常好。我们如果每天都用一个小时来读书，生活将会非常充实。现在问中国人为什么不读书？很多人会说因为没时间。但吃饭有时间吗？有。生病有时间吗？有。干什么都会有时间，但是就没时间读书，为什么？还是因为把读书放在太靠后的位置了。在国外的士司机开车中间都可以读一本书；一个水暖工在修水管之余都可以读书；德国的火车上很多人都在那读书。如果我们真的每天做到阅读一个小时，一年365个小时，如果读一本书平均用10个小时读完的话，就可以读30多本。也许你本来在单位可能没什么人跟你说话，但是如果你一年读7、8本书，你在单位就很有可能成为最受欢迎的人。

【互动问答】

听众：我在读《黄帝内经》的时候，经常读到一半就分神了，想到别的东西去了，有时会联想到我的生活，有时候会联想到我的生命，而且有时候也会读着读着就不知道读哪里了，我想请老师指点一下。

胡野秋：首先我要向你致敬。因为《黄帝内经》我也读不懂，它是一本中医的书，被认为是中国"医学之父"，从理论上它是艰深的，文字上它的文言比现在的文言更加的古老，是最早的文言。所以能够读懂《黄帝内经》的人，我估计真的不会太多。你现在能读一点，实属稀也。请你别可惜，真的。就算是博士，博士后，甚至再说极端一点，博导，他都不敢讲我已经把《黄帝内经》读懂了。就像南怀瑾大师，他 90 岁那年，我去拜见他老人家，罗列了一堆对《易经》的问题去向他请教，他说，"我读《易经》是越读越读不懂，越读越不明白。"其实《易经旁通》和《论语别裁》都是他写的书，他已经解读得好得不得了了，但是他说，我读《易经》越读越读不懂。所以你现在读不懂《黄帝内经》我觉得没有问题，你能读一点，我就觉得你已经很了不起了。但是你不要强迫自己去读，如果强迫自己读，读不下去硬着头皮读，那会读出问题来的。

听众： 您怎么看待战国时候的"百家争鸣"？

胡野秋： "百家争鸣"是个太好的时代了，可以说是最好的一个时代。表面上看那时是列强在争锋，但是那个年代是中国第一波精神文化的第一桶金。"百家"其实是不止一百家。我们今天知道的有儒家、道家、墨家、法家，阴阳家、纵横家等等，可是当时是将近一千家。"百家争鸣"我觉得它的一个好处是知识在那个年代是最俱全的，因为那个封建割据的时代人才最贵。当年"七国争雄"，秦、齐、楚、燕、韩、赵、魏，这么多国家，每个国家都要有一套策划系统，都要有一批文人知识分子，所以人才很贵，而这些人又有能得到自由伸展的环境，随便讲什么都可以。孔子在那个时候，周游列国，在列国的皇帝面前宣讲。那个时候是中国非常有包容度的时期，皇帝如果不高兴，最多是赶走他们就是了。正因为那样，我们出现了"孔孟老庄"。所以"百家争鸣"时期我认为是我们共同热爱的那么一个时代。现在随着互联网等的开放，我们已经进入了一个多元的时代。微博、微信、QQ，这些空间的打开，其实是另外一种形式的"百家争鸣"，是老百姓的"百家争鸣"，这样的氛围发展下去，我相信学者、大师们的"百家争鸣"的时代也即将到来了。

文学的电影经验

【嘉宾简介】

　　严前海　中国传媒大学博士，电影学（影视艺术）教授，广东省哲学社会科学优秀成果获得者。主持国家社科基金项目《欧美百年文学杰作的电影经验研究》和其他多项省市级课题。有

专著《电视剧艺术形态》、《影视见证：意欲与肉身》，另有影视剧本、戏剧舞台剧本、长篇小说多部。现为东莞理工学院文艺学学科带头人。

【按语】

　　电影拍文学作品，我们常都称之为"改编"，严格地讲应该叫"文学的电影经验"，文学作品"改编"成电影只是一个文学在电影里的经历，是一种经验。

一、文学、戏剧和电影

　　"文学的电影经验"这是一个很大的话题。因为文学和电影是两种截然不同的形式，文学是一个自言体，它通过文字本身，可以

自我满足自身的这种叙述的要求，叙述的欲望，叙述的目的。电影从表演的角度看是来源于戏剧。戏剧和文学的最大差距，在于戏剧是代言体，讲述的主题、欲望、情感、理念，都是通过一个发生的人，一个表演的人来传播出去的。

电影从表演的根基来看，是从戏剧过来的，不过融汇了现代科技基础，影像艺术这种光、影的艺术，把代言体投射到银幕上，我们称之为影像代言体。

电影的近亲是戏剧。电影史上将 1950 年代称为经典好莱坞时代，1960 年代之后的称为现代好莱坞或当代好莱坞。如果对比经典好莱坞的电影和现代好莱坞的电影，它们最大的不同在于经典好莱坞更多的是很戏剧化的表演方式。比如，《北京遇上西雅图》，它的模式就是从格兰特演的《金玉盟》过来的。《金玉盟》是一个典型的情爱故事，也是和帝国大厦有关。但是我们现在去看《金玉盟》的话，你会感觉到，怎么那么多的对话，其实这就是经典好莱坞的风格。那么它为什么发展为现代好莱坞的风格，这是因为现代影像它自身慢慢通过 50、60 年的摸索，终于找到自己的电影领会，到现在它越来越摆脱了经典好莱坞的戏剧化手法。

二、类型化电影与作者电影

我们讲的电影的戏剧化其实就是它的舞台性，讲的是它的表演。可是不要忘记，戏剧和电影、文学、小说、诗歌，之所以能够并行独立地在现代社会里依旧大行其道，那是因为戏剧作品和非常好的小说作品一样有非常深刻的主题，有非常好的人物形象。就这点而言，电影从戏剧和小说里吸取了非常丰富的营养。如果经验足够丰富的话，我们就会把电影分很多种类别，比如说类型化的电影，作者电影。那么何谓类型化的电影，类型化的电影就是说，我们去看电影，我们不用太多太多的思考，我们把自己完全交给了电影，就像我们坐上了过山车一样，它怎么带？它让我尖叫，让我们欢喜，都可以。

类型化的电影，所谓的类型，其实很简单就是我们知道我们坐过山车的时候有多少个弯？多少个坡？其实都是一样的，但是作者电影就不一样。作者电影带有更多的独创性，更多的个人色彩。比如，我们现在举一个例子：类型化电影和个人电影结合得比较紧的最近上映的一部电影，叫《被解放的姜戈》。我感觉这是一部很奇妙的电影，它把作者和类型化电影结合得非常好。什么叫类型化电影？就是说这个电影从开始到结尾，它总会符合作者的叙事欲望，同时也符合观众的观影欲望，都会让你满足，这是类型化的最重要的一个标准。这部电影演出来，一定让观众得到一种宣泄，一种满足。最后那个主角一定把坏人都杀光了，这就是满足。但是《被解放的姜戈》的导演和一般的导演不一样的地方在于他超越了类型化的地方。电影一开头大概 1/3 的时候，你会发觉，这部电影的主角本来是解放黑人的那个医生，怎么突然转变了呢？其实电影到 1/3 的时候，主人公是开始转变了。然后发展到第二阶段的时候，又发生转变了，主人翁变成了庄园主了，最后到第三个阶段，主人翁又才回到那个黑人身上。其实，这里面有三个主人公。医生、庄园主和姜戈，这样的一种电影，主人公的这种变换在一般类型化的电影中是不敢做的。

049

三、西方精神源泉与电影

我刚才讲的是作者电影，其实作者电影最最重要的一点就是原创性。也许从这个世纪开始，电影找到了自己的原创性。但是在上个世纪以前，电影的主题，它的人物形象的塑造，它的原创性起点，大部分都是在文学里面，或者从文学里面吸取了很多丰富的营养。这里面的现象非常复杂、非常多。要从何讲起呢？可能很多朋友也看过《特洛伊》，《特洛伊》是根据世界上第一部最伟大的文学作品《伊里亚特》改编的。我们看《伊里亚特》和看这部根据《伊里亚特》改编的电影，就会发现这里面有很多的不同。电影更多的是融合了现代影像的一些叙事技巧，走的是商业化的路子。它的主要人物没有背离原作，但是主要人物的命运，他们的生死背离了原作。它基本上符合了《伊里亚特》所散发出来的精神诉求。荷马所要达到的精神诉求。

西方文明的精神源泉，就是两个：《圣经》和古希腊文明。古希腊文学最高成就有荷马、有悲剧诗。荷马是站在最高峰的，荷马的《伊里亚特》又是站在高峰当中的高峰。

我为什么讲西方文明的源泉是古希腊和圣经呢？因为古希腊的文学诉求和圣经的精神诉求是矛盾的、是冲突的。星期天我在看耶鲁大学的教授在讲古希腊文明的时候，我觉得他讲得很有意思。他说，伊里亚特的第一句、第一个词的核心词是什么呢？是愤怒。阿基里斯愤怒了，阿基里斯为什么愤怒呢？我们刚才看到没有他希腊联军打不赢胜仗，但是他打赢胜仗以后俘获的女俘，却让阿伽门农王抢去了。他感到愤怒，他罢战了，他不再参加战斗了，因此希腊联军就大败了。希腊联军的大败源于阿基里斯的愤怒，所以"愤怒"这个词。实际上就是伊里亚特这个文学的作品的中心，而"愤怒"是我们人身上最基本的本能之一，也是英雄主义的核心概念之一。所以，西方精神当中的个人英雄主义、个人主义，如果你要认真去追究，它就源于西方的希腊的《阿基里斯》，完全可以因为个人的愤怒，个人原因参加任何一个城邦之间的战斗。这种传统就是西方文明的一个源泉之一。

那么《圣经》里面它所达到的一种精神诉求是什么呢？是宽恕和仁爱。它讲究的是人与人之间的关系，而希腊这边讲究是个人的表现，为个人的信誉而战。我想表达的是什么呢？我想说今天的电影，看那么多探险故事，那么多的个人英雄的表现，我们在西方电影看到的其实就是《阿基里斯》的个人英雄主义的现代演绎。所以文学的这种传统所塑造起来的个人主义形象，在现代的好莱坞里，包括《空军一号》里面的总统、或者《亚历山大》、或者其它，都不可能避开《阿基里斯》个人英雄主义。最伟大的爱情电影之一《卡萨布兰卡》里面的主人公是个美国人，美国人是最讲究个人主义的。你要不了解古希腊的这种英雄主义的话，你要怎样去了解美国人创造历史的这种个人英雄主义表现？

四、文学的电影经验

我刚才讲了，《特洛伊》这部电影对《伊里亚特》的改编，它增加了很多、删减了很多。于是我们要问，文学和电影的关系怎么样？电影是不是可以随便来删减我的文学？我想今天跟大家分享我本身的经验就是：可以，也不可以。

（一）什么是"文学的电影经验"？

电影从文学拿过来的到底是什么东西？我们以前把电影拍文学作品都称之为"改编"。那我今天和大家讲的题目就是"文学的电影经验"，我避开"改编"这个词，我不讲改编了，我说文学的电影经验，就是因为我用了这个新的词，所以我们的课题获得国家立项，我为什么避开来呢？就是我刚才讲的，这是两个完全不同的艺术形式。一个它可能很短，只有几百个字，你把它拍成两、三小时的电影。有时候比如像《战争与和平》、或者是《静静的顿河》，你没有花几个月的时间你读不完，但是你看电影，你只用一天就可以看完了。哪怕它拍得再长，你一天就看完。你怎么可能原封未动地把它所要呈现的东西放在银幕上？不可能。于是这里面就涉及到一个关键点，你到底要怎么做？我提出的看法是，这是一个经验、一种经历。这只是一个文学在电影里的经历，我寻求的是一种经验，这种经验可能有一次，也可能有几十次。比如说，《安娜·卡列尼娜》到目前为止，已经拍了一共20多次了，比如说刚才主持人讲的，《悲惨世界》拍了几十个版本了，到现在我们还是把它做成音乐剧。这些都是文学本身的电影经验，而你不能把它当作是一种改编，改编的一个前提条件就是要符合文学本身的要求。

　　那么文学本身的要求到底是什么呢？这谁也说不清楚了。你说我看了《安娜·卡列尼娜》、我看了《红楼梦》，鲁迅早就讲过《红楼梦》谁都能看，什么人都能得出一个不同的结论。这本来就是这样子，那么你为什么要求电影一定有一个结论呢？那么也就是说，作为两种不同的艺术题材，你完全可以把心情放轻松。文学好就是好的文学，电影好就是好的电影，这就是"文学的电影经验"。千万不要拿文学的印象然后要求电影符合文学印象，这会造成一个错觉。任何一部电影它的表现只能是它自己所感兴趣的那一面，它只要把自己感兴趣的那一面拍好了，那么它就是一部好电影，我们千万不要要求电影一定要忠实于文学，这是不可能的。但是我们在文学的电影经验的大前提底下，还是可以找到一些不同的经验。我刚才讲了，就是我不一定非得跟你一样，或者非怎么样不可，我有我的经历，只是我的文学在这个电影里面的不同经历而已。就像一个人，有些人属于比较忠贞的，一辈子就谈一次恋爱，有的人可能内心比较丰富，一生可能谈十次、八次恋爱，但是他就是那个人，这就是他的一个经验，我们千万不要把经验固定死。

　　（二）文学的电影经验之一：圆融与撕裂

　　小说《活着》写得好，电影拍的也好，这两种文体之间达到了圆融状态。你看电影你感觉非常棒，你看小说也觉得非常棒。那么电影非常棒，它肯定有电影本身的创造。张艺谋在《活着》里的皮影戏就是在电影里面创造，而且是一种结构性的创造。《香水》这部电影和小说，也达到了我所说的圆融状态。什么意思呢？香水散发出来的香味，电影要怎么拍啊，但是导演做到了，他是怎么做到的呢？他是通过少女，那个杀人凶手把少女杀了，然后去蒸，蒸了以后，水留下来以后，去做香水。通过这个过程，你就会感到这种香水产生出来的一种魅力。你从没有任何嗅觉的银幕上可以通过想象达到这个目的，可以嗅到香水的味道。

　　那么撕裂呢？表面上看这部电影好像拍得不错，其实还是有值得探讨的地方。比如《红高粱》，莫言写得好，张艺谋拍的《红高粱》也拿了国际奖，但是照我看来，这部电影比不上小说。为什么呢？因为小说更加丰富，它的主题更难确定。而电影把它拍得过于明晰化了。特别是中国当时很不好的一个倾向，所有的电影都喜欢一个主题歌，都喜欢唱歌，包括我们现在的电视剧，也喜欢唱歌。也不能说全坏了，有时候提炼一下主题也不错，但是动不动就唱歌，或者哪一部剧非得唱个歌不可，我觉得不好。比如说《红高粱》里的歌词，"妹妹你大胆地往前走"，你想想看，这一句一唱出来，莫言《红高粱》里面的那种魔幻感觉，这种社会历史的魔幻感觉一下子就没有了。

（三）文学的电影经验之二："从重到轻"与"从轻到重"

我们的文学作品，有的内涵是非常沉重的，但是现代电影把它表现得很轻盈，非常的轻盈，这也是我们现在的电影经验之一，就是从重到轻；还有一种电影经验就是从轻到重，本来这个文学作品它并不那么沉重，并不那么巨大，但是电影却把它的表现得非常的有内涵——从轻到重。

刚才主持人讲了《悲惨世界》，有人说世界上3部不可不读的长篇小说。一部就是《悲惨世界》、一部就是《安娜·卡列尼娜》，今天我都提到了，第三部是什么？我不记得了。好像那部是我不感兴趣的，所以我就把它忘记掉了。那么这两部小说是文学爱好者必读的。因为从《安娜·卡列尼娜》获得的最终人类心灵的这种无限性、复杂性、狂野性以至理智等各方面的经验。你看《悲惨世界》，你就会关注整个人类生存的境遇，从而激发你对人类究竟需要有一种什么样的理想社会去超越我们自身的追求的问题深度思考。

电影《悲惨世界》可能就没有那么丰富的技巧在里面。但是它的那种悲天悯人的情怀，是文学永远不可抛弃的，文学若是抛弃了这一点，在这个世界上也就没法立足了。

有意思的是，《悲惨世界》这部小说改编成30部电影以上，它以前所有的电影真的都是在复制那个"悲惨的世界"给人看。而自从音乐剧《悲惨的世界》出现了以后，"悲惨的世界"就不仅仅是停留在悲惨上面，听觉的音乐美和我们舞台上看到的视觉美就密切地结合在一起。所以《悲惨世界》目前来说是排在前三位的，演得最多的舞台剧，我指的是音乐剧。第一位本来是《猫》，后来《歌剧魅影》超过了它。《歌剧魅影》是第一，《猫》第二，《悲惨世界》是第三。

从电影歌曲里面，我们可以亲身体会到，人很悲惨，现实生活中也很悲惨，但是我们从电影可能感觉到一种悲惨时人激发出来的愤怒和力量在歌声当中。这就是一种转换，这种转换使得观众更愿意投身到这个剧情当中。它不仅是说我今天看了一个悲惨的故事，我不是要这样的。就像我们在《1942》，你若看到的是仅仅是一个很悲惨的的故事，可能观众不太满意，你必须从里面得到另外的一个东西。悲惨是现实，没错这是很真实的东西。但是我从这里面，一个艺术作品里，我应该得到什么东西呢？《悲惨世界》它做了一个非常好的典范。

我们这里要达到什么样的讲述目的？《悲惨的世界》通过音乐的形式，让我们重新感知到那边发生的事情。但不仅仅是停留在一个悲惨的层面上。而是让我们体会到那个时代迸发出来的力量，但是从形式上看，它毕竟是用音乐的形式，让我们轻松享受过去的时代。所以我把它们称之为"从重到轻"。

《天浴》这部电影是被禁的，陈冲导演的，它的原著文学作者是严歌苓，写《金陵十三钗》、《小姨多鹤》的严歌苓。她写的小说很短，只有几千字，你看不出有多少内涵，你只知道一个女孩子在文革当中的一些经历，里面有太多的感触。但是陈冲把它拍成电影之后，感受是完全不一样的。这部电影在大陆是被禁的，女主角叫李小璐，写一位成都的女孩子响应毛泽东的号召，上山下乡到新疆去，到那边以后，就想着回城。可是一个孤零零的女孩子，怎么回城呢？家里面没有什么势力。甚至她听人家说怎么能够让她回城，上面那些年青人下来之后说："你跟我好，你就可以回城了。"好了之后，那个年青人回去向大家传，"那个女孩子和我睡觉了，我跟她说，帮她回城，她就跟我睡觉了。"所有的男人都过来，各种想欺骗人，占便宜的男人，都来找她。最最悲剧性的也就是影片的高潮，就是她流产的时候，男人还不放过她。最后，因为当中还有另外一个男主人公，他是一个性无能者，因为受伤，这个女主人公就要求他拿起枪，把自己打死掉，男主人公也看她这么悲惨，就打死她了，这就是《天浴》里的情节。我讲的是什么意思呢？原来的小说它并不厚重，但是经过电影化的表现之后，它沉重了，它的主题被放大了，这就是由轻到重。

还有一部电影叫做《暖》，这也是根据莫言的一个短片改编的。这个短片叫做《白狗秋千架》，你们看了小说之后，再去看一下《暖》这部电影，这部电影其实拍得相当好，如果有高清版本，这一定非常舒服。它的场面拍摄、场景选择都非常棒。这部电影把短篇小说里面它所没有呈现出来的场景加以创造，而且把人物的运命运更加的复杂化，这是一个从轻到重的过程。

还有一些文学作品，我就不再举例了。

（四）还有一种文学的电影经验就是"结构借用"

一个最典型的例子就是康纳德的一部小说叫《黑暗的心》。现在把《黑暗的心》借用过来变成现代启示录，他就借用的是文学结构，那么不管文学有怎样的变演经验，但是文学在电影经验的过程当中，必然要留下遗憾。因为我开始讲，这是两种不一样的艺术题材形式。

你想想看，当你看《战争与和平》小说的时候，你花了一个月甚至两个月的时间来陪伴它，而你看《战争与和平》这部电影的时候，你花的时间最多是 4 个小时吧。你付出在小说上的时间是那么长，你在电影上花的时间又是那么短。小说焕发出来的艺术想象力，它伴随着你的成长，伴随你时间流失的那段经历，肯定是影像所不

055

能比拟的。这种比拟性不是说谁重谁轻，谁高谁低的问题，而是之一种艺术经验的问题。

【互动问答】

听众： 严老师，您好，请问电影应该完全忠实于原著还是某些地方可以修改？

严前海： 开始我已经说了，是不可能忠实于原著的。为什么呢？我举个简单的例子，我们文字上写"椅子"这两个字，在你的经验当中，你一定有你的椅子；在我的经验中，我一定有我们的椅子；在我们现场当中，有现场的椅子。于是文字本身的模糊性与影像本身的明确性之间产生了距离，完全忠实于原著成为不可能。

听众： 严老师，您好！我比较喜欢看电影。我希望严老师给我们推荐几部你认为中国目前拍得比较好的一些电影。

严前海： 像《北京遇上西雅图》我觉得还可以，然后，顾长卫拍的《孔雀》、《立春》，张艺谋拍的《活着》都不错。

古典诗文与中华传统道德

【嘉宾简介】

田根胜，文学博士，东莞理工学院文学院教授、院长，东莞理工学院学科带头人，《城市文化评论》主编。先后承担教育部、广东省等课题10余项，在《文学评论》、《文艺争鸣》等发表学术论文20余篇。

【按语】

古典诗文是中华文化的瑰宝之一，蕴藏着我们民族的许多传统与道德。传统道德需要在国际化、法制化的今天赋予其现实意义。

现代化、城市化、全球化浪潮汹涌澎湃，荡涤着华夏大地的每一个角落，也荡涤着华夏的每一个子民。拜金主义、享乐主义、极端自私的个人主义的严重泛滥，引起世人的深沉忧虑和思考，于是，许多人把目光聚焦于传统，试图从优秀的中华传统道德文化中汲取营养与力量，以拯救江河日下的浇薄的世风。

一、中华道德传统与规范

（一）本话题的界定

传统道德涉及的道德规范内容很多，有学者把它的基本规范概括为：忠、孝、节、义、礼、智、廉、耻、仁、恕、谦、信、和、制、勇、强等 16 个字，但总的看来，要求"仁义"是中华民族传统道德中最具特色的核心内容。

为把问题说得更明白，有必要把"道德"作一界定。所谓道德，就是利他主义，即把属于自己的一部分利益让给别人。它有三个要素组成：选择、判断与行动。

（二）古典诗文中的中华道德传统

中国自古就有"文以载道"的传统。可以这么说，中华优秀道德传统文化都集中在中国古典诗文之中，古典诗文是中华优秀道德传统文化的载体。比如孔子的《论语》，宋代赵普有一句话，叫"半部《论语》治天下"，有许多人都不理解，说有可能夸大其辞。其实，他的话是很有道理的，关键看你怎么理解。你在读《论语》的时候，把《论语》中所有关于君子的话语摘录出来，最后再仔细想一想，那么你就会明白"半部《论语》治天下"这句话的道理了。"君子道者三：仁者不忧，知者不惑，勇者不惧。""君子不重则不威。""文质彬彬，然后君子。""君子义以为上。君子坦荡荡，小人长戚戚。""君子周而不比；小人比而不周。""可以托六尺之孤，可以寄百里之命，临大节而不可夺也，君子人与？君子人也。""有君子之道四焉：其行己也恭，其事上也敬，其养民也惠，其使民也义。""君子成人之美"；"君子和而不同"；"君子矜而不争，群而不党"。有记录《论语》里面有关君子的话有 94 处，有的说 96 处，大概是95、96 处。那么这个《论语》讲什么？讲做君子，讲做人。我们都反复教人，叫"做事先做人"。一个人的人格树立起来那就会形成魅力，那么就有影响力，就有号召力，就有说服力，就有话语权，有了话语权就有了支配权。同时还要教你做人。如果全社会的人都能成为君子，那么就是一个很和谐的社会，当然《论语》里边还讲到了"仁"，讲到"礼"，讲到"约"，还讲"敬"。所以从这个方面来讲传统诗文可以说在中华文化中，它是最核心的文体。那么传统的道德文化应该都容纳在这个传统诗文中，可以说是优秀道德的文化载体。但是，古典诗文内容广泛，浩如烟海，下面选几点，挂一漏万，抛砖引玉。

二、古典诗文中的优秀道德举证

（一）立身道德规范

1. 守信

"信"就是诚实、无欺，它是与人为善的要道，是做人的根本。

孔子曰："人而无信，不知其可也。"（《论语·为政》）

荀子也认为："君子养心莫善于诚，致诚则无它事矣。惟仁之为守，惟义之为行。诚心守仁则形，形则神，神则能化矣。诚心行义则理，理则明，明则能变矣……天地为大矣，不诚则不能化万物；圣人为知矣，不诚则不能化万民……夫诚者，君子之所守也，而政事之本也，唯所居以其类至。"（《荀子·修身》）

《弟子规》："凡出言，信为先，诈与妄，奚可焉。"

西晋羊祜告诫儿辈："言则忠信，行则笃敬……言行无信，身受大谤，自入刑论。"

李白："三杯吐然诺，五岳倒为轻。"（《侠客行》）

2. 勤俭

贤母敬姜："夫民劳则思，思则善心生；逸则淫，淫则忘善，忘善则恶心生。沃土之民不材，淫也；瘠土之民莫不向义，劳也。"（《国语·论劳逸》）

孔子："奢则不孙，俭则固……士志于道，而耻恶衣恶事者，不足与议也。"（《论语·述而》、《论语·里仁》）

诸葛亮："君子之行，静以修身，俭以养德。"（《诫子书》）

曾国藩："勤俭自持，习劳习苦，可以处乐，可以处约，此君子也。……无论大家小家，士农工商，勤苦俭约未有不兴，骄奢倦怠未有不败。"（《曾国藩家书》）

3. 中和

《礼记·中庸》："喜怒哀乐之未发，谓之中；发而皆中节，谓之和。中也者，天下之本也；和也者，天下之达道也。致中和，天地位焉，万物育焉。"

孔子："君子和而不同，小人同而不和。"（《论语·子路》）

4. 仁爱

孔子："己所不欲，勿施与人。""己欲立而立人，己欲达而达人。""博施于民，而能济众。""节用而爱人，使民以财。""志士仁人，无求生以害仁，有杀身以成仁。"（《论语·卫灵公》）

孟子："得天下之道，得其民，斯得天下矣；得其民有道，得其心，斯得民矣；得其心有道，所欲与之聚之，所恶勿施，尔也。"（《孟子·离娄上》）"乐民之乐者，民亦乐其乐；忧民之忧者，民亦忧其忧。"（《孟子·梁惠王下》）

韩愈《原道》："博爱谓仁"。

张载《西铭》："民吾同胞，物吾与之。"

（二）家庭道德规范

1. 父慈子孝

《蒙学篇·小儿语》："老子终日浮水，儿子做了溺鬼。老子偷瓜盗果，儿子杀人放火。"

韩非子·曾子烹彘

"百善孝为先"：爱老、养老、敬老。

《礼记·王制》："凡养老，有虞氏以燕礼，夏后氏示以飨礼，周人修而兼用之。五十养于乡，六十养于国，七十养于学，达于诸侯。"

汉唐多由乡里和宗族设立义仓、公产等予以救济。

孔子："今之孝者，是谓能养，至于犬马皆能有养，不敬，何以别乎？"

孟子："孝之至，莫大于尊亲。"（《孟子·万章上》）

"孝亲敬老"视为传统最崇高的美德，并作为选拔官员的标准（举孝廉）是自远古就沿袭流传下来的，周代将孝道，作为人的基本品德。当时提出的"三德"〔至德（道）、敏德（行）、孝德〕、"三行"（学孝行，以亲父母；学友行，以尊贤良；学顺行，以事师长）成为社会道德教化的核心内容。

孔子强调"其为人也孝弟而好犯上者，鲜矣！不好犯上，而好作乱者，未之有也。君子务本，本立而道生，孝悌也者，其为仁之本与"。

孟子说："世俗所谓不孝有五：惰其四肢，不顾父母之养，一不孝也；博弈好饮酒，不顾父母之养，二不孝也；好货财，私妻子，不顾父母之养，三不孝也；从耳目之欲，以父母戮，四不孝也；好勇斗狠，以危父母，五不孝也。"（《孟子·离娄下》）

孝敬父母不仅要做到"父母在，不远游，游必有方"，而且"身体发肤，受之父母，不敢毁伤，孝之始也。立身行道，扬名于后世，以显父母，孝之终也。"（《孝经》）。《诗·小雅·蓼莪》曾这样深情地写道："父兮生我，母兮鞠我。拊我畜我，长我育我，顾我复我，出入腹我。欲报之德，昊天罔极。"孝敬父母，感激他们的生育、养育、教育之恩，是中华民族几千年传统美德的集中体现。西晋文学家李密《陈情表》流露出的侍亲孝顺之心更是感人肺腑，千百年来一直被人们广为传诵。李密幼年丧父失母，伶仃孤苦，"祖母刘悯臣孤弱，躬亲抚养"，这份恩情一直令他难以忘怀。当祖母疾病缠身，常年卧床不起时，"臣侍汤药，未曾废离"。朝廷多次征召："察臣孝廉"、"举臣秀才"、"拜臣郎中"、"除臣洗马"，自己虽感激圣朝恩宠，但祖母已"日薄西山，气息奄奄，人命危浅，朝不虑夕。臣无祖母，无以至今日，祖母无臣，无以终余年。"李密怀着乌鸦反哺的深情，竭尽所能定要完成对祖母养老送终的心愿，字里行间无不流露着对祖母的一片孝心，感人至深，情真意切。诗人孟郊的《游子吟》更是母爱礼赞的经典名篇："慈母手中线，游子身上衣。临行密密缝，意恐迟迟归。谁言寸草心，报得三春晖。" 针线与游子衣写出了母子相依为命的骨肉之情，这一针一线都寄托了母亲对儿子深切的爱，而作为儿子的就像春草不能报答春天的养育之恩一样无法报答厚博无私的母爱。

2. 夫妻和爱

《周易》："二人同心，其力断金。"

刘向："夫刚则不和，不和则不可用。是故四马不合，取道不长；父子不和，其世破亡；兄弟不和，不能久同；夫妻不和，室家大凶。"（《说苑》）

梁鸿孟光：举案齐眉

"曾经沧海难为水，除却巫山不是云。取次花丛懒回顾，半缘修道半缘君。"元稹还是一个穷书生的时候，娶了韦夏卿之女韦丛，因家里贫穷，生活很不如意，但韦丛从没有埋怨过，见到丈夫没有衣服就翻自己的衣箱拿出自己带来的衣服给丈夫穿；丈夫想喝酒却没钱去买，她就拔下自己的金钗去换酒。虽然吃的是野菜豆叶，烧得是树叶，但夫妻恩爱有加。后来韦丛病故，元稹当了宰相，俸禄超过 10 万，可他仍忘不了和自己患难与共的妻子韦丛，写了《遣怀》组诗来追悼妻子，其中一首中的"今日俸钱过十万，与君营奠复营斋"最让人感动。元稹本想和韦丛共享富贵，但是妻子早死，只能把钱花到给妻子办祭品，请佛道徒做法事上，以此来告慰和答谢自己的妻子。

诗人陈确与其妻王氏也是一对患难夫妻，王氏嫁给陈确后，没有过上一天好日子，全家生活的重担都压在她的肩上。她不仅勤劳，而且治家有方，到她死时，家中已有薄田数亩，一子一女已经婚嫁。陈确想到妻子一生劳苦却无法享福，悲痛欲绝之际撰写了《祭妇文》

来抒发自己怀念亡妻、愧对亡妻的一腔真情："吾以贫累子，贫而嫩愈累子。吾实不学，子谬以我为学，不敢以家累吾学。吾有父母，子为吾养，吾不知；吾有子女，子为吾衣食，吾不知：遂积忧劳而有此病也。"妻子既贤且淑，深明大义，上养公婆，中助丈夫，下抚儿女，积劳成疾，中年而丧。作者把亡妻的死因引为己过，深为自咎，更见出对死者感情之深。"子病，每劝我买妾，我不买；子病将死，又劝我早娶后妻，我不欲娶。"陈确的不从，也充分体现其对亡妻一往情深、不忍背叛的忠贞品行。

（三）治国安邦的道德规范

1. 关于"忠义"

《论语·学而》里面曾子说："吾日三省吾身：为人谋而不忠乎？与朋友交而不信乎？传不习乎？"

《史记·刺客列传》中记载着晋国人豫让的事迹。他离开曾经侍奉过的范氏和中行氏，后去奉事智伯，智伯特别地尊重宠幸他。当赵襄子和韩、魏合谋灭了智伯后，豫让决心要为智伯报仇："嗟乎！士为知己者死，女为说己者容。今智伯知我，我必为报仇而死，以报智伯，则吾魂魄不愧矣。"他改名换姓，甚至自残身体，自毁容貌以刺杀襄子，当赵襄子问他为何如此急切地要为智伯报仇时，豫让说："臣事范、中行氏，范、中行氏皆众人遇我，我故众人报之。至于智伯，国士遇我，我故国士报之。"司马迁高度赞扬了这种"士为知己者死"，为报答知遇之恩而置生死于度外的刚烈精神。

《史记·淮阴侯列传》中记载，韩信在项羽帐下"官不过郎中，位不过执戟，言不听，画不用"，就背楚归汉。在刘邦帐下，刘邦"择良日，斋戒，设坛场"，拜韩信为大将。并且和韩信促膝谈心，"自以为得信晚"，"授我上将军印，予我数万众，解衣衣我，推食食我，言听计用"。所以在楚汉之争的关键时候，项羽的说客吴涉劝其背叛刘邦，韩信说："夫人深信我，我倍之不详，虽死不易"。自己的谋士蒯通劝其背叛刘邦，韩信说："汉王遇我甚厚，载我以其车，衣我以其衣，食我以其食。吾闻之，乘人之车者载人之患，衣人之衣者怀人之忧，食人之食者死人之事，吾岂可以向利背义乎？"

刘备在处境十分艰难的情况下"三顾茅庐"，请出诸葛亮并加以重用。诸葛亮为报知遇之恩，辅佐刘备屡建奇功，扶保幼主尽心竭力，"鞠躬尽瘁，死而后已"的意识在他的《出师表》中可谓表现得淋漓尽致。

关羽念往日之恩，在华容道义释曹操，不但没有人责备他明暗不分，反而认为他义重如山，名扬千古。

人在微贱之时得到名人先贤的奖掖，往往会因此而成就功业；功成名就之时，也往往会饮水思源，感恩戴德。乔玄之于曹操，正是如此。在曹操年轻的时候，没有什么名气，乔玄慧眼识英雄，评鉴说："天下方乱，群雄虎争，拨而理之，非君乎？然君实乱世之英雄，治世之奸贼。恨吾老矣，不见君富贵，当以子孙相累。"这番评价给曹操带来了极大的声誉。在乔玄殁后20年的建安七年，身居高位、势压群雄的曹操缅怀往事，颇感乔玄知遇之恩，亲笔书写了《祀故太尉乔玄文》，以寄托感恩怀德之情。"故太尉桥公，诞敷明德，泛爱博容，国念明训，士思令谟。"曹操追述当年与桥公的情谊，"吾以幼年，逮升堂室，特以顽鄙之姿，为大君子所纳。增荣益观，皆由奖助，犹仲尼称不如颜渊，李生之厚叹贾复。士死知己，怀此无忘。"桥公的知遇之恩，曹操一直不能忘怀，这种思恩报本之情在文中表露无遗，并道出了"无有桥公，即无操之今日"之意。

2. 廉洁：为政之本，为官之宝

孟子："可以取，可以不取，取伤廉。""己不廉则不能正人；己肮脏则不能匡正天下。"（《孟子·离娄下》）

韩非："所谓廉者，必生死之命也，轻恬资财也。""吏不廉平，则治道衰。"（《韩非子·解老》）

欧阳修认为：知廉耻是士大夫之大节。

薛暄："世之廉者有三：有见理明而不妄取者，有尚名节而不苟取者，有畏法律、保禄位而不敢取者。见理明而不妄取，无所为而然，上也；尚名节而不苟取，狷介之士，其次也；畏法律、保禄位而不敢取，则勉强而然，其又为次也。"（《从政录》）

3. 仁政（略）

三、优秀的中华道德传统的承继问题

（一）总体评价

中国古代优秀道德传统：在地位上强调德教为先，立志修身；在内容上强调仁义为本，察于人伦；在方法上强调道之以德，内求自省。

中国传统道德文化与中国古代社会的伦理本位关系密切，多打上血缘纽带和宗法观念的烙印。忠、孝、节、义的道德内涵从最基本的血缘关系，一直延伸到更为广阔的朋友、君臣关系，通过亲情的内化、转而对个人行为的准则，使人们在主观上、客观上接受"长幼有序、君臣有义、夫妇有别、朋友有信"的宗法观念。这其中虽然有"君为臣纲、父为子纲、夫为妻纲"绝对要遵循的封建伦理要求和道德律令，但也包含着一种以情动情的情感教育，是一种以德报德的道德教育，更是一种以人性唤起人性的人性教育。传统的力量是强大的，尤其是我们在迷失前进的方向时，回溯传统，我们才能找寻到心灵的依皈。

人不可缺失感恩之心，但现实中许多人的感恩意识日渐淡薄。主要表现：其一，孝心减退。有多少年轻人知道父母的生日？有多少年轻人经常主动与父母联系？有多少年轻人在"衣来伸手，饭来张口"的时候想到父母劳作的艰辛？许多年轻人只有要钱时才想到父母，而且认为父母和社会都是欠他们的，父母和社会为他们所提供的一切都是理所当然的。他们不懂得要去感激父母，也不知道如何去表达对父母的感激之情。其次是人情冷漠。随着经济的发展，

社会文化的转型，人员的流动性频繁，人际交往日益打破血缘关系和地域关系的束缚，出现"陌生化"倾向。人与人之间心灵的沟通、情感的交流日益减少，变得逐渐疏远和冷漠。许多人以自我为中心，不会感恩或者不愿意感恩，对恩情视为该当。

（二）现实的困境

传统感恩意识是基于自然性血缘关系的原始情感，是以血缘、情感来维系的实体性关系，传统中国道德文化最发达的部分，主要集中于对私人伦理和身份伦理的推崇，而对于市场体制和现代国家的重要性十分明显的契约伦理、市场伦理、职业伦理、社会公德等公共伦理内容和原则却较少涉及——存在严重的泛道德主义倾向。泛道德主义作为一种伦理本体主义，其根本出发点便是以伦理取向来看待历史、规范现实和未来，并通过道德关系广泛地调节人与人的关系，以及整个社会的各种关系。

英国人梅因说过："所有进步社会的运动……是一个'从身份到契约'的运动。"这充分说明了以等级为特征的身份伦理与以契约、平等为特征的社会公共伦理的根本冲突。现代性社会的特点和市场经济健康发展的内涵都要求以契约精神结构取代身份精神结构、以平等精神结构取代等级精神结构，要求用充分的公共伦理内容和发达的公共体系去实现经济与伦理的平衡。

所以，中国传统价值文化存在着因"私德"而废"公德"的理论缺陷。

（三）可选择的措施

朱熹提出要用孝、悌、忠、信、礼、义、廉、耻从根本上调节父子、君臣、夫妇、长幼、朋友等各种人伦与宗法等级关系。他把学校教育分为小学（8-15岁）、大学（16岁以后）两个阶段，无论小学大学，都以"明人伦"为目的，并主张小学要学习"洒扫、应对、进退之节"，遵守"孝、悌、忠、信"等道德规范，大学要"明明德"，修身、齐家、治国、平天下。

【结语】

毛泽东学习白求恩毫无自私自利之心的精神，着重指出："只要有这点精神，就是一个高尚的人，一个纯粹的人，一个有道德的人，一个脱离了低级趣味的人，一个有益于人民的人。"

城市·文化

在行走中认识世界

从乡土中国到都市中国

东莞与莞香

在行走中认识世界

【嘉宾简介】

彭庆元，中国作家协会会员，中国散文诗学会理事，中国大众文化学会美丽文学专业委员会主任，广东省作家协会会员。长期从事文艺创作，出版有《天涯芳草》、《流浪的琴声》、《艺苑风景线》、《凝固的诗情》、《艺穗集》等八部散文、诗歌集。歌曲《最美的人生》、《永远的思念》、《锦绣中华》、《欢乐的社区欢乐的家》等均由我国著名歌唱家演唱并由中央电视台拍摄成音乐电视在全国播放。

【按语】

去外面的世界走走看看，既开阔了眼界，也增加了一种审美愉悦，无形中又为自己增添了一份欣喜，一份人生的体验与哲理的收获。

旅游、行走，对今天的大部分国人来说，应该是一种习以为常的生活方式。改革开放以后，人们的生活好了，荷包鼓了，眼界宽了，总想到处走走，看看外面的世界。旅游的热望由此而生。物质世界丰富了，转而向精神层面求索，这是一种正常不过的生活状态。

现代社会又为一切旅游者提供了种种方便，也为我们观察丰富多彩、活色生香的世界提供了无限广阔的空间。

据考，"旅游"一词虽最早出现在南朝梁代诗人沈约的《悲哉行》中，无论陆游的"衣上征尘杂酒痕，远游无处不销魂"、朱熹的"胜日寻芳泗水滨，无边光景一时新"，还是王维的"且共登山复临水，莫问春风动杨柳"、苏轼的"长淮忽过天远近，青山久与船低昂"，都无一不在宣泄着一种登山观海、寄情山水的愉悦之情。诚如王羲之所言："天朗气清，惠风和畅，仰观宇宙之大，俯察品类之盛，所以游目骋怀，足以极视听之娱。"尽管这种"旅游"还大半只是文人学士们的一种雅兴，行走的脚步也因时代的局限仅仅只限于神州大地，但"读万卷书，行万里路"的古训，却因为读书与行路之间对思想与实践的相互印证与补充，而成为了劝导人们生活、学习的一种行为方式和行动准则。

如果说，昔日旅游还只是少数富有人家的"奢侈消费"，现代社会中随着人们物质生活的不断丰富，旅游已不再是少部分人的专利。出国旅游、异域行走更是诸多寻常人家的生活方式。大家愿用自己的足音去叩问陌生的土地，愿用自己的眼睛去体察域外的风情。作为一个文化人，我更愿意通过旅游去观察、比对两种文化的现场，从而更敏锐地审视东西方文化的差异，最终更欣赏与热爱我们自己的文化。《行走的足音》这本书，便是我从 1987 年随中国民间歌舞团第一次走出国门起，到目前为止，我在 25 年间旅游、考察走访欧、亚、非洲近 20 个国家所写的感悟性文字近 80 篇 20 万字的一个结集，也是自己生命轨迹中一个重要的组成部分。在这个且行且走、边看边听、东张西望的过程中，我总喜欢把自己的所思所感、所得所悟记下来。古人说："登山则情满于山，观海则意溢于海"。这情，这意，就是书中凝结的文字。

下面，我就想结合我旅游中写下的一些篇章，以及旅游中的种种收获，跟大家谈谈自己的感受。

一、行走中几个有趣的故事与感悟

（一）卖书的狮子

汽车从法兰克福机场出发的时候，正是早晨六点。经过一夜飞行的旅人，此刻养精蓄锐，又精神亢奋起来。对下一个旅游点慕尼黑，他们又有什么新的期待？同行的游客虽然都来自一个旅游团，却是五方杂处，各人意趣不同。一个柳州来的富姐偏爱美食，笑说旅行南非时曾在野生动物园吃过鲜嫩的斑马肉，不知此次有何口福？两个年轻哥哥则商量着晚上要找家赌场打打"老虎"，碰碰运气。而坐在我旁边的一个福建来客却在悄悄地向导游打听：不知道慕尼黑有没有洗脚的地方？

我在赴欧前夕，行囊中早已塞进了一本龙应台的散文《魂牵》。这位长期旅居海外特别是德国——的台湾才女柔软而细腻的笔触，能让人体味到异域土地上的万千风情。于是我愿借用她那双兼具东西方两种心态的慧眼，去认真扫描脚下这块陌生土地上的种种文化现象。歌德曾说过："每个旅游者对于在旅途中应该看些什么，他的要旨是什么，应该胸有成竹。"德国人的良好读书习惯早有耳闻，果不其然，坐地铁，泡酒吧，都能看到捧着一本书的读书人。啤酒吧旁，一杯在手，一卷在握，全然不闻身外人声鼎沸；咖啡厅里，借坐一隅，默然潜读，犹如独自神游书海之中。即便是在乘坐地铁、公交车时，许多人也是捧着一份新出版的报章杂志，在飞速前进的上班途中完成了自己的"早读"。最为奇怪的是，我在慕尼黑的街头行走，居然看见一头狮子的雕塑，憨态可掬地捧着一大叠书刊词典站在街旁。走近一看，竟然是一家书店，狮子"站街"原来是在推销书籍。这让我们所有人都感到十分有趣。慕尼黑原有"狮子"的别称，看来这里的狮子不仅也爱读书，还是一个读书活动的热情倡导者与宣传者。

好奇心驱使我走进书店。店分两层，寂静无声。里面或站或坐，满是看书挑书的顾客。即便是交易台前，也只能听见电脑的滴答声。

一个挎着篮子的老妇小声与店员交谈了几句，然后满意地走了。我问翻译，他说书店还有代订书刊的功能，下一次来，老人就能拿到从其他书店调剂来的新书。

此情此景，令人动容。我走出店门，想请同行的旅友们进店参观一下，亲身感受里边的读书氛围。却不料被那几个时刻想着饕餮美食、想着洗洗"洋脚"、想着在赌场中碰碰运气的哥们姐们的好一顿抢白："我在国内时都不太喜欢看书，谁愿跑到德国来自寻烦恼？"好心的愿望却受到嘲讽，这一顿结结实实的闭门羹着实让我无话可说，令人十分尴尬。

"假如不是通过一种光辉的民族文化均衡地流灌到全国各地，德国如何能伟大呢？"——有感于书和文化的力量对德国的重要影响和意义，歌德曾经对自己的祖国发出过这样的慨叹。诚然德国可供人们浏览的风景很多，但毫无疑问，书店文化的风景应该是最亮丽的一道。除了世界闻名一年一度的法兰克福国际书展以外，将近一万个大大小小的书店还供应着全国八千万人的精神营养。龙应台曾经描绘她居住过的小镇只有一万多人口，却有一个图书馆、3家书店、3个画廊、一个表演厅。后来我们来到富森小镇，看到的情况的确如此——居民在报纸上看到一本新书推介，马上就会趸进书店。一时无货，书店立即为你代订。而在节假日，有时书店还会邀请作家艺术家来店朗诵或签名售书，场面很踊跃。

面对这样的文化风景你不看，不感兴趣，却热衷于不远万里之遥到这里来打老虎机来寻求及时行乐的刺激，岂不是拣了芝麻丢了西瓜，把旅游的本末倒置了吗？慕尼黑街头"卖书的狮子"令人很开心，可眼前一些旅友的举措却令人很忧心。文化的差异在哪里？国民素质的差异在哪里？很值得我们深思。

（二）希特勒与贝多芬

希特勒与贝多芬，一个是臭名昭著的德国法西斯战争罪犯，一个是举世闻名的世界伟大的音乐家，这是两个完全不同类型的风马牛不相及的人物。与这座城市到底有什么关联？怎么把他们放在一起来议论？且听我细细道来。

1999年1月，我随中国文化报记者团去奥地利访问。那是个多雪的冬季。接待我们的奥中友协苏并列先生不无遗憾地说："你们错过了维也纳最美的季节，此时已没有春的花红、夏的碧绿、秋的金黄，只有这满天的飞雪为客人接风洗尘。"而对我这个生活在南国的人来说，飘雪的维也纳似乎给了我更多的惊喜与诗情，更多的乐韵与雅趣。维也纳是一座举世闻名的音乐之城。穿城而过的美丽的多瑙河，养育了维也纳人的聪明才智，也赋予这里的人们以特有的音乐天赋和敏感。且不说散落于维也纳全城的28家影剧院金碧辉煌，雍容典雅，70家电影院和音乐厅鳞次栉比、争奇斗艳，单说金色大厅一年一度的新春音乐会就成为了全世界瞩目和倾听的对象。世界著名音乐家莫扎特、舒伯特、约翰·施特劳斯、海顿、马勒都是奥地利人，德国的贝多芬、瓦格纳也都在维也纳度过了他们音乐创作的鼎盛时期。在维也纳街头散步，你随时都能看见音乐家的青铜雕像，他们站在岁月的风雨中，穿透历史的烟云，仿佛时刻都在向人们倾吐着心中那不朽的旋律。

时近圣诞、新年，维也纳的节日气氛越来越浓，空气里到处弥漫着音乐的氛围。主人似乎了解我们此刻的心境，行装甫卸，便忙不迭地带着我们满城兜风，一路上如数家珍般介绍着城内比比皆是的音乐景观。

贝多芬的雕像矗立在一个广场中央。这位曾以音乐焕发出人类精神火花的"乐圣"站在高高的石柱上，托腮凝神俯瞰着车水马龙的大街默然无语。贝多芬青年时代便从德国来到维也纳，写下许许多多的名作，《英雄交响曲》便是其中的代表。此后，主人领着我们在巴登和格林钦大街看到了两处贝多芬故居。巴登镇贝多芬故居门前还别有情致地竖立着一把高大的木椅造型，椅背上刻着德国戏剧家布莱希特赞颂贝多芬的诗句。据说贝多芬当年创作时总是兴奋得在斗室内走来走去难以安坐，这把木椅想必是后人送给这位天才作曲家的最好礼物。

有趣的是，这样的贝多芬故居在维也纳竟然有9处。见我们面有疑色，苏并列笑着说贝多芬脾气不好，常常与房东发生争吵，加之他深夜创作时处于亢奋状态不能自已大声歌唱，邻居总不愿与他为邻。故然他总是在一个地方住不长久。然而就是这样一颗孤寂流浪的灵魂，却在维也纳谱写了大量的乐章，遗下了不朽的吟唱。

我笑着向苏并列打探奥地利人为何如此酷爱音乐，苏先生却反问我一句："你知道希特勒原来是奥地利人吗？他就出生在距维也纳三百公里的林茨市远郊的布劳瑙，可奥地利人总爱对德国人说"希特勒是你们的，而贝多芬是我们的。"

他的话的确让我们大吃一惊：原来希特勒竟然是奥地利人！这倒是出发以前闻所未闻的。后来，我到林茨市参观，特地向一位安家此地的温州饭店的老板打探，果然如是。这位老华侨还自告奋勇想带我们前去。可惜大家都没有这样的愿望。

在维也纳车河巡礼时，汽车折返市中心路过一栋高大华美的建筑，奥地利的友人告诉我们，这里就是颇负盛名的维也纳国家美术学院。每年，都有一批极具天赋的美术人才被送到这里深造。

"你们知道吗？希特勒当年还曾报考过这所美术学院，因成绩太差未予录取。没有办法，他就到一家装饰店去做油漆工。后来那些德国纳粹党徒向他三呼万岁时，不就是用了他刷油漆的姿势吗？"主人幽默调侃的话语顿时激起我们一顿大笑。

希特勒是年轻时就背弃自己的祖国转而去德国参加德国纳粹组织成为党魁并进而发动第二次世界大战。生于斯长于斯的希特勒，非但没有给他的国家带来任何回报，相反却在第二次世界大战中把成千上万吨炸弹倾泻在奥地利的土地上，维也纳的许多古建筑包括维也纳国家歌剧院都被他无情地夷为平地。因而奥地利人对希特勒的暴行恨之入骨，从来很少有人提及他曾是奥地利人的这段历史。

同样，贝多芬也是年轻的时候就离开自己的家乡德国波恩来到维也纳向莫扎特学习音乐，此次再没有离开过这里。直到1827年3月26日他在维也纳病逝，贝多芬在这里度过了他生命中最辉煌的35年时间。与希特勒形成鲜明对比的是，当年惊闻贝多芬病逝时，维也纳竟然有两、三万群众自发走上街头为这位"乐圣"送葬，满城悲歌，举国哀恸。人民的爱憎从来就是这样泾渭分明：谁热爱人民，人民就永远怀念他；谁践踏人民，人民就永远唾弃他！从贝多芬故居到维也纳国家美术学院的街头采访，我终于明白了为什么奥地利人与德国人见面时总爱说的那句话："贝多芬是我们的，希特勒是你们的！"

希特勒——战争与掠夺，贝多芬——和平与安宁，智慧的奥地利朋友给了我们一个绝妙的意味深长的回答。想不到音乐这个触摸人的心灵、慰籍人的灵魂的天使，竟然又一次成为了奥地利朋友表达他们强烈而鲜明的爱憎观的一种生动的方式。是的，我们原本就应透过娓娓的琴声飘飘的乐韵，透过他们对祖国的倾情，对生活的热爱，对战争的厌恶，对和平的呼唤，读出音乐的巨大作用和无穷魅力。

（三）"奔驰"的表情

在当今中国广阔的大地上，在城市密集的车流中，德国出产的奔驰与宝马汽车早已到处可见。作为世界十大著名汽车公司之一，奔驰创立于1886年，时间久远。它是世界上资格最老的厂家，也是经营风格始终如一的厂家。现在，奔驰汽车公司除以高质量、高性能豪华汽车闻名外，它也是世界上最著名的大客车和重型载重汽车的生产厂家。能去奔驰总部一览，当然是我们求之不得的愿望。

崭新的奔驰汽车展示厅前几年刚刚落成。这座巨大的椭圆形建筑就像天外蓦然飞来的一座迷宫，悄然无息地飘落在斯图加特的郊野，吸引着全世界的目光。展示厅内，巧妙而有序地陈列着奔驰公司从成立以来生产的所有汽车，轿车、跑车、特种车，从最古老最原始的那一辆，到当今最时尚的傲视同侪的最新款，闪光夺目，无所不包。它无疑是德国汽车工业的骄傲，同时也是一扇展示世界汽车工业发展里程的窗口。

走进大厅，一匹白色的骏马仿若一道雪亮的闪电，从遥远的地方奔驰而来，被生动地定格在广阔的展览大厅中央。又仿佛旋即要奔向悠远的时空，那高扬的马鬃，飞跃的四蹄，奔放的身姿，预示着它随时将会风驰电掣，从空旷的大厅中腾空而去，出现在不知所终的地方。

相信所有到过德国奔驰汽车公司总部展示厅参观的游客，都会被这一道亮丽的风景所吸引。毫无疑义，这匹骏马既是奔驰的象征，也是奔驰的表情。

古往今来，有多少画家为此纵笔丹青，有多少诗人讴歌良骏？唐朝沈诠期的"四蹄碧玉片，双眼黄金瞳。鞍上留明月，嘶间动秋风"（《骢马》），南朝张正见的"影绝乾河上，声流入窟中。须还千万里，试为一追风"（《紫骝马》），无一不是在赞美骏马奔驰的形象。而古罗马马尔克的青铜骑士，徐悲鸿的奔马图，亦无一不是在描绘马的雄壮威猛。奔驰汽车选择一匹奔驰的白马作为它的形象代言人，真可谓别出心裁。

我在这琳琅满目的车流中徘徊，在这异彩纷呈的车阵前驻足。忽然，展厅中一间《世界各国名流乘坐的奔驰车专馆》勾起了我的思绪。我想起了一次北京之行中颐和园里见到的那辆古老而破旧的"奔驰"——1894年，当时的直隶总督袁世凯为了讨好慈禧太后，特地在她60大寿时从德国购买了中国第一辆奔驰汽车送给她。孰料狭小的故宫车道容不下汽车的驱驰，还差一点让正在车上观光的慈禧太后跌倒。据说，慈禧太后这位老佛爷坐汽车还有个笑话，当她看见司机坐在她的前面时竟然气不打一处来，不禁怫然大怒"岂有此理，居然还有人斗胆坐在我的前面！"一气之下，这辆可怜的奔驰便被她打入冷宫。从此，中国的路仍然是牛车、皇舆当道。

与斯图加特的奔驰总部相映成趣的是，生产宝马车的慕尼黑也在相距不算太远的同一片蓝天下。这对世界汽车巨擘的双子星座在竞争中如何处理彼此的关系呢？我在德国听到这样一个故事。一次有位记者询问宝马车的总裁对奔驰车有什么看法时，他毫不犹豫地回答：奔驰跑得太快了；而当记者询问奔驰车的总裁对宝马车的看法时，他也不假思索地说：宝马跟得太紧了。这种友好调侃中洋溢的你追我赶的工作热情，十分令人感佩。正是团队间的良性竞争，促使德国的汽车制造工业一百多年来，始终领先于世界的潮头。

汽车在德国密如蛛网的高速公路上疾驰。奔驰、宝马不时从身边飞速掠过。在我的祖国，道路也早已四通八达，包括奔驰在内的各类进口、国产轿车也早已成了人们交通代步的工具。颐和园里那辆"老佛爷"奔驰车，就像一个可怜的句号，默默画在最早"进口"物品的发黄的史册中。然而，它又像一个巨大的惊叹号，警省我们一定要参与世界的竞争与加速。像奔驰展厅中那匹扬鬃飞驰的骏马，鹏程万里。这，才是当代中国应有的表情。

（四）骑在轮子上的丹麦

丹麦这个国家，许多人都是小时候先读了安徒生的童话《卖火柴的女孩》、《海的女儿》，听说了那个美人鱼的故事后，才知道与逐渐认识了解的——这是童话的力量，文学的力量。其实，在北欧国家中，丹麦的国情风情，地理民俗，特别是在合理利用生态资源保护生态环境的做法，真正值得我们学习借鉴。

下午从赫尔辛基飞往哥本哈根，只需一小时。抵达这里时，西天的晚霞正烧得火红。大巴沿着海滨公路驶往市区的路边，但见巨大的彩色风车站成一排排，在天空悠悠地转着，煞是好看。原以为这只是装饰安置在海边的一道独特的风景，可导游告诉我们，那是丹麦人利用风能发电的工具，既美丽了城市的风情，更维护了城市的洁净。

　　此后几天在哥本哈根游览，无论是人口稠密繁华热闹的街市，还是地处偏僻风光秀丽的远郊，都能看见许多自行车与疾驰的宝马、奔驰轿车一路同行，分道行驶。骑车人大多都戴着五颜六色的头盔、脚蹬着轻便的跑鞋，春风相伴，喜悦随行。还有一些脚步匆匆的旅人，走到街边一个堆放自行车的地方，用硬币往护栏边的卡口中一塞，就随便取走一辆自行车上路。

　　见我们对自行车出租看得十分有趣，翻译便带着大家走上前去打探。一问，所谓出租，只是开始领取自行车时须在特设的卡口处塞进约合20元人民币的欧元硬币，便可上路。等到了目的地把自行车放进卡口时，钱又会从中跳出来完璧归赵。这样的路边出租点，光哥本哈根就有150个之多。在拥挤的街头，在寸土寸金的哥本哈根，这样的"自行车驿站"竟然又联缀了一道独特的风景。

　　我们歇息的旅馆在城郊，背后不远处便是一栋栋乡间别墅。雪白的木栅栏里，停着好几辆形状各异的自行车；整洁的小道上，来往穿梭的也是自行车。好家伙，到了"第一世界"的丹麦，似乎时光开始倒流，看到的却是"第二世界"的景象。你说奇怪不奇怪？

　　记得上世纪80年代末自己初来南方这座新城时，那时交通远不如现在方便。步履匆匆的行人每每总是自认为"第三世界"，而骑着自行车上班的人才算得上是"第二世界"。毫无疑义，能开上轿车来往的"第一世界"只有少数老板与相当一级的官员。那时不是流传着"不丢六七辆自行车的人不能算深圳人"的口头禅吗？现在深圳的交通情况，倒是彻底掉了过来。怎么在丹麦所见，却是"第二世界"大行其道呢？

　　原来，在北欧国家中，丹麦的面积虽然不算小，但是人口密度却是最大的。为了更好地保护资源，节约能源，聪明的丹麦人很早就提倡自行车运动。全国540多万人，自行车拥有量达500万辆，几乎是人手一车。哥本哈根的城市交通中，开私家车上班的、骑自行车来往的、搭乘巴士或步行的人各占1/3。马路上辟有专门的自行车道，汽车、自行车、行人互不干扰，各行其道。为了方便自行车出行，火车、地铁都设有连人带车的车厢。全国各地，自行车到处都畅行无阻。了解了这一点，你就会懂得为什么国际上的各类自行车比赛，总是丹麦的运动员勇夺冠亚军。为此，丹麦人常常自豪地说："我们是一个骑在轮子上的国家！"

据不完全统计，城市排出的二氧化碳中，有75%是来自交通工具。换句话说，每个人对交通工具的选择会对气候产生很大的影响。明智的哥本哈根人选择了自行车，也就选择了自己的未来。他们把繁忙的道路改造成自行车公路，让方便快捷、不污染环境的自行车改变了自己的生活方式，提升了生活的质量。相对于汽车保有量飞速增长、成天生活在汽车尾气污染严重的国内一些城市，要想实现"天更蓝、水更清、草更绿"的理想目标，何其远也？

科学规划资源，合理布局交通，使得丹麦的绿色能源利用成为翘楚，走在世界前列。一直以来，丹麦的可再生能源增长速度很快。据统计，1998~2006年，丹麦国内生产总值增长了60%，但能耗没有丝毫增加。从上世纪70年代到现在，丹麦人经过30多年努力，终于使丹麦从一个能源进口国成为了一个能源出口国。丹麦的风力发电技术闻名全球，世界上40%的风力发电机都是丹麦生产的。在节约能源、提倡绿色交通方面，自行车功不可没。丹麦戏称自己是"骑在轮子上的国家"，幽默中明显地还透着几分自信与骄傲。

在我生活的这座城市，人们在物欲的追求中总是争先恐后，尽管街市上早已是车水马龙，但是购买汽车的人群总是那么绵延不绝，笔者也未能免俗。一边，膨胀的车阵似乎要把马路压垮；一边，新车的购进数量还在与日俱增。一边，随着世界能源危机的加重油价涨声一片；一边，城市交通在窘迫的困境中还在千方百计寻求突围，而自行车却总在悲叹自己的"行路难"。想想，这到底是现代化的悲哀呢，还是我们在追求速度时又一次"误入歧途"呢？

骑在轮子上的丹麦人似乎也在帮助我们寻找答案。

（五）海豹情思

人世间，有些事，常常令人怀想不已。哪怕只是人与动物短暂的一瞥，偶然的邂逅，瞬间的对视，都能生出许多爱恨情仇的感慨。

南非是一个野生动物资源非常丰富、分布十分广泛的王国。且不说在宽阔的毕林斯堡野生动物园我们乘车观览了那么多的角马、跳羚、犀牛、河马、斑马、长颈鹿、珍珠鸡，且不说在好望角自然保护区内，那些鸵鸟、羚羊在我们的车前是怎样悠闲地踱步，且不说在海滩上那些憨态可掬的企鹅怎样地引人发笑，单单就豪特湾海豹岛上的那五千多头海豹，就构成了眼前一幅至今仍然总在跳跃、总也抹不掉的美丽风景。

常年栖身、穿梭在风波浪中的海豹，是一种洄游于大洋中的海洋动物。它体硕肥大呈纺锤形状，毛皮发亮，脂肪丰厚，一身是宝。故而常常成为不法商人与渔猎者捕捉、猎杀的对象。南非的海岸线漫长，又是大西洋与印度洋的汇流交合之地，因此海产资源丰富。据统计，南非原有海豹大约 15000 多头，后来由于捕猎者的滥杀，现在只剩下 5000 多头了，集中生活在距开普敦约一小时车程的海豹岛上。

我们乘坐的游艇刚刚离开豪特湾不久，汹涌的海浪便把大家颠簸得左右摇晃、上下耸动。不一刻，一个布满礁石的海岛浮现在眼前。随着距离的缩短，成千只海豹开始像一个个黑点继而像一片片黑云笼罩在海岛上。那种震撼，那份惊喜，至今犹在眼前。它们除绝大部分躺在礁石上慵懒地晒着太阳以外，还有三五只在浪涌中穿梭嬉戏，像是海豹群中派出的表演代表。我的心似乎也在跟着他们上下沉浮，愉快之极。

然而，我内心的激动与震撼还不在这里。

当我们兴致勃勃地返回豪特湾轮渡码头时，广场上正看见许多人围着一头大海豹排队照相。这头海豹，看样子体重足足有 400 多斤。海豹后边那一位驯养它的老黑人，不时从旁边的木桶里拿出几条小鱼喂给海豹。这头海豹特别温驯可爱，路人只要交给主人 10 兰特（约合 11 元人民币），便可骑在海豹身上照相。按理，这种付币照相的光景我已经见怪不怪。但是，故事并没有就此完结。

导游见我看得津津有味，赶忙凑近身边："你知道它住在哪里吗？""不就是跟着老人回家么？"我顺理成章地猜测道。

"不！一天的表演完毕后，海豹自己就会跳到大海里去，那里是它的家。明天太阳升起的时候，它又会从大海里钻出来回到老人的身边。老人与海豹这样相依为命的生活，就这样周而复始，已经持续 20 年了！"

我被他的一番话惊得目瞪口呆，半天都没有回过神来。继而又陷入了长久的沉默。

见我有些犹疑，导游又接过了话茬："其实随着时间的推移，老人与海豹相互之间也形成了一种无言的默契。老人一天没有看见海豹，心里头就会空落落的，晚上也颠来倒去，睡不安稳。而那只海豹，肯定也对老人产生了一种心理上的依恋。"

这是一个何等感人的故事，我的心久久难以平静。人与动物，竟然有如此深厚的情感牵挂！

我把目光再一次投向那头灰褐色的大海豹，它似乎也读懂了我的心意，不时朝着我瞪着一双明亮的眼睛，显得那么惹情牵，可怜见人。一会儿，它又朝我扭动着那庞大而肥实的身躯。是想邀请我骑上去与它作肌肤的亲密接触吗？可爱的海豹，我不忍心。

海豹情思令我浮想联翩。记得几年前有位朋友也曾跟我讲述过昆明翠湖边一个老画家与一群鸥鸟的真实故事：画家天天去翠湖，支上画架写生，顺便也给湖上的鸥鸟喂一把食物。久而久之，画家和鸥鸟彼此都成了朋友。只要画家一来，成群的鸟儿便围上前去，叽叽喳喳欢快得很。不久，老画家突然过世，鸥鸟们不见了画架，只好凄然散去，翠湖边从此也少了一景。后来有人想了一个办法，在老画家经常驻足的地方重又支起了画架。奇异的现象出现了，成群的鸥鸟重又飞回来了！

它们是在寻找与画家的团圆重聚？还是在老地方等待重新觅食？也许二者兼而有之。这个故事与今日海豹岛上之所见，竟然有那么多的异曲同工之妙！

（六）苍白的背影

在日本东京国立博物馆参观，你会从那琳琅满目的展品中感受到它对本土及东亚各国文物收藏之丰富，搜罗之周全；在江户博物馆留连，目睹展柜中制作精美的各种刀具，你会慨叹百多年前明治维新给当时的日本经济腾飞带来的锋芒至今犹在。是的，日本有自己悠长的历史、独特的文化。然而在漫长的史册中，也有它精神的迷惘与不解的难题。比如天皇从何而来？神道起于何时？史学界始而争论不休，继而讳莫如深。把数不清的谜团留在昨天，抛给未来。

于是，释疑解惑、史海钩沉，便给勤于探索者留下了一条攀登的险径，也无形中给伪学者提供了一个造假的机会。

在当今日本，头发花白的藤村新一是考古界一个炙手可热的人物。这位日本东北旧石器文化研究会的副理事长常常足迹遍及本州、四国。所到之处，只要他踏勘认定的地方，一准能出土远古石器时代的遗物，而且往往指那挖那，百发百中，为考古专著甚至中小学教科书中也平添了许多旧石器时代的遗址。尽管权威的日本考古学会对此心存疑虑，但一些社会财团却鼎力支持藤村。因而他声名远播，声誉日隆，被日本社会各界溢美为"发掘石器之神"。

然而，藤村新一在考古工作中的"神机妙算"，也引起了日本一些媒体的怀疑。每日新闻社在背后作了大量调查后派出一批电视记者秘密跟踪采访藤村，发现他每每在遗址发掘前都要单独择机乘黎明前或黄昏后的黑暗时光前往工地"活动一番"。侦察的结果令人大吃一惊：原来他在发掘前已经把从古玩市场买来的文物赝品悄悄埋入地下，只待公开发掘时"出土"亮相。藤村始料未及的是，他所做的一切均已被记者手中的摄像机暗中摄入了镜头。

荧屏上，藤村新一考古学术报告会的现场直播正在进行。一派学究派头的藤村新一在滔滔不绝地演说。在他的精彩演说后，电视台配合他的讲座放了一段录像。然而此刻呈现在观众面前的却是他在私埋"文物"的生动表演。整个电视大厅顿时一片哗然，藤村见状，脸色煞白，匆忙掩面蹲下，无地自容。留给广大电视观众的，只有他苍白、尴尬而颤栗的背影。

这个制造古遗址的丑闻立即在全日本引起了极大轰动。人们震惊、愤怒，考古界更因此蒙羞。日本考古学会成立的特别会清点出与藤村有关的古遗址竟达 186 处。捏造的影响甚至波及到教科书和博物馆。全国 6 家出版社的高中历史教科书记载藤村发掘上高森遗址的内容如今都得一一更正。而展出上高森遗址出土文物的东京国立博物馆也赶紧从展柜中抽走了展品。往日曾风光一时的"上高森遗址丘陵"如今被一片枯萎的狗尾草和光秃秃的丛林包围着，它重归原状，四周只有冷空气中鸟儿的鸣叫。"

影响还远非如此。美国《时代》周刊评出的 2001 年度十大丑闻中，日本考古界的"藤村事件"赫然忝列其中。

人们当然有千条万条理由谴责藤村新一假借"上帝之手"发现遗址、制造文物的种种不端，批判他编造谎言欺世盗名的卑劣行径，对此藤村也表示"无话可说，仅对自己的所作所为向国民深深谢罪"。但如果整个日本社会此前没有对藤村的"点石成金"术的盲目吹捧，如果没有日本学术界那种狭隘的民族意识作祟，藤村的劣行何以屡试不爽以至今日如此狼狈？

伪造历史的人已经被钉上了历史的耻辱柱，而日本考古界要想洗刷和赎清这种颠倒历史的罪愆，走出藤村新一投下的苍白的背影，恐怕还需要相当长的一段时间。

联想到当今的现实，日本政界一些领导人公然说谎的言论和心态与藤村新一的做法简直是如出一辙。众所周知，钓鱼岛自古以来就是中国的固有领土，自从明朝以来的历史文献中都有详细记载。而且最近中国学者发现，从 1895 年起，日本政府就知道钓鱼岛是中国的并成为不可更改的事实。但为了今天的现实需要，日本竟罔顾历史大肆篡改，并且以收归国有的名义从所谓私人手中购买过来。妄图从觊觎变成明目张胆地霸占。同时，公然否定对第二次世界大战中犯有侵略战争罪行的日本战犯的审判，挑战国际社会秩序的道德底线。是可忍孰不可忍？鉴古而知今，对日本军国主义的复活我们要保持高度的警惕！

二、旅游的收获

尽管人们出游的原因很多，各不相同。但我认为旅游行走的目的不外乎消遣、审美、求知、康体这四个方面。具体的说，就是：赏心悦目愉悦身心，增强知识扩大视野，丰富人生延长生命。有的人终极一生，只在一个地方居住，从来就不知道山外有山，天外有天，山那边还有大海。因而目光短浅，视野狭窄，影响人的性格养成与人生观世界观的形成。因而有人认为走出去看世界，实则是在延长自己的生命。一位哲人就说过"旅游行走可以增加生命的长度与厚度"，我认为很有道理。古罗马哲学家奥古斯狄尼斯的一句话更是很经典："世界是一本书，而不旅行的人只读了其中的一页。"

下面我想结合自己的创作，谈几件有趣的事情。

（一）苗山木叶歌

1983年金秋，我随着所在单位湖南省文化厅的一位领导到湘西苗族土家族自治州检查工作。那是我调到省厅后第一次下到苗族山寨。公路两边绿树葱茏，鸟雀欢鸣。远处的层层梯田满坝金黄，丰收在望。忽然听到一阵悠悠的乐声从山坡上传来。原来有几个漂亮的苗家女在吹木叶，她们的工具就是路边树丛中的绿叶，随手一摘，放在嘴边；信口一吹，就是歌声。她们的欢乐，她们的幸福，全写在她们的脸上，装在她们的笑窝里。

那是一种怎样的欢乐啊！山野草莽，田间地头，到处都飞翔着苗家姐妹的愉悦之情。尽管这乐声、歌声质朴单纯，甚至不太成调，可是在我听来却是大自然中最美妙的音乐。

此情此景我记得十分真切，心灵触动很大。回来以后不久，我就写了一首诗《苗山木叶歌》：

在高高的树梢挂着

在青青的叶里藏着。

要问苗家的歌声有多少，

请看满山的大树千棵万棵。

啊，木叶木叶，

你就是一把绿色的琴弦，

弹不尽苗家心中的欢乐！

在阿妈的嘴里唱着，

在阿妹的口里含着。

要问苗家的欢乐有多少，

请看脸上的笑窝千个万个。

啊，木叶木叶，

你就是一张甜蜜的歌喉，

唱不尽苗家幸福的生活！

其后不久，这首歌词在《词刊》发表。一些作曲家都据此积极为它谱曲并广泛传唱开来。1986年底全国民族杯歌手赛在上海举行。由著名作曲家白诚仁先生作曲的《瑶山木叶歌》夺得创作金奖、1988年陈道武先生又以我的歌词创作了《彝家木叶歌》，同样夺得了该年度中央人民广播电台广播歌曲一等奖，并被四川电视台拍摄成音乐电视在中央电视台播放。2008北京奥运会后在国家大剧院的国际民歌节演出中，这首歌又由广西代表团搬上了舞台。同时，这首歌还被浙江、上海等地教育部门编入了音乐教材的《校园歌声》。为什么这首原为苗族而写的歌后来竟被瑶、彝等多个民族广泛传唱呢？因为这几个少数民族的群众都有吹木叶唱歌跳舞的习惯。想不到那一年初踏苗山的旅游印象，竟然成就了自己一首传唱的作品。今天的网络上，你只要输入《瑶山木叶歌》的字样，就会出现上千个界面。

（二）夜宿井冈山

1997 年秋我在深圳南山任职文体中心主任时，奉命率中心全体党员去江西井冈山革命根据地学习参观，接受革命传统教育。队伍抵达井冈山时已近黄昏。因为事前没有联系，井冈山宾馆不予接待。加之第二天全国政协有重要客人要来，一行人无处落脚。好说歹说，只挤出七间房，见缝插针地安排完所有党员后自己却无房歇宿。我找到宾馆领导反复陈情，最后只好把我领到楼下："现在只有一楼的 115 号房间了，那是当年毛主席重上井冈山时住过的，算你运气好，平时很少开。"。抬头一看，门房上挂着一块红色油漆书写的门牌："毛泽东同志 1965 年重上井冈山时下榻此房"。"主席住过的房间？"我惊喜得跳起来。

这是一间高大宽敞但陈设简陋的套房。说是套房，却没有截然隔断，只是用木板将卧室和客厅稍稍分成完全相通的里外两间。外间客厅摆着一排米黄色卡其布面沙发，靠窗横着一张陈旧的写字台。书桌、茶几和沙发扶手的油漆早已剥落，显出灰白的底漆和原色，沙发的坐垫也失去了往日的弹性，显得十分陈旧。里间卧室摆着一张硬邦邦的大木板床。从 5 月 22 日至 29 日，主席就在这 115 号房间，在这张木床上度过了他重上井冈山的七个夜晚。

我轻轻地走到窗边，拉开写字台的抽屉，像轻轻启开一页尘封的历史，竟然发现抽屉板上写满了中外旅客用钢笔写下的留言："幸福一宿，永志难忘"，"两袖清风，浩气如虹"……我想，以前的留宿者别出心裁留下对一代伟人的感言，不正是此刻我想说的心里话么？

其实，115 号房所在的井冈山宾馆是栋旧楼，早在 1959 年就投入使用。而在毛泽东重上井冈山时，装修豪华，防弹防震设施齐全的一号新楼业已盖好，并拟请主席入住。但主席坚持不去。他对当地负责同志说，我到井冈山就像回到了娘家一样，当年睡的是稻草铺的木板床，今天还要这样。那个好房子以后留给外国总统去住。就是睡着这张木板床，坐在这张写字台前，毛主席写就了那首著名的诗词《水调歌头·重上井冈山》。

那一晚睡在主席睡过的木板床上，我彻夜难眠。思绪像井冈山峦的云雾一样翻腾起伏，不能自已。从115房那张简陋的木板床，我联想起在中南海丰泽园菊香书屋毛泽东旧居里看到的，那张一半堆书一半睡人同样宽大的木板床。我想，几千年来中华民族一以贯之的不正是这种艰难困苦玉汝于成的崇高精神吗？中华儿女的血管里世代奔流的不正是以天下兴亡为己任、视富贵享乐为浮云的满腔热血吗？晨起推窗坐在这张简陋的写字台边，我扶笔写下了《夜宿井冈山》的文章。不久，1997年9月17日的《人民日报》发表了我这篇散文。想不到，去年有朋友在互联网上搜索到这篇散文居然收到青岛出版社编辑的中学一年级的《新语文拓展读本》里了。能与鲁迅、老舍、朱自清、契诃夫、高尔基等中外文学大家叨陪末座，我感到意外惊喜。也是我旅游的意外收获。之所以入选中学语文补充教材，我知道，主席的这种井冈山精神，正是今天在建设有中国特色社会主义的历史进程中尤为值得珍重和发扬的。

（三）远游

这些年来，我走了不少地方，也有许多感慨。现在的旅游环境较之过去更有太大的改善。和谐社会，让所有的旅友之间少了更多的彼此提防与猜忌，而多了相互的情感融通与友好默契。有感于此，我创作了一首新歌《远游》：

认识你不需要什么理由，

一个眼神就能成为朋友。

邀约你不需要什么借口，

行囊一背就能结伴远游。

089

向东向西向南向北，
八方山水等你阅读。
春兰秋菊夏荷冬梅，
一年四季美景难收。
心连心不需要相互设防，
一个笑容胜过甘泉美酒。
手挽手不须问来自何方，
一声问候洗净心头烦忧。
走过风霜走过雨雪，
万里江山任我神游。
相逢祝福分手牵挂，
和谐中国到处是春风杨柳。

现代社会为一切旅游者提供了种种方便，也为我们观察丰富多彩、活色生香的世界提供了无限广阔的空间。今天，我愿以这首歌词作结，献给所有曾经远行、未曾远行、即将远行的朋友，目的是希望更多的朋友能和我一道，也去外面的世界走走看看，这既开阔了眼界，也增加了一种审美愉悦，无形中又为自己收获了一份欣喜。

朋友们，请把世界装进你的行囊中，迈开你的双腿，走出去！

从乡土中国到都市中国：
认知城市化中的你自己

【嘉宾简介】

　　李永宁，美国哈佛大学访问学者，获德国卡塞尔大学博士，并应聘担任德国卡塞尔大学客座教授。现任广东外语外贸大学广东国际战略研究院教授、《国际动态》主编、城市化与国际城市研究中心主任。

李永宁

【按语】

　　城市化进程正引导着人们的生活，也极大地改变着人们的生活。了解城市化进程的特点，认识城市化进程中的主要问题和发展趋势，让市民对城市化中的变化有进一步的认知，更好地融入城市生活。

一、中国乡土的认知

　　中国自古以来没有多少人是天生的城市人。中国的城市人最多是两到三代，所以在中国，谁也别笑别人是乡下人。有的城市人说别人是乡下人，其实他的父亲、祖父可能就是乡下人。中国就是两、三代人的城市人，当然在民国时候也开始有城市人，那时候肯定是三代以前、四代以前也在乡下。以前大上海也没有城市人，人们是从苏北或者其他地方漂泊到上海去。以前的广州是一座老城，有一部分老广州市民在不断的流动中，成为他乡人。城市里的官是通过科举考试考上的，或是朝廷派来的。城市里的各种商人是在乡村的流动中做生意成功了，才到城里定居。中国千年都是农业社会。因此，要了解中国的城市化进程，首先回顾乡土中国。

有这样一幅图，请不要把它看成学术图，把它看成你在一个湖里面扔一个石子，看着这个石子正中间的地方，湖里面的水就出现了一圈圈的涟漪。这每一圈都可以看成乡土的社会关系。著名社会学家费孝通先生提出了一个观点，把这组涟漪叫做"差序结构"，也就是乡土中国里面，包括今天的都市中国，被认定最假的就是人情关系，这是中国人的特点。一个人去看病，通常先打听一下，在这个医院的医护人员，有没有熟人，请亲友介绍个熟人。这是常见的情形，这种人情关系一直在影响着中国。但这也是中国非常关键的东西，在儒家文化特点里，其中一个特点就是很讲究秩序等级关系，君、臣、父、子，分得清清楚楚。所以中国的关系文化是乡土中国几千年来最大的特色。再回到这些涟漪，我们可以看出，最里面的这一圈就是最核心的家庭层关系，中国人叫血缘关系，就是自己的兄弟、父母等等。所以中国人办什么事情首先想到的是所谓的自己家族企业、家庭的财产、家庭利益，所以中国会出现"我爸是李刚"，第一圈就是核心的家庭层的关系。第二圈是大家族的层面。你的表兄、表弟，你的叔叔、婶婶、姨这些人的关系属于第二圈，这圈相对疏远但是还是挺亲的。据研究，出来打工的通常是因为他堂兄、表妹等亲属关系的人在这个城市工作。第三圈，可能是同姓的。我们是李家村的、刘家村的、黄家庄的，同一姓的一起到城里来，遇见大姓家族的，表现得也比较亲。第四圈是老乡关系。中国人到处都有老乡会、同乡会，那么老乡关系越在都市化这样的社会，越在你远离家乡的时候表现越亲密。所以在美国的时候你见到中国人就会挺开心。见到中国人就会问："你是哪的？"要是大家都是同一省都是老乡，接下来就很容易建立起信任感、互相支持、互相关心。但这种人际关系过于紧密也会产生不良的影响，会相互影响着去做某些事情，甚至是违法的事情，这也是人情关系所致。所以人情和人际关系是中国乡土社会主宰着中国人生活方式、思维价值和行为方式的一种理念，这种理念不轻易被改变，已经根深蒂固了。在美国，有一种研究中国的关系的人文学科，"关系经济学"这样认为：到中国来投资办厂，要懂关系。这种关系，费孝通教授把它叫做"差序结构"。"差序结构"在全世界的各种研究中国文化和公共文化领域里备受关注。在中国乡土社会的生活方式很散漫、很不规则。今天我下地或者不下地，今天要不要把家里那头牛卖了，这都存在随意性。乡土社会的生产方式趋向家族化，换句话说中国的家长管制严重，老爸要干什么你就要干什么，家族的模式很能说明中国传统的农村社会的生活方式非常散漫。当然也有一种生活方式是日出而作、日落而息，很有规则。这种规则是属于一种在一定的时间段里的生活方式按照自然规律变化而变化。所以在乡土社会中，逢年过节是最快乐、最美好的时光，全族的人、全村的人、全家人聚在一块，天天吃喝，走亲访友。那个时候不像城里面，只有 3 天假。

二、城市化的解读

现代化、工业化、产业化、城市化中的"化"就是一种过程。然而，谁也不敢说到哪一天就完全城市化，这是从乡土向城市走的一个过程。从乡土中国变成都市中国的过程，从乡下人变成城里人的过程，从乡下的生活方式和价值观变成城里的生活方式和价值观的过程。城市化拥有其独特之处：

特点一：流动性。首先是人开始有规模地流动聚集到城里去了，西方的城市化也是如此。中国的城市化首先是人的聚集，这个流动的关键，首先是人的流动；第二，当人流动了，有些东西跟着在流动。比如钱会跟着你的流动而流动，你赚了钱流回乡下去，或者从乡下出来的时候带点钱在身边，这就是钱在流动；第三，信息流动。当人们流动以后，他把思想、认识、见识、想法、经验带给这流动过程中所遇到的人，这就是信息在流动；第四，整个城市的资源都在流动。比如说土地的变动，原来是作耕地的，现在变成图书馆大楼。也就是说各种资源用法都发生了更改，也是在流动，所以现在城市社会首先是在流动的社会。

特点二："化"是一个过程。这个过程强调时间的经过，不是一期一夕就能实现。中国实现现代化的历程需要到 2050 年左右基本达到发达国家的水平，现在正处于接近中等发达国家的水平。

特点三：复杂和规范化。原来我们在乡下的时候能够简单地人与人之间的点个头、喝杯茶就办事，那种生活交往方式一去不复返。城市里的居家生活中、工作环境里，都是有规可循。这些规则使人们的生活越来越规范化，按照规定一项项地执行，这就是城市生活的显著特点。像西方一些发达国家的乡村，城市化已经基本完成了，城市跟乡下已经没有区别，可以说，他们已经达到了城市化发展的最高阶段。

特点四：城市化一定要有工业化和现代化作基础。如果没有这二者作为基础，将会像 1958 年的大跃进一样，把那些农民都往城里赶。他们进城里以后，没有产业、没有就业，没有经济基础、没有收入、没有现代的生活方式和设施。

特点五：不确定的变化。在乡下，你只会想明天会不会下暴雨，庄稼能不能收成，明天会不会出现干旱，水够不够灌溉这些变化。但在城市里，变化就大了。金融危机、非典、公司倒闭、房租暴涨等等一切民生与经常的突发问题铺天盖地出现在你面前，这就是不确定的变化。从积极的角度看，也有很多好的变化：新开了一家很有名的川菜链锁店，家的附近又开通了地铁站口，又有一家上市公司聘请我等等，这类型的变化不断地出现。这是城市化中的不确定变化给人们带来的惊喜和机会。

特点六：人口。到底多少人口数量达到了城市人口，多少人口数量达到农村人口呢？中国的城市化，有人说在40%到50%左右。像珠江三角洲、长江三角洲、上海一带能够达到较高的比率。比如珠江三角洲的东莞、深圳、珠海、中山、佛山、广州、惠州这一带的城市化程度较高，接近60%到70%。平均来说珠江三角洲城市化达到75%是比较高的，但是中国的城市化有一个不太准确性，中国城市化大部分是把一个户口人口作为一个关键。你是城市户口还是农村户口，这是我们社会统计、人口普查的依据，还有很多统计里面使用的是概念数据。这样的方式并不准确，如果以户口来算，中国可能在50%以下。如果是以实际情况生活在城市里面来算可能超过60%，因为中国大概有2亿多的人口一会在城里、一会在农村，属于鸵鸟式的。那么这些人正在经历从村民向市民转化的过程，是一个特殊的过程。有一些地方变成了城市户口未必就城市化了。广州有一个词叫"城中村"。"城中村"本来是农村，原来有生产小组有各种划分的，还有一部分农田，后来慢慢把农田征收了，所以村民慢慢地把它城市化了，那么政府就做一件事，就挂一个牌，原来叫某某村、某某镇，现在叫某某街道办事处，或者街道委员会（即居委会）把它变成什么居委会，把它变成某一个街道办事处。这种方式只能说它形式上换一个牌了，他还要一个过程才能变成城市。所以那个村和村民，村民见到村长还是叫村长，他不会叫他（村长）为居委会主任。那么，其生活方式还是农村的，所以中国的城市化，现在到底城市人口占多少比重，是一个谜，是一个很难统计的数据。我们只能说现在有大约一半的城市人口，占到6亿左右，但是未来20年我们还有2亿人要从农村移向城市，也就是说到了2025年、2030年左右，城市人口能达到总人口的60%至70%。

　　纵观全世界的城市人口的发展变化，也没有增长疾速的现象。在 1800 年的以前，当中国是乡土中国的时候，整个世界都是乡下。1800 年的时候全世界只有 3% 的城市人口，但那个时候西方的城市发展很快，像伦敦、纽约、巴黎、芝加哥这些城市开始冒出来。在 1800 年，全球只有 3% 的城市人口，1900 年有 13% 的城市人口，到 1950 年左右有 43% 的城市人口，2000 年左右有 50% 的城市人口，预计 2025 年有 60% 的城市人口。

三、全球城市问题发展的趋势

　　当前全球城市化的发展存在 10 个问题，也就是说我们未来在城市里生活，有十大城市领域值得关注，这是美国的城市规划专家和城市发展专家在最近总结出来的。

　　第一，超大规模的城市发展问题。广州及珠三角的某些城市具有超大规模的特征，就是人口聚集到一、两千万。广州市是珠三角人口的聚散地，外来务工人员先来到广州，然后离开了广州，再到珠江三角洲的其他城市去。东莞市最高峰达到将近千万，逐步接近广州的人口。像这么大规模的聚集，相当不容易。因此，超大规模的城市发展问题也是全球性的问题。

　　第二，人口密集问题。如果一个城市很大，像伦敦、大巴黎等还有一两千平方公里的土地范围可支配运作，那是可以被规划完善的。要是只有 500 平方公里的城市要容纳一千万人口，就是密度太大而形成过度拥挤。在城市规划的相关专业数据有这样的规定，每平方公里超过 500 人，或者超过 1000 个人，那么这个密度就是过大。可见，中国的城市化的密度是相当大，也过度的拥挤，人口稠密度大。

　　第三，城市服务短缺问题。城市化使城市服务不能确保城市的基础设施的保障，如道路、下水道、水的净化设备、水资源的净化等，各种各样的基础服务比较短缺，给市民带来生活的不便，影响生活质量。

第四，贫民窟和"城中村"增多问题。"城中村"是中国特有的现象。在西方，很少有"城中村"的说法，那么中国的"城中村"不断增多，也在慢慢消化，可见，"城中村"正在变成城市，但也有异于贫民窟。很多国家有大量的贫民窟，家当非常简陋，没有厕所系统，生病了也不注意治疗，这样的地方是贫民窟。

第五，交通拥堵问题。现在我国的上海、广州、北京，特别是北京的交通拥堵很严重，有的地方，上下班都要花上好几个小时。广州有一部分人每天上班一个半小时，下班一个半小时，每天花了3小时在路上。在北京，有的人5小时呆在路上，每天上班二个半小时，下班二个半小时。有的人住在五环、六环之外为了赶到市里上班，要错过高峰期，只好早上4点钟起床，4点钟开车，赶快进城。造成这种交通拥堵而影响城市居民生活质量的情况跟人口的过度集中、交通设施规划不够合理是很大程度的关系。

第六，缺乏社会责任问题。中国乡土有一种好处，一家有难八方支援。隔壁家的婶婶或者谁家的孩子，谁有什么事大家都会帮助一下。在都市里面往往显得没有人情味。在城市里，单位、医院社会救济、福利措施相应配备齐全，在发生意外之时，只有打110、120求助。可见，有社会责任感的社区和市民之间的关系圈还不够稳固。所以说社会责任感的建立，彼此之间的关爱很重要，这也存在一个专业化的问题。在美国，你在街头看到一个老太太摔在地上你千万不要去扶，因为你不是有执照的医务人员，你可能把脑溢血的她给扶坏了。所以当看到车祸或者发生什么事情，市民会赶快报警。

第七，不充分就业问题。这是任何一个国家的城市都面临一个问题——失业率上升。失业是一个城市的大问题，现在的政府不再是最着急有没有粮食供应给市民，而是想着是有没有工作供应给市民，能不能制造一些就业机会。当中的城市的失业也包括不充分就业，不充分就业就是你没有失业，而是让你上半天班，或者打小零工。这部分市民的生活都很难稳定下来，对一个城市来说、对一个城市的市民的发展来说，对市民的生活来说，这不是一种理想的状态。对比美国，美国对于残疾人或者失去工作能力的人的救济是很到位的。美国政府不鼓励残疾人出去工作，而是给你足够的生活费，让你不用去抢正常人的饭碗。因此，在某种意义上，美国的残疾人士被认为是受到最高的待遇。像所有的停车场都有一些专用车位，上面画着一个轮椅。那个车位不允许残障人士用车以外的车辆停，如果误停在那个车位将被罚款200美金。美国的所有公共过道、餐厅等公共场所有专用的残障人士专用道。残疾人乘搭公共汽车，司机要下来负责用像起重机类的设备把残疾人的车抬上公共汽车上，还要用铁链将轮椅固定在公共汽车上，全车人都要等司机把这事办完才把车开走。到了站以后，司机也要负责把残疾人的铁链解开，把轮椅送到地面。所以，在美国的街头，你会发现有很多残疾人，但是了解到美国为残疾人建造的公共设施，才知道不是残疾人多，而是残疾人都能上街。这是美国的特点，就是充分就业和不充分就业的社会保障和社会负责感。

第八，流动人口问题。这里指的流动人口就是从一个地方迁徙到另一城市，比如湖北、山东、四川甚至全国各地流到珠江三角洲和长三角地区。世界上很多城市人口从中国流到美国、巴西流到英国、墨西哥流到美国等等。像纽约这类国际大都市有一个指标，国际人口不能少于城市总人口的20%，就是说这个城市的国际人口不少于20%，才能算国际大都市。因此，流动人口问题，也叫流动人口的现象，这种流动人口的情况是是全世界性的现实状况。

第九，现代化水准的问题。城市的现代化水准是一种什么模式，值得探讨。现代化是指国家或者片区应该有基本的指标，比如说每一千人要有多少医院病床床位，比如说每一平方公里只能居住多少人，必须有多少绿化的面积，比如城市用水应达到哪个级别的标准，比如城市的排污能力做到什么样的标准。这种现代化的水准在全球各类城市都有指标。

第十，中国现在面临最大的问题是可持续发展的生态环境问题。生态环境是指一百年以后或者更长的时间段后，子孙后代还有没有水源可供食用，还有没有好的土地种庄稼，空气是否越变越好，还有没有石油、煤炭等其它一次性的资源等，这个生态环境是千秋万代的事情。中国现在面临最大的问题是如果中国的城市化、工业化继续迅猛地发展，但没能跟上合理的规划，环境问题将会相当严重，如食物安全、用水安全、空气质量等等。

四、都市中国的认知

当今的都市中国发展历程，中国用了最近的三、五十年走了西方国家大约一、两百年的道路。中国都市化最受关注就是产业化。刚才讲了 10 个都市问题是中国正在面临的困惑。中国的都市要构建一个城镇化的体系，而不是完全靠大都市化的体系进行发展。所以中国用了两条发展道路，一方面建设一些巨型的城市。我们已经进入小市镇，到大县城，然后到中等城市，中心城市，最后到国际都市、巨型都市区。珠江三角洲在欧美人的眼里叫巨型都市区，它在 20 年、50 年以后相当于一个美国纽约都市区的地带，它对中国的 GDP 贡献率可能达到 20%、30%。就一个珠江三角洲，一个长江三角洲就创造总量的 20%、30%。美国也一样，在洛杉矶西部一片，东部纽约、华盛顿、波斯顿一片，中间芝加哥一片，南部休斯敦之类的大都市一片，美国就是三、四个大都市区把全国的 GDP 撑起来了。

中国的前景应该也是这样，成家立业、孩子的教育的地区与选择，你可以有一个认识和判断，你要认识你自己，在都市发展历程中，你是回到市镇，还是到中等城市，还是进入大城市。总的来说，认识中国的城市体制，对于认识自己的发展，对我们下一代的发展都有用。

与此同时，城市化进程的影响不断在扩大。中国的城市化有两种说法，一个叫掺大饼，就是城市用地就像做饼一样，越做越大。

另外一种是"煎蛋"式。中间一个蛋黄,煎一个蛋就是一个城市了。像东莞这座城市就比较有意思,是"煎蛋型"的也是"炒蛋型"的。炒蛋是你把蛋混在一起一炒,再分餐。炒蛋型的城市就是多中心的发展。中间是空地、或者是厂房、或者是产业区、或者是生活区,过一段时间,这里又会建立起一个中心,所以城市化受到扩张过程的影响。

再者,人文历史传统。像成都这样的城市,你就要懂得那里的生活方式,成都人最大的一个特点就是休闲。市民都爱泡上一壶茶,点两份小吃,打一天的麻将。这是成都的这种生活,它的历史文化传统就有这种休闲和物质。

城市化过程中的农村产业设施和老旧厂房库房闲置问题值得深思。旧厂房到产业升级以后,不再做制造业了,是简单地把它拆了,还是留作其他用途?城市化过程中会产生许多这类型的地方。广州珠江边有一个地方在100多年前,是外国人建的仓库,用的是很好的石料很好的钢材建筑的,现在重新把它修一下,做咖啡屋、设计创意中心、新的小办公楼等等,非常好。旧厂房改造成文化休闲区、办公区的这种做法在上海、北京都有。过来变成新的创意中心。

五、正确看待城市化中的自我

首先,要培养市民意识。市民意识和村民意识是不一样的。市民意识是讲公平、讲原则、讲纪律、讲规则或者讲平等。讲的是大家信任的东西,是理性的依据。这种市民意识的建立在广东较好,广州尤为突出。广州市的市民意识据国际研究结果显示,广州比国内其他城市都强。做到城市中的自我,首先是公民意识和市民意识,包括法制、法律、平等的认知。现在的市民善用媒体和网络来表达和维权,在各种场合发表自己的观点,这就是市民意识。

第二,要学会面对困惑、失落与挫折。在都市生活中,你可以根据自己的兴趣建立自己的圈子，有喜欢一块摄影、喝茶的朋友，或者到东莞图书馆来读书，建立自己的人际网络是解决失落的有效方式。另外要有自己的休闲方式，面对孤独的时候，有的人爱喝咖啡，你可以慢慢品尝；有的人读一点书，你要知道读什么书，这都是可以做的。都市生活就是复杂的、多变的、充满戏剧色彩的，戏剧肯定有高潮、有低潮、肯定有喜剧、甚至还有小小的悲剧的。

第三，对工作和生活规则的把握。你要懂得纪律、懂得规则，懂得控制自己的情绪。

第四，城市社会网络中自身的位置。你可能是一般网民，也可能是单位职工的一员，也可能是住宅小区业主委员会的位置或者房客的位置，你要清楚自己是在什么样的位置上，这个位置没有高和低，重点是要知道自己在什么位置，要知道怎么应对这些现实与差距。要学会在流动中发展自己，每一个过程都要有收获，都让自己有一些进步成长。

第五，勇于开拓，善于学习、面向未来。通过努力而掌握了技能，要寻找有机遇的地方，敢于去应聘，善于学习，敢于面对未来。

【互动问答】

听众：李教授，您好。城市化的引擎到底是什么？城市化的进程中，房地产作为地方经济的引擎，会不会带来严重的通货膨胀？

李永宁：可以肯定地说任何一个城市要持续发展一定需要引擎，在研究中我们把它叫经济基础，一个城市要有经济基础，我刚才讲的所有的城市、文化、审美、建筑、生活、环境，所有的福利保障、生活设施全部都要有经济基础。首先人要聚集、要就业、要有收入，要能够消费，所以经济基础是一定要的。从这点角度来讲，中国城市化之所以发展那么快，跟中国过去30年来的工业化的迅猛发展是有关系的。而珠江三角洲的城市化发展，比内地许多城市都要快，

101

是因为工业化先行一步。广东现行发展是在工业化基础上的前行，所以说城市的经济发展、产业发展是城市化的引擎。但是，不是光靠房地产这个引擎，很多城市的引擎有很多种，像东莞的发展引擎，我们的电子产业、加工、很多的制造业。珠江三角洲的很多地方都是把自己的经济、产业的某一个阶段能够做大做强，使这个地方产生了城市，聚集了人口。作为引擎的作用在未来依然是需要的，即使是现在，纽约、巴黎、伦敦一样有经济引擎的。

中国在过去一个阶段里面，长三角、珠三角的城市发展引擎，房地产只是其中之一，内地的某些地方房地产则是主要的引擎。如果房地产是主要的引擎的话就是完全靠房地产来赚钱了，这些年房地产发展得那么快，我们承认中国GDP的增长有一部分是靠房地产带动起来的。而一个房地产也带动十几个产业，比如说建材啊，比如说建筑工地的使用，可见房地产业作为一个城市发展的引擎是比较重要的，但是不能成为永远的、可持续的引擎。

东莞与莞香

【嘉宾简介】

　　曾明了，中国作家协会会员，一级作家。曾在北京鲁迅学院文学硕士研究生班学习，被北京市作家协会聘为专业作家。在广东省作协工作 3 年后，调入东莞市文学艺术院工作至今。曾获百花文学奖、鲁迅文学艺术奖等多个文学奖项。主要作品：《千年之缘》《一个月亮和一杆老枪》《身体的真相》《男人的情史》《秀女》《子弹与花》《错位》《风暴眼》《生死界》《往事歌谣》《百年莞香》等等。

【按语】

　　莞香是唯一以地方命名的香树，在香文化的悠长历史中占有重要的地位，也是东莞历史文化的重要组成。今天，莞香正重新焕发生命力，并给予我们更多的精神启示。

　　2008 年我创作了长篇小说《百年莞香》，后来由寮步镇政府和中央电视台联合拍摄成 30 集电视剧《莞香》。我创作小说之前，做过调查，发现很多东莞本地人都不知道什么是莞香，但是很多海外的华侨却对莞香有着很深的情结。

一、莞香的悠长历史

"莞香"是一种树，是一种高贵神秘的香料。莞香集天地灵气于一身，它可以祭祀祖先圣人，还可以治病，有一种药叫"沉香"，莞香就属于沉香的一种。过去上至帝王将相，下至平民百姓，都习香、爱香、品香，与香为伴，并推崇有加。

中华民族的香文化在出土的甲骨文中就有记载，记录着先人怎么用香来祭祀和祈求神灵，用香树治病等。香的历史比宗教更早。秦汉时期，华夏的香文化已得到较大的发展，汉人张骞出使西域，将丝绸、香料、香品带回中原。魏晋时期，皇宫贵族、有钱人都把香品作为极其珍贵的奢侈物。隋唐时期，国家强盛，家家户户熏香，富豪家庭用香料来刷墙，以显示高贵、高雅。宋代，香文化的发展到达鼎盛时期，文人墨客、达官贵人追捧香文化，工艺品都是以香作为最贵重的礼品。明清，香文化的高峰期，制香技术、香具艺术、香品类型等比以往有了更大的发展，民间用香非常普及，香文化渗入到生活的方方面面。

在我国香文化发展史上，东莞的莞香占据了重要的地位。唐朝开始，莞香进入东莞，本地渔民收网上岸，围田种香树。在元明清时期，莞香的发展进入了鼎盛期，广州花市、连州珠宝市、罗湖中药市、寮步香市成为广东四大名市，名扬全世界。大量的香料从东莞寮步的码头运往世界各地，香港的名字也因莞香而起。

人们对香的迷恋，来自于说不清道不明的神秘感觉。曾经有位读者来信说到："看到《百年莞香》，才知道莞香的由来。东莞这片神奇的土地，生产出神秘而高贵的香树，不管是皇帝还是百姓都迷恋。丝丝缕缕如袅的香是不是与天地接灵，人类是不是通过这种仪式和上苍对话，人类的香文化到底蕴含了人与神什么样的心灵秘密，包含什么样的精神祈求，看到莞香，心生悟性"。香港一位老人谈到，莞香让他想起幼年时期住过的古老街巷，那里常常飘浮着莞香神秘的香气，祖母熏莞香祈神拜祖。用莞香熏香，治疗头痛、气郁，用煲好的莞香水泡茶，每每看到祖母在烟雾缭绕下虔诚祈祷，总有一种神秘的东西深深地植入心底。还有一位评论家写到："《百年莞香》让人一下从现实的浮躁中沉静下来，我突然闻到一种来自天界神秘的香气，顿感神清气爽，这是莞香带给我超凡脱俗的美妙感觉。人类的香文化连绵几千年，没有人能够说得清楚，古老的香与人类的心灵有着怎样的默契"。我觉得，香文化中，人类通过香与上苍对话，但谁也无法解释香到底是一种什么神秘的东西。

印度、越南、马来西亚等地也有沉香，但是有些香带辣味，有些香带咸或腥味。而莞香最为出名，由于东莞处于海风和淡风交接处，出产的沉香香味非常迷人。莞香树是中国唯一一种以地方（东莞）命名的香树。元明清时期，寮步镇的码头热闹非凡，源源不断运香的船只驶向香港港口，香港因此得名。当时东莞三大民生支柱为：莞草、莞盐、莞香，民众都靠三大支柱来维持世世代代的生活。秋冬季，香农把香从树上凿下来晾晒，春节前挑到市场去卖，父母会将好的香片藏起来留给心爱的女儿做嫁妆。莞香树产生出高级的香料，沉香一片值万钱。从皇宫到地方，对香的索取相当厉害。清朝中晚期以后，由于官场腐败造成对莞香索取过度，加上香树生长较慢，莞香慢慢地败落。

二、《百年莞香》的创作

2007年，我到大岭山、寮步、清溪等地搜集莞香的资料，很多本地的老人对香的记忆非常深刻，也对我创作莞香题材的作品感到非常高兴。

2008年我完成了《百年莞香》的创作。《百年莞香》写了种香世家的三代人，从清中期开始写，这个时期是莞香最鼎盛的时期，也是逐步走向衰败的时期。当时，寮步码头是一个莞香集散地，有一条香烟缭绕的牙香街。来自本地、香港、广州以及东南亚各国的商人、香客、药商，以及才子佳人聚集此地购香，每天都有几十只船来往运香，因此寮步香市名扬海外。一些商人会点燃整棵莞香树进行祭祀（香树与其他树木不同，它不着明火，只出烟，散发香气），请来巫师贡品拜神灵，祈祷航运顺利。很多广东人远离故土时，都要买一包莞香带走，在眷恋故土之时拜神灵，并相信其能驱邪、避秽。

莞香树要长到 8 年以后才能凿香，香农取香有特定仪式，要在离地两三尺的地方凿一个洞取香。莞香树伤口的油脂经真菌感染后就成为上乘的香品，其中"女儿香"是莞香中的极品。种香人家的女孩儿在晾晒香木时，选中一些精细靓纹香木，切割成小块放于香囊挂在身上，体温使香木浸透女儿之体香而油亮浓香。女孩儿把香拿到墟市换来喜欢的饰物，引来很多文人墨客、才子佳人重价购之，于是便有了"女儿香一片万钱，香价与白金等"的历史记载。"女儿香"也成为贡品之一，慈禧太后就极其喜欢，她用莞香木做床、沐浴、熏香。清朝中期，由于皇宫、官员都来索取香，香农交不了香就抢粮食烧房子，香农无法生存，就把自己家的香树全部烧掉，埋起来，举家逃亡，至此，莞香到清晚期全部消亡。

《百年莞香》写了三代莞香世家，第一代人姓"易"，曾在北京做珠宝生意的商人，他把莞香带到北京宫廷，太监闻到他身上有股奇异的香味，他拿出香囊解释说是香树上结的香，太监非常喜欢，在宫廷到处宣传。后来香品以及相关的工艺品都进贡皇宫。小说写了三代人种香、卖香、护香的故事，也写了《女儿香》，主人公把莞香的故事演绎得极其凄美和深刻。他们一生在保护着莞香，保护着家园，一代一代的男人都为莞香死去，最后的掌门人是一位女人，活了 106 岁，见证了莞香的发展历史和三代男人的悲壮。

日本人入侵东莞时，一位日本队长专门去找莞香，这源于他的爷爷曾与慈禧太后是好友，慈禧太后赠了一些东莞进贡的莞香给这个日本人。日本人对这种奇异的莞香非常迷恋，回到日本之后仍念念不忘东莞有着千年的莞香树。他在家里熏香的时候，四邻八舍慕香而来。后来他要求孙子去侵略广东的时候，要把千年莞香树运回日本，那他就没白活了。于是这个日本队长到东莞到处打听莞香，到了寮步把香农都抓了起来，让村民交代那棵千年莞香树在哪里，并承诺只要说出来会重赏，如不交代就杀人。村民们谁都不愿意交代，这千岁老香树是保护一方生灵的神树啊！后来，这位106岁的女掌门人站了出来。因为她一辈子熏香、沐香，她面目懿和，耳聪目明，气度非凡。她说："我家三代男人都死于莞香，都是在官府的逼迫下失去生命。官府年年索香无数，我们哪里还有千年的莞香树？"。日本人不相信，说只要你说出来，我会让你得到富贵，我也不会杀村民。"老人说："我可以告诉你，你说的千年莞香树是有，但是只有我可以亲口告诉你，他们都不知道，因为千年莞香树是有变化的，有时候让人们看见，有时候让人看不见。你必须把村民全部放了，我要选时辰，时辰好了我就告诉你，莞香树何时显灵就不得而知了。"这个日本人答应了。掌门人几代儿孙都请求留下陪着她，老人说："你们走，不要陪着我，如果你们不听话要陪着我，那就是你们的罪祸。"当儿孙们和村民们都走远了的时候，她对日本队长说："你爷爷对莞香念念不忘，要将千年莞香树运回日本，但这是保佑我们一方的神树。若你把它运走了，这是你们的灾祸。"但是日本人不听，想用汽油烧掉这片山林。正当洒汽油时，天上电闪雷鸣，106岁的老太太头发闪光，像尊神一样靠在千年莞香树上，日本队长看了吓得望风而逃。

三、由莞香文化看今天的精神传承

海外一些老人纷纷打电话过来问我，牙香街、寒溪河现在还在吗？现在东莞人凭借着莞香情结开始种植莞香，而且慢慢发展起来。这部作品中的人物、情感是虚构的，但莞香在中国文化史上的高度或成就是真实的。我觉得东莞人有海纳百川、厚德务实的精神，其实也是莞香精神——厚德、奉献。

今天我们谈到莞香，年青人可能很陌生，我觉得应该让更多人知道。我是一位作家，也是东莞的文化人，有这个责任。写莞香的过程很煎熬，搞文学创作的人知道，写熟悉的东西比较轻松，写陌生的东西要付出很大的力量。目前，我完成了莞香的创作，我感到很欣慰，也希望通过作品唤起东莞本土人对莞香的记忆和情结。有一天，我到人民公园，一个老太太拿着莞香片在那里卖。我几个朋友问我："你写的莞香是不是这样的。"老太太听见了拉着我亲热无比。从她的表情中，看得出她非常感激，非常喜欢。文化的东西要通过实体展现出来，文学作品能拍成电视剧，让大家都能了解、感受。寮步镇政府和中央电视台联合拍摄了《莞香》。导演和我说，东莞的群众演员都开着名车过来拍摄，不要劳务费，方方面面感觉到东莞人民是非常热爱自己历史上珍贵的东西。东莞有历史悠长、影响深远的香文化，就需要有文学作品和影视作品体现开来，宣传出去。文化人有责任对历史文化的传承进行引领，承担起以文"化"人的责任。曾经有人说东莞是文化沙漠，其实东莞的历史文化非常深厚而悠久，这需要我们去挖掘，去传承。

香文化源远流长几千年，比宗教的历史还长，历朝历代都被宗教界称为能通三界之神物，上至帝王将相，下至平民百姓都与香为伴，习香、爱香、品香。我们现代人生活节奏非常快，物质条件丰富，心灵却相对粗糙，可以说"一忙遮百丑"。甚至有些人忙到连亲朋好友都不来往不沟通。有个例子，一个人从小在山区长大，父母含辛茹苦供他读完大学，他在外地工作并成家，平时工作很忙，总是没法回家过春节。父母也很伤心，觉得孩子太不容易了，工作这么辛苦。后来爷爷和父亲都先后去世，家里商量觉得他这么忙就没有告诉他回去奔丧。后来他知道之后，非常难过，现代人"忙"到连亲人去世都不送，亲戚朋友都不联系，把最珍贵的东西都忽略，非常可悲。我们都知道,工作的辛劳消耗了我们很多的精力和时间,但是最重要、最珍贵的东西要抓住。再举些生活的例子,有个人说孩子不会写读后感,我建议他天天陪着孩子看书,然后把读后感受与孩子互相分享,这样问题就解决了。有好多年轻人问,应该怎样去培养自己的气质,现在职场上都关注人的气质。实际上,气质是一个人内在外化的东西,无法装出来,与家教、个人修养、读书学习紧密相关,没有快速提升的捷径。但是有一点是可以做到的,就是正直善良,心里要干净。一个心正、善良的人,气质也不会差不到哪里去。

【互动问答】

听众:莞香的用途是什么?

曾明了:莞香有两种用途和意义:一种是祭神拜祖,祈求上苍,供奉圣人。还有一种是药用价值,可以杀菌祛病。莞香是一种树,是中国唯一以地方命名的树,说明东莞地理条件和土质非常适合香树生长,而只有老树才结香。因为它的价值很高,价格昂贵,美国人在研究如何能让香树快速生长结香, 但我想还是天然自然的东西更好。

听众:小说《百年莞香》里面所反映的历史文化是真实的吗?

曾明了:《百年莞香》里面关于历史的分析、莞香的重要意义和成就都是真实的,人物故事和情感是虚构的。我通过三代人来演绎和展现这段历史,他们种香、护香,最后为了莞香而死去,在日本人面前表现的民族气节等,人物的命运和情感都是虚构的。

听众:现在很多本地人还是不太了解莞香,目前莞香的发展情况如何?

曾明了：东莞的先人靠莞香生存。渔民收网上岸，圈地种树，房前屋后田地、山上全都是种植莞香。一到秋冬季香农都将自家的莞香运到市场卖，莞香大量出口，寮步形成了大型香市市场。莞香从清晚期败落，解放之后就砍完了。现在东莞本地很多四、五十岁的人都不清楚莞香和它的历史。目前，寮步、大岭山等一些镇已经大面积种植莞香树，并且做了很多的宣传，这是福荫后代的事情。现在有个楼盘也花了80万买下一棵大的莞香树，大家也可以去看看。

教育·家庭

亲子关系与家庭心理健康教育
青少年教育与犯罪预防的新思考
走出爱的误区

亲子关系与家庭心理健康教育

【嘉宾简介】

　　王小棉，广东第二师范学院教育系心理学教授，广东省中小学德育研究与指导中心副主任，广东省中小学德育指导委员会成员，广东省社会心理学会副会长，广东省教育学会中小学德育专业委员会常务理事，广东省家庭教育研究会秘书长。

【按语】

　　亲子关系的好坏，与父母的家庭教育息息相关。分析亲子关系对孩子产生影响的因素以及家庭教育存在的误区，归纳亲子关系对孩子婴幼儿期心理发展的特征，为家庭心理健康教育和提高家庭教育艺术提供指导建议。

　　亲子关系顾名思义就是父母与子女之间的关系，它是家庭关系中重要的组成部分。一般来说，父母与子女的本质关系，常常因为社会文化背景的不同，而产生显著差异。同样，随着子女年岁的增长，亲子关系也随之变化。在过去传统社会中，强调子女要听话，

113

要孝顺父母，以父母为重，但现代社会，更倾向于亲子间相互尊重，平等相处，这显然已经出现了一个方向性的变化，这种随着时代变迁而产生的亲子关系的变化，构成许多家庭的心理适应障碍。在网络通讯发展多元化的今天，孩子在网络中沉迷一对一、一对多、多对多的虚拟沟通环境，使得许多家庭中出现亲子沟通闭塞的问题。

通过对家庭教育及心理治疗个案的深入研究，不难发现，孩子出现心理困扰、心理疾病都与家庭中的亲子关系有密切关联。

114

一、亲子关系的意义

亲子关系的重要特征是血缘关系，这份关系是其他任何关系无法替代的。当父母离开这个世界，我们的心会觉得自己的力量被削弱，会觉得是一种很严重的丧失。因为父母与子女的这份关系存在于每个人内心的最深处，并影响孩子的成长。有些心理治疗的个案，必须从孩子童年时与父母的关系着手，在这个基础上处理好了，现实中碰到的问题将会迎刃而解。所以，正因为血缘关系的存在，亲子关系变得不可替代。我们现在都在讲家庭是社会的细胞，家庭和谐，社会才和谐；家庭幸福，才能构建幸福广东。家庭的重要性，就是因为我们在家庭里能够感受爱与关怀、奉献和感恩。我们常常讲幸福感，幸福感很大一部分来源于家庭，来自于亲情。如果在家庭里面，父母对孩子的爱诠释的方式让孩子不完全接受，或者孩子渴望得到的爱流动不顺畅，给家庭带来很多痛楚与困扰。在家庭里，最核心、最重要的就是爱。亲情就是父母对孩子的爱，孩子得到了父母的爱，并相互爱护。那么，这种爱能否得到充分和恰当的表达，直接影响孩子的心理健康成长。我们常常说，天下父母心，但是孩子能不能感受到，就值得我们共同探讨。

许多孩子长大以后在学业、事业、婚姻、家庭这些方面所受到的种种困扰，往往掺着原生家庭的原因。原生家庭，不是自己结婚成立的家庭，而是出生的那个家庭。你跟原生父母的关系发展不够充分,有可能会成为你成长以后的困扰,可见,亲子关系极其重要。学校教育一直备受关注,大部分家长都想把孩子送到好的学校去。在学校、家庭和社会三者之间,学校是起主导作用的,因为它是专门的教育机构。但是对于一个孩子的成长,家庭的作用一定是"控股",当权力超过51%就可以控股,但是家庭的作用绝对高于51%。也许我们会怀疑,所有的孩子都进这个学校,或者都进这个班,都是这些老师所教,为什么他们出来各不相同,各有不同的前途?其实孩子在进学校之前,家庭的教育及影响已经打上了底色,这将会影响孩子的一生。因此,亲子关系与家庭教育是孩子健康成长的一个重要因素。

二、亲子关系对孩子产生影响的因素

有的家长认为自己文化程度不高,在家庭教育方面无从下手,像有的人出生在农民家庭,却可以读到硕士、博士。其实,影响孩子成长的重要元素,仍然是亲子关系的优劣。

(一) 血缘亲情

血缘亲情是一份爱,这份爱对孩子的健康成长有什么意义呢?我们经常看到孩子自卑,自卑从心理学角度来讲叫做自我价值不足,但父母正确的爱会让孩子感受到自己的价值。很多留守儿童最普遍的心理问题就是自卑。自卑感的产生在于他小时候得不到父母的爱。有些家长一定会说我很爱他,我这么辛苦出去打拼,不就是为了孩子可以过得更好。但是你不明白,让孩子感受父母的爱,首先就是父母的陪伴与照顾。

曾经,我和一个外来务工的母亲聊天,他们夫妻俩到广州来打工,女儿就交给祖辈、亲戚照顾。每年只有10多天的时间回老家看孩子。在孩子5、6岁的时候孩子来广州玩,有一天过马路,父亲批评女儿乱过马路危险,女儿冲口而出说,"撞死就算了,反正你们都不要我了。"作为母亲,听了会很难受。其实这就是孩子内心真正的感受。

当孩子感受不到父母爱的时候，他很难明白父母的难处。我们经常会说"贵重物品随身携带"，你现在不把孩子带在身边，他的感觉就是：我不够好，我不够宝贵，我不够有价值，我不够重要。这就是孩子最初的自我价值感。这样孩子很容易产生心理问题。

每个孩子都渴望得到父母的爱，当孩子渴望得到父母爱的时候，他会被父母所塑造。我们经常讲一句话，父母是孩子的第一任教师。那为什么呢？其实很简单，因为血缘关系。作为父母，会经常以"不乖就不要你"这样的话来吓唬孩子，孩子害怕了，自然会乖乖听话，因为他渴望得到父母的爱，在这种情况下，他就会被父母所塑造。所以父母凭什么可以成为孩子的第一任教师，就因为孩子渴望得到父母的爱，他就会听父母的话，被父母所塑造。

（二）父母与孩子"铁三角关系"的状态

亲子关系是影响孩子健康成长的第二因素，也就是我们父母跟孩子的"铁三角关系"的状态。所谓"铁三角"，是对于孩子而言，母亲跟他的关系，父亲跟他的关系，以及母亲和父亲之间的关系。在中国，一般都是 "男主外，女主内"。男士要创业，孩子由妈妈管。其实父亲的作用是母亲无法代替的。一般来说，父亲对孩子的影响更多地影响他的学业和事业，一个以父亲为荣的孩子是很有力量的。举个例子，有的父亲平常比较少跟孩子沟通，孩子要上大学了，他很重视父亲的意见，有的父亲认为没时间慢慢去教，其实这不完全是教的问题，更重要的是要有更多的时间跟孩子在一起，让孩子感觉父亲对他的关心。花更多的时间跟孩子一起活动，让孩子从父亲身上学到一些东西，这是父亲的影响。那么，母亲对孩子的影响，一般来说比较多地影响孩子的婚姻生活。另外一个角度就是，儿子跟父亲关系比较好，他以父亲为荣，他会比较像男子汉。儿子跟母亲的关系比较好，他将来的婚姻生活中会跟他的异性伴侣有比较好的相处。因此，对于一个孩子来讲，他跟父亲和母亲的相处，就是他以后跟世界上所有人相处的一个基础。

（三）父母之间及亲子之间的沟通模式

美国有一个家庭治疗大师把在家庭里面的沟通模式进行了概括分类，发现在家庭里面的表现往往比较真实，原因是当我们在外面工作时，我们有一个职业的身份，每个人的角色不一样，我们容易戴着面具，产生自控。当回到家，就回归最放松的状态，表现出来的沟通模式才是最真实的。有几个分类是比较典型的，第一个是"指责"。指责的身体语言是 "都是你不好，都是你的错。"如果一对夫妻都是这种指责模式，恐怕没有办法相处下去。如果一对夫妻能够持续他们的婚姻，往往有一方指责，另一方"讨好"。"讨好"的身体语言是 "都是我的错，都是我不好。当父母一方是"指责"，另一方是"讨好"，孩子可能学到指责，也可能学到讨好。孩子也可能会"打岔"，打岔的身体语言是这样的，比如在家庭里面我们会问孩子："今天考试怎么样了？"孩子会说："我刚才回来的路边看到两只狗打架。"打岔就是转移话题。其实在孩子很小的时候，如果被父母指责，年龄偏小的孩子没有办法保护自己，"打岔"成为了他生存的一个策略。还有一种叫做"超理智"，超理智的身体语言是："专家说吃这个东西会得癌症，不过昨天那个专家说可治癌。"就是他总是在讲理性的东西。在中国，父亲多半是超理性，不受自己内在感受的干扰。比如说，有些优秀的父亲，成为家庭教育讲师团的成员，相对而言，他们比较感性，有喜、怒、哀、乐的情感表达。"指责、讨好、打岔、超理性"是比较普遍存在于亲子之间以及父母之间的几种沟通方式。"表里如一"是比较好的沟通方式，能直接表达内心的感受，他会有一个恰当的表达，也会觉察到自己内心真正的感受。

（四）父母的态度及行为方式

有些家长对于家庭教育的理解是要跟孩子讲道理，教育他怎么做。其实不是。家庭教育是：父母怎么做，你就是在教孩子怎么做。如果你说的跟做的不一样，是没有教育效果的。举个例子，有的家庭，父亲灌输给孩子的思想是"贵的东西质量就会好"，导致孩子有追求名牌的心理。所以父母的观点，常常会影响到孩子的价值观。又举个例子，父亲以身作则，决定把烟瘾戒掉，以此鼓励孩子用功读书考大学，结果父亲戒烟成功，孩子考上理想大学。由此可见，家庭教育的问题其实最重要的是父母的成长，父母给孩子做一个好的榜样，引导孩子变得更优秀。

三、亲子关系对儿童婴幼儿期心理发展的影响

孩子人格形成有重要影响的时期是在孩子 6 岁以前。有家长认为，6 岁以前的孩子还没有上学读书，可以给别人去管，这是误区。6 岁以前是他人格形成的基本阶段，这阶段是基础的阶段，对亲子关系的要求很高。如果父母没有处理好孩子这个阶段，孩子的心理发展容易产生偏差。所以，聪明的父母就是要给予孩子良好的生命开端。

（一）口欲期（0~1 岁）——建立信任关系

0~1 岁这个阶段非常重要，心理咨询的理论表明，这个阶段是孩子建立跟周围世界信任关系的阶段。在这个阶段里，孩子要是没有受到照顾，对周围的环境是不是信任，对他将来能否形成对别人信任的心态至关重要。我们看到有一些人比较容易信任别人，他会比较容易跟别人相处，因为他信任别人，容易跟别人交朋友，他的人际关系常常会有比较好的状态。如果 0~1 岁没有得到好的照顾，他常常对环境有一种不安全感，这种不安全感会影响到他将来跟别人相处。所以，我们强调母乳喂养，母乳喂养有一个很重要的心理学上的意义，母乳喂养会让孩子有不同的一种感受，让孩子产生原始信任感和安全感。国外有一项针对育婴院婴儿死亡率高而展开的研究，发现轮流更换照顾婴儿的护士是直接导致悲剧的成因。当料理的护士相对固定下来，多跟婴儿说话，一段时间后，婴儿死亡率从开始的 80% 下降到 10% 以下。有的父母把出生不久的孩子放老家

照顾，久而久之孩子状态不好，不吃不喝。后来父母接回来自己照顾，一直到大学，但是发现孩子得了抑郁症。所以童年的问题有可能在长大后爆发的。因此，建议父母亲要把孩子留在身边，亲自照顾。

（二）肛欲期（1～3岁）——控制与反控制

小孩在1岁的时候开始会走路，他活动能力强了，活动范围扩大，但是他还很小，父母会去管着他。这个时候是一个权力的抗争，控制与反控制。这个阶段，父母控制尺度的把握对孩子将来能否健康成长影响很大，心理咨询理论把这个阶段叫"肛欲期"。举个例子，小孩到了1岁以后，一般就不再用尿布，但是他们还会随地大小便。这时候父母会要求孩子坐痰罐，不管他们有没有这个需求。这种情况常发生，可以看出，父母有没有把握好一个度对孩子未来的成长是有影响的。在"肛欲期"的儿童，发展的第一个字就是"不"，他有语言，有行动能力，比1岁以前的活动范围大。在这个阶段如果对孩子控制过度，发展得不顺利，到了小孩的青春期会特别逆反，跟父母的冲突会更厉害。也有一些孩子比较平稳。青春期的问题实际上是早年没有解决好，才以更强烈的形式再一次表现，所以，孩子6岁以前这个阶段非常重要。如果这个阶段过得不顺利，他长大以后常常会出现一些人格方面的问题。比如说过分控制，所有的事情都要在自己的掌控之内。因此，父母的教育就要注意，不能没有控制，没有管教，但是要注意一个度。

（三）性蕾期，也称恋母（父）期（3～6岁）——爱与分享爱能力的形成

孩子3~6岁这个阶段叫做"性蕾期"，其对儿童爱和被爱能力的培养非常重要，这个阶段亲子三角关系的清晰或者混淆对儿童影响很大。这个阶段中，儿童对两性差异开始有意识，男孩会出现恋母情结，女孩会出现恋父情结。这时候他对两性有初步的意识萌芽，期望取代同性的父母跟异性的父母建立唯一的关系。这些是潜意识的一种动力。如果在这个阶段父母顺应孩子的愿望，妈妈跟儿子建

立密切的关系，或者说父亲跟女儿的关系很亲密，随着孩子年龄的增长，可能会产生一些问题，所以最好的方式就是父母仍然保持很亲密的关系，让孩子明白，父母之间的关系不是孩子可以取代的。孩子就是孩子，父母就是父母，只有在清晰的三角关系中生活，孩子才会健康成长，才能培养爱与分享爱的能力。

四、家庭教育的误区

（一）陪伴缺失

现在家庭教育存在的误区，第一个就是陪伴缺失。在孩子6岁以下的阶段，如果没有得到照顾与陪伴，或者是父母时有陪伴但缺乏心灵的沟通和爱的表达，这两种情况下，无论是父母对孩子爱的表达的缺失，还是孩子对父母爱的感受的缺失，结果可能都一样。当然不一定要说一个爱字，但是他的内心有没有这份感觉，有没有爱的表达，是很不一样的。还有隔代抚养的问题。我们常常认为，爷爷奶奶也很爱孙子，外公外婆也很爱外孙，他们会给孩子很好的照顾。但是意义是不同的。父母跟孩子之间缺乏情感的交流，孩子可能会产生一个概念的混乱。比如说小时候由爷爷奶奶照顾，以为他们就是爸爸妈妈，长大后发现不是，心理上会有落差，对父母会有抱怨，但是孩子依然会走到父母一边，尽管是由祖辈抚养。当然，我们更容易看到隔代抚养导致过度溺爱或不便管教、无能管教造成孩子其他品德与行为的问题。

（二）有条件的爱

第二个问题就是有条件的爱，即父母给予爱与要求孩子达到某种目标相联系。比如说，妈妈爱你，妈妈要你，可是你要达到妈妈的一些要求，这就叫做"有条件的爱"。前面说过，就像孩子渴望得到父母的爱，是一种本能，如果父母要爱我，要我实现某种条件，他会担心因为达不到这种条件而失去父母的爱。所以有时候我们会看到一些孩子，特别是小学生，他们考试成绩不好会自己去改分数，或者冒充父母的笔迹去签名，这就是他品格出现的问题。其实很多孩子为什么会改分数，为什么不敢直接告诉父母？因为害怕父母的打骂，即便父母不会体罚，也会因达不到家长的期望而去做这种事情。所以出现撒谎的行为，从这个角度来看，很多孩子这种行为的背后其实是渴望得到父母的爱。现在很多孩子都有一些考试焦虑的问题，但常常这种考试的压力来自于父母。有一位学生，临近高考，表现得很紧张，生怕考不好，然后父母要去求人。那么他就想自己考好一点，他的想法也是对父母一份很深的爱。我们怎么化解这样一份由爱造成的压力呢？我引导父母跟孩子进行对话，让孩子对父母说，"我一定会尽力。"让孩子做一个承诺。但是，如果我们让他承诺一个不可以由他自己控制的目标，他一定会有焦虑。所以这个目标应该是他自己可以控制的，他能够发挥出自己最好的水平的。作为父母，也应该鼓励孩子，"无论结果如何，我们都会支持你的"。这意味着孩子考得好，父母可以分享孩子的快乐，孩子考得不理想，孩子难过，我们陪伴孩子，做到无条件地支持。

（三）过度控制

中国的父母很多时候是以爱的名义来控制孩子。他会给孩子设计未来，一切按父母的意志，这没有给孩子一定的自由度。从心理健康角度来讲，孩子可能会形成呆板，过分有条理，缺乏灵活性的人格特征；也可能形成胆小、退缩、缺乏自信、能力不足等人格特征。人的能力是是要在活动中形成的。如果一味按父母的话去做，自己就无法锻炼思考的空间，能力就没无法得到发展。中国的父母喜欢听话的孩子。有一项调查，父母在家庭里说得最多的一句话就是"要听话。"其实孩子多听话就少思考，他的思考能力就没有办法发挥和发展，更不要说创新了。

我参加过一个关于家庭治疗的工作访问，父母能说会道，男孩已经读大专了，一进来把我们所有人吓一跳：头发在侧面分一条界，有一半的头发掉下来就把眼睛遮住，你只看到他一只眼睛；耳朵打两个洞，有两个金属的东西镶在那里，然后下巴也镶了几个金属的东西。但他看上去很斯文，比较纯。他要学音乐，但是他的父母要求他读会计专业，已经大三了，大部分的课程都不及格，所以需要专业的心理咨询。家庭治疗导师让他们跟孩子达成一个协议，要孩子先完成学业，拿到毕业证书，找到一份能养活你自己的工作，然后你爱学什么学什么。同时，父母也有他们的道理，学音乐的费用很高，有人问这个孩子："你有没有想过改变一下现状？"他说"我想过，但是我一想到我又要变回原来那个样子，我连自己都没有办法接受。"其实，你会发现这个男孩要读什么学校，读什么专业，都是父母给他安排的，不得不服从。所以，我们也就理解了他用打耳洞这种方式来表达他的个性的原因。

城市家庭中存在家庭暴力，父母会打孩子，这产生了负面影响，有些孩子学会了暴力攻击的行为。我们应该有这样的观点：任何针对儿童的暴力都是不可以接受的。任何针对儿童的暴力都是可以预防的。这个预防就是父母要学习非暴力的家庭教育方式。

（四）过度溺爱

过度的溺爱，多数存在于独生子女家庭。过度的爱会把孩子身上的能力淹没，使其无法充分成长。父母可以代替孩子做任何事情，但是没有办法代替孩子成长。亲子之爱，是要"为分离做准备"。一般来说，父母总是比孩子先离开这个世界，当父母离开这个世界时，最大的愿望就是看到孩子可以照顾好自己。很多年轻的父母在离开之前，最不放心的就是年幼的孩子。所以，真正爱孩子，就要培养孩子的能力。

五、家庭教育的艺术

（一）高质量的陪伴

家庭教育的艺术，就是孩子健康地成长，首先要注意高质量的陪伴。高质量陪伴是指要用心陪伴，享受跟孩子在一起的乐趣。有教育专家到学校里问小学生，"你们喜不喜欢父母带你们出去玩？"很多小朋友都说不喜欢。问一个男孩为什么不喜欢，男孩说，爸爸路上碰上一熟人，一聊就是半小时，好不容易讲完了，没走多久又碰上一熟人，又聊了20分钟，所以他不喜欢。又问了一个女孩，女孩说，妈妈答应我考试得一百分会带我去游乐场，即便是去了，才刚玩第一个项目，妈妈就催着要回家做饭。所以有时候我们只把与孩子共处看成一份责任、义务，并没有用心投入，这就是低质量的陪伴。

那么陪伴孩子做些什么呢？这就要求父母与孩子相处的过程中要了解孩子的感受。很多家长都不知道如何做才算是爱孩子，因为每个孩子是不一样的，是需要去观察和了解。我们不要以为自己爱孩子，孩子就一定能够感受你的爱。爱孩子不一定老是说"爱"字，而是要让孩子的内心要感受到爱。

（二）欣赏和鼓励

我们要欣赏孩子的每一个特点，他们对自己最初的评价是从身边重要的人的评价转换过来的，父母就是身边重要的人。有一则新闻报道讲到一个去日本留学的孩子回来后在上海浦东机场把母亲刺伤。我看"今日说法"栏目对这个案子的介绍，其中谈到这个孩子的父亲经常骂他"蠢猪"。考高中时父亲一定要他考到重点中学，明知他考不上，一定要逼着他报考，他当然考不上，后来只能出国读书。其实父母对孩子的影响非常大，我们要用积极的心态看待孩子的弱项。有时候孩子暂时做不到，父母适时的鼓励就是在传递正能量。

（三）适度控制

针对过度控制的误区，我们对孩子应该适度控制。所谓适度控制就是要把孩子看成一个独立的个体，他有自己的人格，有自己的需要和潜在能力，我们需要倾听和尊重孩子的合理意愿。我曾经跟省妇联做过一个"小脚印"项目，它是对0~3岁的儿童家庭养护进行支持辅导，当时联合国儿童基金会的一个项目官员讲到她10个月的孩子，当她带孩子去买鞋子，问"宝宝喜欢吗？"旁边的售货员都在笑，这么小的孩子怎么会懂。但是，当最后一双鞋子套上这个小孩的脚，然后又把它取下来的时候，孩子哭了，结果买的就是这双鞋。孩子是有他的意愿的，我们需要去了解，这是一份尊重。对于孩子的教育，我们还要让他了解清晰的行为规范标准和不可逾越的底线。有的时候，父母对孩子的教育比较笼统，说"你这样做就乖了"，"你这样做不乖"。其实小孩不容易明白。比方说，孩子很小，有客人来，孩子把一盒食品递给客人，客人跟他说"好乖"，父母也说"好乖"。然后客人和父母在谈话，小孩在旁边还想再得到肯定，于是又拿食物递给客人，这个时候大人就觉得有点受干扰了，有点敷衍地说："好，就放在那里吧。"这一次，孩子没有乖的表扬，孩子想为什么不表扬我，第三次又拿过去，大人有点生气了，"放在那里好了，烦死了，去房间里面玩吧。"你有没有发现，同样的行为，第一次"乖"，第二次没有"乖"，第三次"烦死了"，小孩子是不能理解的，所以我们的教育应该是非常清晰的，错在哪里，对在哪里，要让他明白。而且对他的赏罚要合理、清晰。小孩慢慢长大，他会懂这些道理。

六、指导家庭心理健康教育的若干建议

（一）提前指导准父母，让孩子有良好的生命开端

我们对家庭心理健康教育，不是说父母要教孩子怎么做，重要的是对亲子关系有清晰的认识。如果我们现在准备要当父母，或者将来要当父母，或者身边的朋友要当父母，应该了解亲子关系的培养和其重要性。

（二）提醒父母从孩子的问题反观亲子关系和家庭教养方式存在的问题

如果孩子有问题，不要光指责孩子，要从孩子的问题反观你的亲子关系和家庭教养方式存在的问题。"孩子是家庭的镜子"，"没有问题儿童，只有问题家庭"。如果你的孩子有一些问题，请家长一定要去反思自己在家庭教养方式或亲子关系上是否出了问题。

（三）倡导父母不断学习与反思，提升教子能力

我们要有意识，亲子关系是无可替代的，一定不要假手于人。我们还需要有效地跟孩子沟通，要提升教子能力。多留心孩子的变化，多站在孩子的角度去理解问题，让我们的孩子更完美。

【互动问答】

听众：王老师你好！我觉得我家庭已经很幸福，但是我觉得爸爸和弟弟的关系不是很融洽，爸爸的大男子主义影响了他跟弟弟的关系，爸爸会表现得更爱我一点，所以弟弟可能会觉得爸爸不是很爱他，反而他跟妈妈亲密一点。但是随着年龄长大，他现在已经工作了，还没成家，他经常不打电话回家。其实我爸很想他打电话回去。今天了解了儿童的问题，我也想了解一下在我们这个青年的年龄段对于类似的家庭问题怎么处理。

王小棉：我们可以看到这是"种瓜得瓜，种豆得豆"的情况。父母想将来你的孩子对你好，你要学习怎么做父母。对于你弟弟来说，他已经是成年人了，所以我们对他的帮助应该让他能够接受父母。很多心理健康问题的第一个根源就是不接受父母，常常对父母抱怨，没有话跟父母讲。内心对父母的不满，会影响到这个孩子。我们常说，"其实父母他们也没有学过怎么做父母，他们已经尽其所能做到最好。父母为我们所做的很多爱我们的事，我们会珍藏。父母没有给到我们的，现在我们已经长大了，可以自己去寻找。"就是说我们需要按父母本来的面貌去接受父母，父母就是这样的人，我们每一个人是没有可能选择谁当我们的父母。从心理健康的角度来讲，这就是接受，按照父母本来的面貌去接受他们。接受他们是我们的父母，接受我们是他们的孩子，也接受我们作为孩子所要付出的代价。所谓接受就是不再抱怨，接受了才能放下。对于父亲，我们要让他明白，这个结果是他以前的教养方式造成的。作为父亲可去约孩子好好谈一下，让孩子把一些不满意的事情讲出来。父亲可能有些事可以做一点解释，有时候做得真的不够的他也可以说自己的感受，当然不是让父亲跟孩子去道歉，而是作一个说明，让孩子更明白父亲，接受父亲。

听众： 王老师你好！我问两个问题，第一个问题是教育男孩和女孩有什么不同的方法。书里也写道，男孩要穷养，女孩要富养，也是现在比较流行的说法和做法。您是怎么看待这个问题的。第二个问题是，我女儿还有一个月就6岁了，学习记忆力不错，书桌上的东西我们都让她自己整理，她画画、跳舞还不错，但是我们感觉她最近挺骄傲，我跟我太太都认为，我们不能再表扬她了，甚至有时候还要适当批评她。我们做得对吗？

王小棉： 第一个问题，在我的观点觉得你们可以去按自己的感受和经济去做。关于第二个问题，你觉得她有一些骄傲，在家庭这方面有没有什么原因？

听众： 可能鼓励多了，就走反方向了。

王小棉： 你明白就可以了。事实上如果孩子很不自信，就得多点鼓励；有的时候你会觉得她有点自满，就要让她明白，山外青山楼外楼，英雄好汉在前头。每一个人能看到自己的长处是好的，只不过你要看到你的长处其实还有提升的空间，这是第一；第二，别人也有别人的长处。她会说到谁笨，你们在讲别人的孩子的时候不能用这种口吻。我经常用这样的一句话：他会从家庭中谁的身上学到？因为家庭不止一个人，还有老人住在一起，她会模仿。

青少年教育与犯罪预防的新思考

【嘉宾简介】

沈琦，东莞市人民检察院宣讲团成员。

【按语】

家庭、学校、社会是青少年成长的摇篮。希望从大家关怀、关心的目光中，祖国的花朵能够得到更好的一个呵护，让他们收获更多家庭的温暖，更多学校的教育和更多社会的关怀。"少年强则中国强，少年进步则中国进步。"这不单单只是一句口号，而更应该是我们默默践行的诺言。

一、"青少年"概念的法律界定

首先我们对青少年的概念做个界定，中华人民共和国刑法中规定：未成年是已满 14 周岁未满 18 周岁，在这样一个阶段犯罪的人群就叫做未成年人犯罪。我们今天讲的青少年犯罪却比这个范围大一些，学界的通说年龄的范围是已满 6 周岁不满 25 周岁。大家都可以看到这样一个界定的范围是非常宽泛的，就是说明青少年犯罪呈现出一个低龄化特点，而且他的年龄跨度非常广。

二、家庭环境对青少年犯罪的影响

当前青少年犯罪这个问题，成为世界上每个国家都首当其冲要解决的一个问题。我们就进入今天话题的第一个要点：青少年犯罪的原因。俗话说儿童就像一张白纸一样，以后的成长就决定你在这张纸上要涂些什么。对于青少年的成长环境来说，家庭是最重要的。家庭是一个人一生中的第一个场所，父母亲是子女人生中的第一位老师。我想在座有很多是家长朋友，可以说在我们接触的一些青少年犯罪的案件当中，家庭的结构紊乱，缺乏正面的家庭教育，父母的双方或者一方有严重的问题，甚至家庭关系的不和谐等等，这样的一个情况都会给青少年带来很多不良的影响。国外的研究表明，家长与孩子如果关系良好的话，那么孩子今后的成长的道路就会非常的顺利。但如果家长和孩子经常处于一种对立的矛盾关系的话，孩子今后走向犯罪道路的话就会非常的容易，所以说我们第一点就谈一谈家庭环境给孩子的影响。

第一，家庭的成员，尤其是来自父母亲自身的不良影响。父母是孩子的启蒙老师，父母的举止言行对孩子的教育，对孩子的成长有着重要的作用。俗话说"上梁不正下梁歪"，我们都听过这句俗语，如果在父母亲有恶习的家庭中，孩子们都是有一样学一样，因为未成年有一个特点，好奇心强、可塑性大，但是分辨是非的能力却很薄弱。所以当某个家庭里的父母有酗酒、赌博、盗窃、卖淫嫖娼等等这些不良的情况的时候，都会给子女一些暗示，并刺激他们有一样学一样，跟大人一样产生不良的行为,在他们心中埋下不良的种子。西方犯罪学专家"大卫·法林顿"有一本著作叫做《青少年犯罪以及根源》，在这本著作中他就提到，他曾经对360多名青少年做过一个调查，这些少年都是少年犯，这些少年犯当中如果他的父亲曾经有过前科，那他的小孩同样犯罪的占到这些人群的37%。如果说他的父母没有前科，这些小孩的犯罪率只有8.4%。这样的比例大家都可以看得很清楚了，而且特别提到如果母亲犯罪对孩子的影响更大，这个孩子今后走上犯罪道路的比例会更高。所以父母亲自身的不良行为对子女产生的消极影响是非常大的。

第二，溺爱，青少年在一个盲目溺爱、放纵型的家庭里面受到影响从而走上犯罪道路的一个情况。这样的一个教育方式主要体现在一些物质生活比较优越的家庭当中。有的父母亲视自己孩子为掌上明珠，一味满足子女在物质上、生活上的任何需求，学术界一个名词叫"亲情过剩"，就是说这个亲情已经太多了，却忽视了给他们良好的精神桥梁，是这样的一个过程。久而久之这些小孩就会养成骄横任性，贪图享乐，为我至上的情况，像这样的小孩为什么会走上犯罪道路？有两个导向，一旦家庭里面的父母亲没有给他的需求满意的回答，不能满足他日益膨胀的物质需求，他就会走上犯罪的道路。另外，这些孩子因为长期受到溺爱，一旦在生活中受到挫折，就容易在社会中受到不良的引导，会被教唆犯进行教唆，从而走向犯罪的道路。同时我们在日益忙碌的现代生活当中，有很多家长应该是应酬比较多，工作比较忙，很多时候都无暇顾及自己小孩。而小孩不但需要物质上的帮助，还需要精神上和亲人交流。但是现实的社会造成父母和子女交流的缺失，这样的小孩在内心的欲望和需求得不到满足的情况下，久而久之也会形成一种自闭、冷漠、孤僻和缺乏责任感和同情心的一种心理障碍和人格缺陷。我们在实际的办案过程中感觉到这样的孩子往往是非常可怕的，因为他们长期憋在心里的一种感觉一旦发泄出来便如火山喷发，造成他们实行一些盗窃、抢劫、强奸、放火等暴力型犯罪，这一点必须引起社会的重视。

第三，父母管得太过火了。有的父母一直都认为古训是棍棒底下出孝子，对于孩子犯错动辄不分青红皂白就进行打骂，有的时候不给饭吃还赶出家门等等，这一类情况造成孩子和父母关系的破裂，出现了互相对立以及相互不信任的局面。那这种局面在孩子的心理上会埋下一个仇恨的种子，他们以后就会与父母为敌，流落到社会上去找一些小兄弟、找一些哥们取得"同情"、取得"温暖"，他

129

们的性格呈现显示出一些粗暴和攻击性，最后在教唆犯的引导下，形成了罪犯。

第四点，残缺型家庭影响。我们经常说夫妻关系是家庭存在的一个基础。在一个家庭生活中，夫妻双方因为离婚，或者因为一方死亡，甚至因为一方服刑等等原因造成其中一人的离去，家庭的完整性从而遭到了破坏。这种家庭既给子女造成了心理上的伤害，又给子女的家庭的教育造成了一定的缺陷。在这种情况下很容易让小孩出现一些悲观情绪，比如说他们会痛恨父母，会嫉妒他人，为什么别人在那么好的环境下，我却不可以，会形成一种反社会的心理，容易造成犯罪。据不完全统计，离异家庭孩子的犯罪率是完整家庭的 4.2 倍。当然在这里不得不提及，在很多单亲家庭出来的小孩，他们却和我们的研究恰恰相反，他们有着一种坚韧的性格，有着顽强的意志，那用现在的话来说他们反而有一种独特的气场，这样的小孩，往往更容易成功，所以说在残缺型的家庭中，这种小孩存有两极分化的一种状态，有的会走上犯罪这条道路，但是有的会异常的成功，当然这也是一个家庭的引导来决定孩子今后的走向。

三、学校对青少年犯罪的影响

学校环境对孩子犯罪的影响，先来看这张图片，这是发生在不久前一家叫做蓝孔雀幼儿园的老师虐童的一个事件。图片上这个老师笑面如花，但是被虐的男小孩却哭得撕心裂肺。我们知道青少年在成长的过程中从幼儿园开始，他有很长一段时间并不是和父母呆在一起，他是和老师、同学在校园里面。所以说学校的功能不但是传授知识，同时还有一个重要的功能，就是在行为道德上，对青少年的教导。因此，学校的教育和家庭的教育是同等重要的。如果学校的教育出现问题，与之相关的青少年犯罪违法的现象就会随之出现。我们一起来看一看学校的影响有哪几个方面：

第一个方面，教育内容失衡。现在的学校有重视智育，忽视德育的这么一个倾向。片面地追求分数和升学率，忽视了对青少年思想道德建设的教育，在这样的一个教育体制下，造成了很多高分低能的学生。他们的思想道德修养不够，思想水平低下，为人处事的方式方法也非常幼稚，这也引导了很多极端的青少年犯罪情况的发生，这是第一点。

另一方面，现在的学校忽视了劳动教育，一味地寻求捷径。我们都知道劳动分为脑力劳动和体力劳动，但是很多学校对学生的教育都是在脑力劳动教育上，忽视了体力劳动的教育，以为分数是最重要的。不少学校一味地教学生怎么寻求达到高分的捷径，这也是引导学生误入歧途的一个方面。

第三个方面，忽视学生的心理教育。人的一生中在儿童和青春期这两个阶段，心理成长是非常重要的。因为在这个阶段小孩的心理成长是决定今后的人格，决定今后的性格的一个重要的过程。但是学校在这个过程中，忽视了青少年心理成长的需要，没有做到心理成长与生理成长相互协调，造成了一定的失衡，导致一些青少年出现了心理上的问题和疾病，从而走上犯罪道路，这是教育失衡的一方面。

第四，教育方法欠妥当。我想大家都会有一些实际的体会，因为很多学校都开设了快慢班，学习好的同学就进入快班，精加工吃小灶，学习成绩不好的就进入慢班，得不到应该有的重视，这样一个体制危害在哪里呢？

首先我们来看在快班里的学生，他们因为长期得到老师特别的呵护和照顾，养成了一种自私的心理特征。这样的学生经常以为自己的能力、想法是最好的，听不进别人的意见，同时这样的学生一旦考试失常，比如说刚好发挥失常没有考到理想的大学，就会心灰意冷、垂头丧气，造成一种很大的心理落差，所以容易导致社会上犯罪的因素。在慢班的学生更不用说，因为在青春期阶段很多孩子的心思都是非常敏感的，对于老师的这种不公平的对待，经常就会产生一种逆反心理,破罐子破摔,反正老师也不管我,我也无所谓。所以,他们就会产生厌学辍学的现象,从学校过早地走上社会。大家不要忽视这一类人群,他们本来应该在校园里度过自己一生中的黄金时光,但是往往在社会上成了一个混混,使本该成为中坚力量的青少年变成犯罪的后边缘。

第五,教育的脱节。教育的脱节是指学校和家长缺少一些有效的沟通和了解。我经常去一些学校进行预防犯罪的宣讲,许多学校教育的脱节是非常严重的。很多学生的家长疲于应付自己的工作,跟学校的老师就没有更多的交流。学校教育应该与家庭教育相结合,形成一个立体的沟通,形成有效的教育方式。

第六点,学校教育的方式保守落后。这一点主要是体现在青少年青春期的教育方面,比如很多学校,涉及到对青春期的一个性教育、生理卫生的教育,学校对这样的话题都会有所忌讳。在我上学的时候,这个内容老师都会说你们自己看吧,不会给你细细讲。青少年都会有一种好奇的心理,他对这方面知其然而不知其所以然,更会引发的他的一种神秘感,引发他的好奇心,他更想探究性。在我们实际检察犯罪过程中,很多性犯罪,比如说犯强奸罪的青少年,他们都是对性有一种神秘感,他们想揭开这层神秘面纱,却进入了犯罪的深渊。

第七点,不良教育者的影响。有句老话叫做"一日为师终身为父",然而在实践的过程当中,存在一些很不合格的教育者。我总结了大概有三个方面,第一个是教育者的专业知识技能不合格,现实中我们的师资力量是远远不够的,很多老师甚至没有取得教师资格证就上岗进行教学,这无疑对学生是一种灾难,对学生来说这样的教育是不过关的,直接误导了学生。第二是教育者本身传授的一些不良思想。这个教育者可能他作为一个老师是合格的,他有他的专业技能和专业知识,但是他自己本身在喜欢的课程教授学生一些比如拜金主义、功利主义等等一些不良思想，传授给他的学生，影响了学生正确的人生观和价值观，也导致了一些青少年的思想偏颇。第三点是教育者的品德恶劣，如果老师自己是一个人格非常低下的人，学生在他的眼中成为了一个嘲笑的对象，成为他侮辱的对象，甚至成为他发泄对社会不满，对生活不满的一个出气筒。这样的老师对学生的身心健康会产生了极其不良的影响。

四、不良交往与青少年犯罪息息相关

人际活动是人的社会性显著标志之一。苏格拉底曾经说过："你不要告诉我你是怎样的一个人，你告诉我你的朋友是怎么样的人，我就能看出你是怎样的一个人。"所以说人的朋友对人的成长也起到了一个至关重要的作用，不良交往也是我们应当重视的一个问题。首先，不良交往是青少年犯罪的一个外因。大家想一下什么样的青少年才需要不良的交往，往往是那些家庭社会不健全，得不到老师的关心，得不到父母的关爱，在这样的情况下，青少年往往有着自卑的心理，更渴望与别人交往得到温暖，得到慰藉。如果此时有不良交往的因素介入，就很容易使这样的青少年自甘堕落成为一个犯罪分子，所以这是一个不良交往的外在因素。其次，不良交往促使犯罪的动机很快形成。据调查，87%的青少年犯罪都说自己有哥们，都说自己有大哥，都说自己有小弟什么的，往往这些大哥小弟一起关进监狱。很多青少年都是受一些损友的唆使、怂恿、引诱，才会产生犯罪的动机，从而参加一些犯罪的活动。所以，很多青少年受不良交往的影响形成了一种交叉感染，心理越来越扭曲。我们办理了一宗4个青少年组成的团伙进行杀人焚尸的一个案件，本来其中一个是不敢干的，但是他们之间互相鼓励，有的负责放风，有的负责动刀，有的负责捆绑，是在分工合作下完成的犯罪。因为他们之间互相存在一种纽带关系，有的人从牢里边放出来了，改造结束了，

但是往往因为社会上的一些不良因素仍然存在，很多青少年又沦为了惯犯。

五、网络文化对青少年犯罪的影响

　　网络是一个虚拟的世界，在这个世界当中青少年的猎奇心里得到了极大的满足。网络和青少年犯罪之间有什么关联呢？很多不良少年喜欢在网络散播一些犯罪的方法，也许你在百度上搜杀人方法都可以搜到很多犯罪的方法，会鼓吹一些自己犯罪之后心理上的这种极大的成就感，往往这些信息对我们成年人来说，我们都会摒除它，但是对青少年来说他有好奇心理，他们看到这些信息，反而会模仿。还有一些青少年非常精通网络，所以运用自己在网络上的一些手段，在互联网上盗取别人的帐号、银行密码，或者一些个人的隐私信息等等。在这些虚拟的世界能轻易实施犯罪，这也使青少年犯罪、网络青少年犯罪成为一个更大领域的问题。第二个是网络游戏促使青少年的犯罪更加的残暴。研究表明，现在的青少年一旦深陷网络，欲罢不能，网络游戏基本上都是像飙车、砍杀、反恐枪弹等等刺激的内容，很容易让人上瘾。那这一类的游戏，就使青少年的心理世界产生了一种模糊的认识，分不清网络和现实。之前我们处理过一个案件，一个中学生，他为了一个几块钱的上网费，跟他奶奶要，他奶奶没给他，于是就把他奶奶给砍死了。网络游戏是电脑和人之间的交流，这样就阻断了青少年与家长与社会之间的交流。长此以往沉迷其中，便会形成远离人群逃避社会这样的一种心理状态。他希望在网络这个世界当中，得到满足，寻求庇护。如此一来更加容易引发青少年性格上的孤僻、冷漠、怪异和暴躁，也容易导致青少年做出自我毁灭或者是毁灭社会和反社会的这样一种犯罪的行为，这就是网络对青少年犯罪的影响。

六、青少年犯罪，如何防范于未然

下面和大家分享一个青少年犯罪的防治的一些措施，我们来看一下怎么把青少年犯罪的程度降到最低。目前我国预防的一个体系，就是三位一体的一个模式，家庭、学校、社会，社会包括社区和居委会等等这些社会相互结合的这样一个模式。第二就是法制作为保障出台的一些《未成年人保护法》、《刑法》，对青少年犯罪做出一些特殊规定的法律等等，这些以法律作为一个制度的保障。第三个就是青少年维权及预防犯罪宣传来预防青少年犯罪。但是现阶段我国的预防措施，说实话已经略显滞后。《未成年人保护法》颁布于 1996 年，而且一直在使用，到了 2006 年进行了第一次修订，一直沿用至今。这个法律对青少年本身的一个界定，对于家长的责任，对于学校的责任，都没有做出一个清晰的判断，可操作性差，这是第一。第二，地域差异明显。在偏远地区，在一些贫困地区，有很多的父母亲去南方沿海城市打工，留下了很多留守儿童，对于这些留守儿童，该如何进行三位一体的防护呢？第三就是法制教育，很多学校都只开了一些专门学习考试的课程，却没有开法制课。东莞还是做得比较好的，东莞很多中小学都是跟公检法系统有一个约定，由司法局定期到一些学校，到一些地方跟他们进行预防青少年犯罪的宣讲，受到了欢迎和肯定。

我们可以看一看外国对预防青少年犯罪有哪些好的做法和经验值得我们借鉴，首先，看一下日本在社会防控的一些方面。我们都知道日本的经济非常发达，电子产品、电子科技当然也很发达。青少年在业余生活当中也是沉浸在自己世界里，内心的世界也是日趋孤立，针对这样一种现状，日本推出了一种热爱家乡的活动，以热爱自己的家乡为出发点，帮助青少年克服一种封闭的心理，提高他们的交往能力，使青少年认识到自己也是社会的一员。同时让他们访问福利院、去清扫外面的街道等等，通过这些劳动来培养青少年助人为乐的思想，提升他们的幸福感、满足感和荣誉感。在这些劳动过程中，青少年与青少年之间、与老师之间、与家长之间的互动和良性的交流，对预防青少年犯罪起到了一个积极的作用。我想这也是我们可以借鉴的一个方面。那在家庭预防措施方面，比较提倡西方家庭的防控措施。西方研究表明，子女和父母之间的关系越薄弱，子女容易犯罪的动机就越大，如果缓和子女和家长之间的关系，就能减少青少年犯罪的发生。所以西方很多公益人士，觉得在贫困的家庭中，父母本身就劳于生计，忙于糊口，收入微薄，白天工作，晚上肯定不可以好好地照顾自己的小孩，公益人士呼吁政府对他们进行救助，这种救助转化到小孩身上去，让小孩受到更多家庭的温暖，更多父母的保护。第三个就是对问题家庭的治疗，对问题家庭的一种现状，对父母的关系和父母的犯罪率进行调查。在充满家暴、婚姻不和谐的家庭中，他们就会对家庭监控，引导家庭，同时还建立了家长学校，对家长进行定期的培训，改善家长不对的教育方法，鼓励家长对孩子进行更好的教育，并提供一定的经费来进行帮助。那么在家庭方面，在校园防控和网络防控方面，我想日本是走在了我们前面。那么我国的一些预防体系如何来进入？第一个就是环境的问题，环境包括三个方面，学校、家庭和社区。首先，家长本身自己必须提高自身防范的一个自觉性，给孩子做好榜样，可以借鉴西方的家长学校，提高孩子处理家庭各类问题的能力。那么对于学校呢？我们也要加强提高教师的准入制度，对学生进行正面教育，做好教育的课程。特点是对学生的抗压能力进行一个有针对性的教育，提升他们今后适应社会的能力。在社会上应该加强社区教育。这些环境预防都需要政府和社会各界共同关注和努力，才能得到一个综合的治理。那么第二个层次呢？是对青少年不良行为和严重的不良行为的预防，建立一个不良行为和严重不良行为的一个预测系统，就会发现并且通过家庭、学校这些机构及时发现，发现及时预防。第三个层次，就是对于犯罪的青少年如何进行挽救，如何对他们进行改造的问题。那么在这三个层次当中第一个层次是从宏观的角度，通过改善青少年的生活环境来达到目的。第二个层次是从宏观转到微观，有较强的针对性，关注青少年的发展趋势，第三个层次属于事后预防。

最后我们讲讲挽救感化环节。对于挽救感化环节，我不得不提的是去年我们中国对《刑事诉讼法》有一个新的修改，这次将未成年人犯罪作为一个特殊体系放在一个特别的程序里面。青少年犯罪就像人得病一样，就算是预防了，但是他最后还是得了病。作为司法程序进入到最后一道防线，司法机关又有哪些教育感化挽救的措施呢？对于我们来说司法又有哪些途径呢？

现阶段对青少年犯罪的一个新的规定，第一是专人专管，最高人民检察院配合新的《刑事诉讼法》对青少年犯罪案件的处理，做了新的规定，就是说人民检察院应当指定一个熟悉未成年人身心特点的人，来办理未成年人刑事案件。对于未成年人犯罪，人民检察院也非常的人性化，提出了要安排一些熟悉未成年人身心特点的人员来做未成年人思想教育工作，安排善于与未成年人沟通、有实战经验的一些检察官来办案，有利于未成年人犯罪回头是岸、重新做人，这是有一定意义的。第二点，也是非常重要的一点，充分保证诉讼权力，国家首次运行在法律上对未成年人进行特殊保护。第一是保护辩护的权力。在新修订的《刑事法》当中，对于未成年人这一块强调了必须对未成年人指定律师的做法，不允许未成年人自行辩护的行为。为什么要出台这样的法律呢？就是进一步保证了未成年人辩护的权力。未成年人思考能力都很薄弱，很多时候都不懂得怎样替自己辩护。二是必须通知未成年人的法定代理人和其他人员到场，司法机关在对未成年人犯罪确认的时候，这个时候他的监护人，比如说他的父母，或者未成年人保护机构都可以派代表到场，协助未成年人一起完成这样一场讯问。因为很多未成年人心智不成熟，他都会有一种恐惧、抗拒的心理，但是有他们的监护人陪同的话，就能很好地完成这样的讯问，这是法律上明确的规定。第三点，不得使用械具。在司法机关进行讯问的时候，对于一些重型犯，比如说故意杀人等一些案件的犯人，都会对他们上手铐、脚镣等等这样一些械具，但是我们从人性角度出发，禁止对未成年人使用械具。除非特殊情况，而且必须是在有限度的情况下使用这些械具，在危险情况消除了之后应当立刻停止，这样保证诉讼的权力。第四点，社会调查。修改后的《刑事诉讼法》规定：公检法机关应当对未成年人刑事案件进行调查。通过这样的社会调查我们或许会知道，未成年人犯罪的原因是多方面的，其本身的一个成长经历，家庭的因素，社会因素，以及犯罪的动机和犯罪的原因，根据调查的结果来综合考量，未成年人主观恶性程度，是否有危险性，是否会重新犯罪等等，才能够比较精确地使用哪一种强制措施，也是司法人性化的一种体现。第五点就是严格限制措施。对未成年人犯罪能不逮捕就不逮捕，能用其他措施就用其他措施，因为大家都知道，如果利用逮捕这种强制措施的话，会把他送到看守所去。但是如果用监视居住，就是把他看守在自己家里的话，如果取保候审的话，如果有保证人的话，比如说家长过来保他，他就可以回到自己家，就不用去看守所。进入看守所，对未成年人犯罪的改造未必是一件好事，因为看守所里往往会受到更多的污染。第六是封存案件记录的措施。我们以前总会说浪子回头金不换，但是很多时候往往少年犯罪都是身不由己，因为这个档案跟他们走，伴随他们一生，但是今年新刑事诉讼法的修改就明确规定，犯罪的时候不满18岁，被判处5年以下的有期徒刑，说明他犯罪属于轻罪，符合这两个条件的话，应该对未成年人犯罪相关的档案进行封存，不得向任何个人和机关提供，司法机关如果为了办案的需要，可以提取，提取了之后，相关的办案人员也应当对这些封存的资料保密。从这一条规定上我们也看到，这是对于少年犯的一种保护，这使他们能够重新走上社会，能够真正脱胎换骨，重新做人。封存这些犯罪记录也是对未成年人的一种爱护，起到一个矫正的效果。

　　我今天所讲的三点及其内容。第一就是青少年犯罪的原因；第二个就是青少年犯罪的预防和措施；第三就是青少年犯罪之后我们国家有哪些保护措施。我们经常说孩子是我们祖国的未来，是我们的未来。但是作为一个司法的工作者，面对青少年犯罪这样一个不是很轻松的话题，我们也要扪心自问。我们的立法看上去很美，但是实际操作起来还不够理想。我们有五千八百多万的留守儿童，他们的命运将何去何从，那在徘徊在各个层面上的问题少年，他们的未来又在哪里，曾经的问题如何解决，吸毒的问题的孩子如何进行挽救，失足的孩子如何进行改造，这些问题可能都会让我们感到焦虑。我们欣喜地看到社会在一点点地改进。我们也希望从大家关怀、关心的目光中，祖国的花朵能够得到更好的呵护。我想"少年强则中国强，少年进步则中国进步。"这不单单是一句口号，而更应该是我们默默践行的诺言。

走出爱的误区

【嘉宾简介】

　　詹显华，江西师范大学文学学士，合肥工业大学公共管理硕士，武汉大学在读法学博士。

【按语】

　　偏爱、溺爱、痴爱、以爱谋利、施爱自高、以爱施暴是爱的六个误区。真正的爱是无私的、平等的、包容的、节制的。

一、引言：什么是爱

　　甲骨文里还没有出现"爱"字，直到战国时期的金文才出现。

　　"爱"字，一个人用手抚心，张口表示"我喜欢"，这就是"爱"的字形。秦始皇统一六国"书同文"后小篆"爱"字的写法，多了向下的一只脚，表示爱还是一种行为。"爱"是一种心情的表达，更是一种行动的表现。

　　《汉语大词典》中"爱"字有 12 个义项，《现代汉语词典》有 7 个义项，综合言之，爱是人们对人、事、物的深厚的仰慕、喜欢、怜惜之情和建立在这种感情上的仁惠、珍惜、保护的行为。

爱，是一种美好的值得讴歌的情感，是一种值得弘扬的人类善行。但是，人类之爱也产生了一些误区，导致了严重的祸害。今天讲讲爱的六个误区，也可称是"爱的六宗罪"，分别阐述其表现，揭示其危害，分析其成因，以警世人。

二、爱的误区之一：偏爱

偏爱，首先表现为不平等的爱。父母对子女，或偏爱长子或偏爱幼子，或宠爱男孩或宠爱女孩，或爱惜贫苦的多些，或喜欢有出息的多些。有时甚至发展到偏爱一个而损及其他子女，由此造成许多家庭矛盾和纠纷。老师对学生，往往多喜欢学习好的，听话的，出身富贵的，对差生则疏远、冷漠。这会在孩子们幼小的心灵里烙下社会不公的不良烙印，不利于后代的健康成长，加重青春叛逆期的危害性。对同事，从怕上远下，到媚上压下，到瞒上欺下，最后众叛亲离，身败名裂。在官场，就像猴子爬树，朝下看都是笑脸，往上看都是红屁股，只好人格分裂，成为戴面具的多面人。有人对亲近自己的人结成小圈子，远君子而亲小人，往往因利而聚，也因利而争，好得穿一条裤子都嫌肥的人，往往最后成为冤家。总之，偏听则暗，偏爱则祸。

其次表现为分亲疏的爱。对亲人、家人、友人、国人、外国外族人感情依次递减。不爱仇人，对敌人恨之入骨，巴不得食其肉寝其皮。为了国人可以掠夺异族，为了友人可以损害国家，为了家庭可以出卖朋友，为了个人可以罔顾家庭。人与人之间，家与家之间，团体与团体之间，国与国之间，为了爱自身，纷争不断，甚至不惜大动兵戈。透过"爱"的面纱，我们看见的是赤裸裸的自私自利。

古人对偏爱早有认识。唐代学者赵蕤写过一部《反经》，其中就说道："故仁者，所以博施于物，亦所以生偏私，反仁也。孔子曰：

天下爱天下，诸侯爱境内，不得过所爱者，恶私惠也。故知偏私之仁，王者恶之也。"这话说得多好啊！

偏爱的成因有二：一是个人好恶。中国传统"差序格局社会"以个人为中心的思想，长期积淀在我们的集体无意识中，给我们的"爱"也戴上了挑肥捡瘦的有色眼镜，使"爱"异化成社会不公的思想基础。

"差序格局"概念是费孝通先生在《乡土中国》一书中总结中国传统社会特点时首次提出的。西方社会以个人为本位，描述人与人之间的关系，好像是一捆柴，几根成一把，几把成一扎，几扎成一捆，条理清楚，成团体状态；中国乡土社会以宗法群体为本位，人与人之间的关系，是以亲属关系为主轴的网络关系，是一种差序格局。在差序格局下，每个人都以自己为中心结成网络。这就像把一块石头扔到湖水里，以这个石头（个人）为中心点，在四周形成一圈一圈的波纹，波纹的远近可以标示社会关系的亲疏。这个比喻揭示出了中国传统社会的如下特点：

1. 自我主义。在这种关系格局中，自己总是这种关系的中心，一切价值是以"己"作为中心主义。

2. 公私群己的相对性。在这种格局中，站在任何一圈中，向内看可以说是公，是群；向外看就可以说是私，是己。两者无清楚的界限。

3. 特殊主义伦理。中国的道德和法律都得看所施加的对象与自己的关系而加以程度上的伸缩，一切普遍的标准并不发生作用。

4. 人治社会。用于维持秩序时所使用的力量，不是法律，而是人际关系的历史传统。

5. 长老统治。以威权身份对群体实施专制化的控管。

作为长期生活在这种"差序格局"社会中的我们，缺乏公平理念，凭一己之私选择爱的对象，没有理性地决定爱的深浅，这是毫不奇怪的。

二是无兼爱之心。"兼爱"是中国战国时期墨翟提出的光辉思想。墨子认为，先秦社会之所以失范，在于人与人之间不相爱，"是故诸侯不相爱则必野战，家主不相爱则必相篡，人与人不相爱则必相贼，君臣不相爱则不惠忠，父子不相爱则不慈孝，兄弟不相爱则不和调。"与此相伴，自私自利亦是乱世之因，如"亏父而自利"、"亏子而自利"、"亏兄而自利"、"亏弟而自利"、"亏君而自利"、"亏臣而自利"、"乱异家以利其家"、"攻异国以利其国"等等皆为自私自利之结果。一言以蔽之，违反兼爱互利原则的恶果是"强必执弱、富必侮贫、贵必傲贱、诈必欺愚"。"兼相爱"并不否定自爱，而是把自爱与相爱结合起来。"交相利"也不是鄙视自利，而是力求使自利与互利两不偏废。"夫爱人者，人必从而爱之；利人者，人必从而利之"。"士君子兼相爱、交相利，此圣王之法，天下之治道也。"如果今人能继承发扬墨子的这一兼爱精神，又怎么会有偏爱之祸呢？

143

那么，我们应该怎样克服偏爱呢？要克服偏爱，我们就应该走出以个人为中心的差序格局社会的阴影，让爱回到阳光中，散发爱的公平的魅力。我们应该树立起兼爱的思想，拥有博爱的情怀，让我们的爱从爱子女、爱家人、爱友人的层次，提升到爱国人、爱异族之人甚至爱仇人的更高的境界。

《圣经·新约·马太福音》写道："你们听见有话说：'当爱你的邻舍，恨你的仇敌。'只是我告诉你们：要爱你们的仇敌，……这样，就可以作你们天父的儿子，因为他叫日头照好人，也照歹人；降雨给义人，也给不义的人。"《路加福音》中也说道："你们的仇敌，要爱他；恨你们的，要待他好；诅咒你们的，要为他祷告。……你们愿意人怎样待你们，你们也要怎样待人。你们若单爱那爱你们的人，有什么可酬谢的呢？就是罪人也爱那爱他们的人。你们若善待那善待你们的人，有什么可酬谢的呢？就是罪人也是这样行。"这就是基督教导我们的博爱精神。

《古兰经》中也反复教导人们，真主是"至赦的，至慈的"，

第十五章中说:"敬畏者们必定在一些乐园和源泉之间,你们平平安安地进入乐园吧!我清除他们胸中的怨恨,他们将成为弟兄,在高榻上相对而坐。"

经书是这样说,但现实中有没有人做爱仇人的傻事呢?下面向大家讲述一个发生在当代的曼德拉领导的南非民族和解运动的故事。

1910年成立的南非联邦是英帝国所属的一个自治领,英国总督是最高行政长官,立法批准权在英国议会。白人统治者确立的种族主义制度使白人独占了政治权力,非白人无权进入议会。在经济上,白人占领了大部分土地,非洲人保留地只占7.35%,黑人工资只有白人工资的1/15。上世纪40年代后,种族隔离制度发展到极端。禁止白人和黑人通婚,实施种族登记和鉴别制度,取消黑人在白人议会中的象征性代表权,禁止成立跨种族的政党和组织,还强行种族隔离居住,光1954年就有1万个非洲家庭被迁至远离白人城市的黑人城镇,此后更多黑人遭此厄运,1960至1980年,有200多万非洲人被赶出"白人区",还规定黑人不得与白人同校。立法禁止黑人携带武器,对黑人反抗运动残酷镇压。黑人律师布拉姆·费舍尔因从事黑人解放事业,1965年被判终身监禁,于1975年患癌症死于狱中,葬礼过后,南非当局竟然把他的骨灰放回牢房,继续服刑。

纳尔逊·曼德拉是南非反对种族隔离制度的主要领导人,是"非国大"全国副主席。1955年底,成为被当局指控的156名"叛国罪"被告人之一。1960年,非国大和泛非大被当局取缔。1964年,曼德拉与另外7名非国大领导人被判终身监禁。此后,他在罗本岛监狱被关押了27年,受到种种非人对待。经过长期艰难曲折的斗争,1990年曼德拉才获得自由,并于1994年南非举行的第一次不分种族的民主选举中当选总统。

代表黑人的非国大执政后,对昔日的仇人怎么办呢?大概有两条路可供选择。

第一条路是彻底遗忘。将过去一切曾经的不愉快、一切的伤害遗忘，黑人和白人们和平共处建设自己的家园。但这几乎是一个无法实现的天真的梦想。

第二条路是审判复仇。二战后的纽伦堡审判和东京审判为此类审判开了一个先河。但在种族隔离时期，对于黑人的犯罪行为持续时间长达数十年，许多警察和安全人员将之视为效忠国家执行法律的职务行为，若将其全部归结为犯罪行为，犯罪人员必定以数十万计，这是南非司法系统无法完成的。

曼德拉胸怀国恨家仇，却没有选择以上两条路，而是走上了"民族和解"之路，成立了"真相与和解委员会"，其具体任务是：

1. 尽可能全面地调查自 1960 年 3 月 1 日至 1994 年 5 月 10 日这段历史时期内各种严重侵犯人权事件的真相。

2. 通过让受害者讲出真相以恢复他们的公民尊严，并提出如何对这些受害者给予救助。

3. 考虑对那些出于政治目的严重侵犯人权但已向真相委员会讲出所有事实真相的犯罪者实施大赦。

真相委员会工作的最终目的是在南非实现民族和解，以使过去因社会不正义所发生的种种灾难不再重演。一个新政权诞生之时，有时会发生大清洗，通过流血与恐怖，使对手或反对派屈服。而在南非，我们看到的是另一种大清洗，是让每一个作恶者与受难者，都获得心灵上的洗礼。看起来是人与人之间的和解，实质是一个人与自己和解，征服自己心中的魔性，恢复人性，走向神性。通过当事人对真相的还原，通过忏悔与宽恕，使每一个人获得解脱与新生。"用特赦换取真相，用真相换取和解"，这是南非伟大的政治创举。

历经数年时间，真相委员会听取了 2.1 万名证人的陈述，既有受害者，也有加恶者。直到 2003 年 3 月，完成使命的"真相与和解委员会"将其编写的厚厚的 7 卷报告递交给总统姆贝基。"真相与仁慈结伴，正义与和平相连"，这不是末日审判，却是人类历史上一项伟大的国家与公民心灵重构的政治工程、良心工程。这一工程抚平了南非人心中的仇恨、创伤和负罪感，通过和解获得和谐，通过宽恕获得了国家和民族的未来。

我们终于看到，爱，回到了南非。

孔子认为，"以德报怨，德何以报之？以德报德，以直报怨可也"。南非种族和解运动可以说是"以直报怨"的一个典范。曼德拉曾经说过："我反复提醒大家，解放斗争并不是一种反对任何一个团体或种族的战斗，而是反对一种压迫制度的斗争。""当我走出囚室迈向通往自由的监狱大门时，我已经清楚，自己若不能把痛苦与怨恨留在身后，那么其实我仍在狱中。""让黑人和白人成为兄弟，南非才能繁荣发展。""压迫者和被压迫者一样需要获得解放。夺走别人自由的人是仇恨的囚徒，他被偏见和短视的铁栅囚禁着。"他因此而获得了1993年诺贝尔和平奖。

综上所述，我认为，爱有五重境界。最低一重是对有血缘关系的亲人的爱，第二重是对家人的爱，第三重是对国人的爱，第四重是对外国外族人的爱，最高一重是对仇人的爱。我们不妨问问自己，我能做到哪种境界的爱呢？

三、爱的误区之二：溺爱

先说说溺爱的表现。对子女的过分的娇宠惯养使其从小形成了不良的品行，丧失独立谋生能力，爱变成了害。君不见，现在"啃老族"、"月光族"、宅男宅女不是快泛滥成灾了吗？青少年违反社会治安、劳动教养、犯罪的比例也在逐年攀升。中国父母望子成龙心理特别深厚，对孩子抱在怀里怕冻了，含在嘴里怕化了。孩子18岁之前是尽抚养义务，溺爱些还可理解，但我们是孩子上大学要管，找对象要愁，结婚要放血，有了孙辈还要做牛马。

这种溺爱的后果是什么呢？中国古话说："娇子不孝"。《红楼梦》"好了歌"也唱道："世人都晓神仙好，只有儿孙忘不了。痴心父母古来多，孝顺儿孙谁见了"。溺爱不但祸害家庭，长此以往也祸及国家，中华民族的后代将会出现只会骄奢淫逸的软骨头。

下面我们分析一下溺爱的成因。"子不教，父之过"。这"过"，也有母亲一份。溺爱的根源，在于人的基于血缘关系的动物繁衍本能。高尔基说："爱孩子是连母鸡都会的事"。许多动物对它们孩子的爱也是极其感人的。大家知道南极帝企鹅养育孩子的故事吗？

每年4月份，南极开始进入初冬，帝企鹅爬上岸来，寻找繁殖地。一个多月后，雌帝企鹅产下一枚约500g的蛋，然后将蛋交给雄帝企鹅，就匆匆上路，返回食物丰富的海洋，以补养它们因生蛋而衰弱的身体。雄帝企鹅用嘴将蛋拨到足背上，然后放低它们温暖的腹部，把蛋盖住。从此，雄企鹅便弯着脖子，低着头，不吃不喝地站立60多天，承担起孵蛋的重任，靠消耗自身脂肪维持体能。7月中旬到8月初的这段时间里，小帝企鹅们陆续地孵化出来。这时，雄帝企鹅才能稍微活动一下身子。初生企鹅的幼儿阶段，是在雄企鹅的脚背上和身边度过的，雄企鹅既是父亲又是保育员。

4个月后，凭着生物的本能和鸟类特有的磁性定位测向的功能，雌企鹅准确地回到了它生儿育女的栖息地。这时，凭着雄企鹅的叫声——企鹅通讯和交流感情的语言，雌企鹅又准确无误地认出了它的丈夫，找到了它的孩子。雌企鹅把嘴伸进小企鹅的嘴里，从自己的嗉囊里吐出一口又一口的流汁食物，这是小企鹅出生以来的第一顿饱餐，也是它第一次享受到母爱。

听了这个故事，我们就能明白，我们经常歌颂的伟大的母爱和父爱，其实只是一种动物的本能而已！

那么，我们应该怎样走出溺爱的误区呢？鲁迅先生曾写过一篇《我们应该怎样做父亲》的文章。确实，怎样学会做新时代的父母，是摆在我们面前的一个大课题。后代成为废品、危险品，是因为他们的父母是废品、危险品。要克服溺爱，我认为，应该摆脱人的动物性的无意识的支配，向人的社会性和神性提升。

关于人性，孟子的性善论和荀子的性恶论争论不休，没有定论。到南宋朱子提出人有"天命之性"和"气质之性"，也就是说先天之性和后天受污染之性杂糅在人身上，于是人表现出时善时恶的情况。

弗洛伊德的研究表明，人格是由本我、自我、超我三种元素组成的。本我出于人的兽性冲动本能，其核心是"力比多"，也就是性。自我是人适应社会风俗、道德、法律对本我加以控制形成的人格。超我是人对自私自利的品行的否定，走向利他的人生境界。

在弗洛伊德学说的基础上，我认为，人性也是由动物性、社会性、神性三者构成的。我们每个人身上都有动物为了生存繁衍的需要而残酷竞争的一面，也有受社会政治、经济、文化约束的文明一面，还有行善布施，助人利他的佛心和神性。人人都可能为恶，人人都可能戴上社会人的面具，人人都可能行善。这三者会因时、因地、因事的不同，表现出不同的比例、程度。这就可以解释，好人会变坏，坏人会变好，凡人会成圣的现象了。

伊斯兰教经典《古兰经》第十二章中圣人优素福说："我不自称清白。人性的确是怂恿人作恶的，除非我的主所怜悯的人。"本我性质的人的动物性是可怕的，只有听从真主的教诲和指引，受真主怜悯，自己也怜悯众生，才能防范恶行。要走出溺爱情结，除了认清其危害之外，更重要的是要超越血缘之爱，让我们的精神提升到利他助人的新高度。

有宗教传统的地区，人们的神性表现得更单纯也更热烈。藏族人民信教很虔诚，除了神，他们连家族和姓都可以不要，所以藏族人是没有姓的。信奉伊斯兰教的穆斯林以自己父亲的名为姓，三代以上的家族先人就没了记忆，但他们对真主的信仰却代代相传。

冲破狭隘的血缘之爱，让人性从动物性向社会性和神性提升，向更多的人们奉献自己的爱，才能克服对自己后代的溺爱。

四、爱的误区之三：痴爱

痴爱，指的是迷狂、极端的感情和行为。首先表现为对物的痴迷。有人迷钱财，无数贪官"前腐后继"。爱名表的"表哥"杨达才的下场可以想见。莫泊桑的小说《项链》写爱慕虚荣的女子的悲惨命运，这个故事大家都很熟悉。痴爱古董的人基本上都走在一条"自欺、欺人、被欺"的人生之路上。其次表现为对人的痴迷。男女单相思痴恋不成则反目成仇，偶像崇拜的粉丝也酿成许多悲剧。再次表现为对事的痴迷。迷赌博者倾家荡产。周汝昌痴爱《红楼梦》研究，居然把评《红楼梦》的脂研斋研究成小说里的史湘云！

痴爱的成因有四：

1. 贪欲强。贪欲是痴爱之根，所谓利令智昏就是这个意思。

2. 无理性。痴爱的人往往深陷感情旋涡不能自拔，受情绪支配，丧失对是非善恶的判断能力，做出害人害己的事来。

3. 不节制。小赌怡情本也无可厚非，学练气功、武术强身健体也是好事，学术研究更是高尚的事业，但许多人走火入魔，贻害世人。

4. 赶时髦。许多人贪慕虚荣，跟风而动，情绪化消费，受害不浅。

要走出痴爱的迷魂阵，唯有节制贪欲，坚守中庸之道。

朱子理学对人欲和天理关系早有最透彻的认识。我们最熟悉的一句话就是"存天理，灭人欲"。这里的人欲并不是指正常的衣食维生之需，而是指过度的欲求。吃饱穿暖为日需，啖珍着锦为人欲。"人心惟危，道心惟微，惟精惟一，允执厥中"这四句话阐明了理欲关系，是对中庸之道的最精辟的概括。第一句中的"危"，是危殆不安的意思，指人心是深不可测的，人欲也是贪得无厌的。第二句中的"道心"就是指天理，它是微妙而难见的，却又无处不在。朱子在《中庸章句序》中指出，在人的身上，人心和道心是并存的，"上智不能无人心""下愚不能无道心""二者杂于方寸之间，而不知所以治之，则危者愈危，微者愈微，而天理之公卒无以胜夫人欲之私矣。"

第三句中的"精"，指"察夫二者之间而不杂也"，"一"是指"守其本心之正而不离也"。第四句中的"允"是语助词，"厥"是代词，其，执其中，也就是守中庸之道。朱子认为就是"必使道心常为一身之主，而人心每听命焉，则危者安，微者著，而动静云为，自无过不及之差矣。"汉代经学家郑玄说："名曰《中庸》者，以其记中和之为用也；庸，用也。"又注"君子中庸"一句说："庸，常也，用中为常道也。"朱子也说："中者，不偏不倚，无过不及之名；庸，平常也。"程颐认为："不偏之谓中，不易之谓庸。中者天下之正道，庸者天下之定理"。总结他们的说法，据我的理解，"中庸"的"中"，有四层意思：（1）正也，正确之理也；（2）公也，取其利大弊小也；（3）善也，既利于今亦利于后也；（4）平也，益于众生也。"庸"也有三层意思：（1）应用，运用；（2）平常，常见；（3）定理，规律。"中庸之道"就是指：用中是天下的定理。它是本体论、方法论、认识论、人生论的统一。

中庸之道，博大而精深，要旨就是秉持天理正道，控制人欲之魔为害，权衡万事之利弊，择善而从，致天下平安，众生披福。如果我们对待个人爱好时也能贯彻中庸之道，离破除痴爱魔障也就不远了。

五、爱的误区之四：以爱谋利

以爱谋利有哪些表现及危害呢？

施爱图报：家长爱孩子，潜意识里是想要孩子好好读书来回报。爱宗教神祇则是图保佑和来世之福。爱的动机不纯，往往以爱为表，掩盖真实意图，最后总会走向反面。被爱者承受还债的心理负担，无法健康成长。对宗教的误解使一部分人以为信教就是求菩萨保佑，一旦没达到目的就对神怀有怨恨，丧失信仰。

以爱施占：婚后限制对方行动，不给对方工作、社交的私密空间。母亲爱儿子，潜意识里也是要儿子疏远媳妇与自己亲密。这种爱有如绳索把被爱者束缚，从而造成人与人的纷争与隔阂，严重的会酿成悲剧。

以爱交易：施仁惠目的是换取选票、好评和部下的服从。这使人与人之间的关系形同买卖，毒化社会风气，破坏伦理道德。

造成上述情况的原因，是因为私自利之心扭曲了爱，误解了爱的纯洁真诚性而导致的。

要清除以爱谋利的行为，必须深刻认识爱的无私奉献性质。

《圣经·新约·路加福音》中说："你们若借给人，指望从他收回，有什么可酬谢的呢？就是罪人也借给罪人，要如数收回。你们倒要爱仇敌，也要善待他们，并要借给人不指望偿还，你们的赏赐就必大了，你们也必作至高者的儿子，因为他恩待那忘恩的和作恶的。你们要慈悲，像你们的父慈悲一样。"

北宋有个著名宰相叫王旦，他向皇上举荐提拔了很多高官，但他在这些官僚的面前总是有错就批评，不给他们面子，在他去世后，这些官僚才知道王旦是他们的恩人。范仲淹曾经问王旦，为什么提拔了人却不让他们知道呢？王旦回答说"授爵公朝，感恩私室，吾不为也。"什么意思呢？意思是说：他提拔人是朝廷给的权力而不是自己的私恩，怎么能让被提拔的人感谢他私人呢！不以公利谋私利，古代的士大夫就有了这样的品格。

今年9月我去了一趟新疆，才了解敖包的来历。牧人放牧时如果遇到高山，不知道山那边是否有水草，就要爬到山顶去看。如果有水草的话，他们会在山麓下用石头堆起敖包。其他牧人看到敖包就知道山那边的情况了，也能赶牛羊去山那边放牧了。这种自利利他的风俗是一个社会发展的不可或缺的条件，没有这种爱的氛围，全社会上下交征利，则国危矣！

1979年，诺贝尔和平奖颁发给了一个终生收养救助病残人的特蕾莎修女。她于1910年出生于科索沃省的斯科普里（前南斯拉夫联邦马其顿共和国的首都），是阿尔巴尼亚裔人，家庭信仰天主教。

她 15 岁时，和姐姐决定到印度接受传教士训练工作。1931 年，特蕾莎正式成为修女。1937 年 5 月，成为终身专职的修女。

1947 年东巴基斯坦脱离印度独立，加尔各答涌入了数以万计的难民，大多数都是怕被回教徒迫害的印度教徒，传染病如霍乱和麻风病在街头巷尾爆发开来。加尔各答的街头，学校的高墙外越来越像是地狱，这情境折磨着特蕾莎修女的心。1950 年 10 月，特蕾莎修女与其他 12 位修女，成立了仁爱传教修女会，又称博济会，救助了无数病人和苦难的穷人。1952 年，她又组建了贫病、垂死者收容院。7 年后，特蕾莎的"仁爱传教会"分别又在印度首都新德里和兰奇设立了两座这样的垂死者收容院。1960 年代，特蕾莎修女的收容所在加尔各答成为知名的地方，在街头生病、需要帮助的患者都知道这个能够让他们安息的地方，收容所开始急速成长。因人手不足，开始招募世界各地的义工。1969 年，英国记者马科尔·蒙格瑞奇拍摄了一部以特蕾莎修女的纪录片，片中拍出收容所和印度街头惊人的贫穷和无助，以及特蕾莎修女决定终身侍奉最贫穷的人的精神，让许多人相当感动，也让特蕾莎修女变成了世界名人。人们称赞她把一切都献给了穷人、病人、孤儿、孤独者、无家可归者和垂死临终者。她从 12 岁起，直到 87 岁去世，从来不为自己，而只为受苦受难的人活着。

1997 年年 9 月，87 岁的她逝世。特蕾莎修女留下了 4000 个修女，超过 10 万以上的义工，还有在 123 个国家中的 610 个慈善工作者。印度替她举行了国葬。

特蕾莎修女有一段名言：

你如果行善事，

人们会说你必定是出于自私的隐秘动机，

不管怎样，还是要行善事；

你今天所做的善事明天就会被人遗忘，

不管怎样，还是要做善事；

你如果成功,

得到的会是假朋友和真敌人,

不管怎样,还是要成功;

你耗费数年所建设的可能毁于一旦,

不管怎样,还是要建设;

你坦诚待人却受到了伤害,

不管怎样,还是要坦诚待人;

心胸最博大最宽容的人,

可能会被心胸狭窄的人击倒,

不管怎样,还是要志存高远;

人们的确需要帮助,

但当你真的帮助他们的时候,

他们反而可能会攻击你,

不管怎样,还是要帮助他人;

将你所拥有的最好的东西献给世界,

你可能会被反咬一口,

不管怎样,还是要把最宝贵的东西献给世界。

她还说过:

我不愿意为了一千磅去抚摸一个麻疯病人,但我愿意因着神的爱去医治他们。

我相信,如果像特蕾莎修女这样全身心为了对神的信仰去爱,人们就不会再把爱当做谋利的工具了。

六、爱的误区之五:施爱自高

在讲爱的第五个误区之前,先提个问题吧:如果一个人救助了一个贫苦儿童或是一个贫病老人,应该是被救助者感谢救助者呢,还是应该救助者感谢被救助者呢?我们大概会不假思索回答,当然是被救助者感谢救助他的人!这个回答对吗?

回答这个问题前，我想先向大家介绍一下台湾证严上人的故事。

证严上人曾多次获得诺贝尔和平奖提名，获得"社会服务奖"、"麦格塞社会领袖奖"、"国际和平奖"、"医疗奉献奖"等等，被台湾民众选为"最美丽的人"，有人称她为"东方特蕾莎"。她生于1937年，俗名王锦云。1960年前后，上人体悟到"女人不单单只是为一个家庭付出，女人应该也可以和男人一样，承担起社会责任，把参与社会的悲怀推广到整个人类，将每个人爱家的心，推广到爱社会、爱众生，这样才是真正的幸福吧！"1962年，法师自行落发，取法名"修参"。1963年2月，拜印顺导师为师，正式入教，并取法名"证严"。

1966年，她到诊所探望病人，看到地上有一滩血迹，听旁边人说，是一个山地妇人小产，由4个年轻的山胞轮流抬着，流了8个钟头的血，走了8个小时的山路，才到这里。到了这里，已经昏迷了，医生说要8千元的医疗费，才能为她动手术，可是山地人钱不够，医院又不愿免费，所以他们只好将病人又抬走了。不可遏抑的悲痛在证严的心里排山倒海地撞击着，一个女人要生产，因为没有8千块钱被赶出了医院，两条命生死未卜。从此，证严萌生了一个强烈的心愿：一定要成立一个可以济贫救苦的团体！1966年5月14日，"佛教克难慈济功德会"正式成立。这一年证严上人29岁。

慈济的慈善济贫工作，由6位同修每人每天做一双婴儿鞋开始。上人又用竹子，锯成30个存钱筒，发给在家信徒一人一个，要她们每天存进5毛钱。信徒们觉得奇怪：为什么不干脆每个月缴15元呢？上人说："望你们每天提起菜篮即投入5毛钱，临出门前就有一颗救人的心，节省5毛钱，即是培养节俭的心与爱人、救人的心。"于是这30个人，每天提起菜篮到菜市场，逢人便欢喜地宣扬，"我们每天要存5毛钱！我们有一个救济会，我们要救人！""5毛钱也可以救人"的消息不胫而走，参与的人越来越多。

1979年，证严上人看到穷人常常因为交不起保证金而住不进医院，就发愿创建一家不需要保证金的医院。预算资金要 8 亿新台币，花了几年时间只募到 3000 万元。这时，一个日本人愿捐款 2 亿美元，相当于新台币 80 亿元。但证严上人却没接受。她说："为救众生而盖医院，真正可贵的是每个人发愿付出那颗心，涓涓滴滴。除了将钱聚少成多，更可贵的是同时也汇聚了千万颗诚意可感的慈心。若凭空获得这 2 亿美金，我们如何体会聚沙成塔的那种力量？又如何体会自己做主人的踏实感？盖一所医院救助自己的同胞，是我们分内的责任，难道还要外国人来帮我们做吗？"经过 7 年的辛勤筹措，1986 年，一所免收保证金的慈济医院终于落成。这也推动了台湾卫生署通令所有医院都实行免收保证金制度。至今为止，慈济建立的 10 家医院、7 家学校、10 个电视台、1 个骨髓库以及大陆和海外的医院，全部资金都来自民众捐款。

纵观证严上人和慈济会的活动，有四个特点很有启发意义。

（一）播撒"唯有施爱才是幸福"的善念

有位作家问证严上人，现在社会的毛病出在哪里？上人回答说："缺爱症"。人人都"需要别人来爱，却不懂得爱人与自爱。"确实，现在我们的物质生活一天天丰富起来，但精神空虚感却没有一天天消失。很多富翁也迷失了人生的方向，并不感到幸福。在兴建慈济大林医院时，慈济义工常对工地的工人问候一声"辛苦了！"不料工人们却回答说："能在慈济工地工作，我们感到很幸福！一点都不辛苦！"于是，慈济的义工以后问候时就改说："幸福了！"工人们则回答："美满哦！"从"辛苦"到"幸福"，这就是人生观、幸福观的大转变。证严上人说："能够付出爱心的人，永远都很快乐，而且活得有意义。"慈济的很多志工都很有钱，但他们说过去只为自己赚钱，却并不快乐。后来，他们在证严上人启发下懂得了去帮助他人，才体会到了真正的快乐。一位拥有亿万家产的何先生工作很忙，却也加入了慈济志工行列，他说："该感谢的是师父，她不仅是救贫，同时也救富，是她老人家的慈悲才让我们这些人有福田可耕。"慈济的义工们不拿一分钱工资，外出救灾救助时，所有旅差费、膳食费都是自掏腰包。但是他们却觉得是在为自己工作，为爱工作，为幸福工作，满怀喜悦和快乐。证严上人说："身病不可怕，最怕的是心病。人身如一棵芭蕉树，一层一层地剥，到头来都是空的，只有真实恒持的慈悲喜舍，才能获致世间最美的境界。"确实，人，只有在奉献付出时才是最幸福的！

（二）汇聚每一个民众的行善力量

很多人以为做善事是有钱人的事，自己是凡人弱者，哪有能力去做善事呢？但是，慈济会里的志工大多数都是家庭妇女和普通民众。一个麻疯病人从每月有限的伙食费中挤出善款来捐建医院。一名台北县的双目失明者，一贫如洗，是慈济长年救助的对像，但他却为骨髓库捐出了自己的骨髓。一名姓董的先生，双手被机器碾断，装了义肢，也捐了骨髓，还说："不能从手上抽血，就改从小腿抽吧！"连残疾人都能去做的事，我们健康人更能做到啊！证严上人说："佛有多大的爱心、慈悲心，众生就有多大的爱心与慈悲心；佛有多大的智能功能，众生就有多大的智能功能，只要予以启发，就是一种最善良的心境，最真实的快乐。"慈济会所做的与其说是募捐，倒不如说是在"募心"，是在唤醒每一个人心底的良知。慈济的理想是以"慈、悲、喜、舍"之心，起救苦救难之行，予乐拔苦；慈济的精神是"诚、正、信、实"，并希望以事理圆融之智慧，力邀天下善士，同耕一方福田；勤植万蕊心莲，同造爱的社会。以智慧相结合，以爱心相扶持，闻声救苦，实时解难，发挥"一眼观时千眼观，一手动时千手动"的功能，使慈济所及，处处有温暖。正如证严上人说的："天下事不是一人做的，是一人接一人，一代接一代，依靠的是普天大众的力量"。

（三）汇聚行善施爱的每一件小事

慈济的宏伟事业就是从每天捐5角钱开始的。我们没有比尔·盖茨、李嘉诚的富有和力量，但如果我们能救一个人，就去救一个人，如果我们的能力救不了一个人，只能救助一个人的午餐，那我们就救助一个人的午餐。慈善不是富人的专利，而是每一个普通人都能做的一件件小事。慈善不是寄希望于某个富翁捐出一大笔钱来，而是要每一个人尽己所能地播种一份爱心，哪怕是一个微笑。证严上人认为，"人生最美的是亲切、诚恳、和蔼的笑容"。而任何动物都是不会笑的。慈济会不提倡一次性地捐出巨款，如果一个人一次性地捐 12 万元，慈济会会要他每月捐 1 万元。因为爱心应该时时培养，心中应该时时存爱，当每个月都坚持捐出 1 万元时，你便每个月都能受到一次爱的沐浴，享受到一次爱的幸福。假如我们一开始就想做惊天动地的大事，要拯救全社会、全世界，但却不愿做扎扎实实的小事。我们认为自己做不到，我们认为自己没有力量，久而久之，就会造就许许多多袖手旁观的批判者，而不是脚踏实地的行动者。

（四）感谢受助的人们给我们施爱的幸福

证严上人一再强调：付出爱的同时还要感恩，因为付出看似给予别人，其实，付出当中即是借事练心，让我们照见清净本性，发挥了生命最大价值。慈济人把受助者叫作"感恩户"。证严上人说："要感恩接受我们济助的人，让我们有机会行善。为什么呢？我们常说"好人做好事，好事好人做"，就是因为有人遭遇困难，我们才有机会去帮助他们，才有办法把握机会付出爱心，才能发挥救人、做好事的功能。"慈济的志工们在海外赈灾开始前，都要向灾民鞠 90 度的躬。捐助人要向受捐人鞠躬感谢，说明爱不是施舍，有机会让你去施爱，是你莫大的福气。施爱者和受爱者，地位是完全平等的，决不能把行善的福气当做居高傲人的资本。正是在这个意义上，证严上人教导我们："这世界总有比我们悲惨的人，能为别人服务比被服务的人有福。""爱是无尽的财富，施比受更有福。""帮助别人其实就是在帮助自己。""人人能体会'救人'的感觉真好！"

说到这里，我们再来回答开头我提的问题，答案应该很清楚了。

我们应该以平等心待人，以感恩心待被爱者，而不能在帮助别人时以高高在上的施舍者的面目出现。因为施舍不是爱！

七、爱的误区之六：以爱施暴

世上有些人打着爱的旗号却做着不义的事情。有的男人以爱人的名义，向妻子甚至老人和孩子施暴，是谓家庭暴力。有的人以爱家的名义，向有纠纷的邻居施暴，大打出手，伤人害己。有的人以爱集体的名义，对有利益冲突的外单位人员拳脚相向，最近京福高铁两家建设单位就为了利益问题发生了群殴。还有宗教极端主义，以爱教的名义发动战争和各种恐怖袭击，近的有"9·11事件"，远的有十字军东征。11到13世纪的十字军运动历时将近两百年，动员总人数达200多万人，以反对异教徒对基督教"圣地"与信徒的蹂躏为名，但实际上是为了扩张天主教的势力范围，以政治、宗教、社会与经济目的为主，发动对西亚的侵略劫掠战争。在爱教的名义下，隐藏着不可告人的目的和私利的十字军东征，总共进行了9次，最终均遭失败。

以爱施暴的最严重后果是以爱国的名义挑起战争。最典型的就是法西斯德国的纳粹主义和日本军国主义。

纳粹主义，意为"民族社会主义"或"国家社会主义"，是第二次世界大战前希特勒等人提出的政治主张。其基本理论包括：宣扬种族优秀论，认为"优等种族"有权奴役甚至消灭"劣等种族"；强调一切领域的"领袖"原则，宣称"领袖"是国家整体意志的代表，国家权力应由其一人掌握；鼓吹社会达尔文主义，力主以战争为手段夺取生存空间，建立世界霸权。这样一种邪恶的思想，却有一个多好听的名字——"国家社会主义"！

纳粹主义萌芽于第一次世界大战后的德国。当时的一战战败国德国，面临承担战争责任和战争赔偿等问题，经济上陷入困境，民族感情遭受挫折。希特勒等人正是利用了德国民众对战败后与战胜国签订的《凡尔赛和约》的仇恨和经济危机爆发的绝佳时机，将爱国主义演变为民族复仇主义，使纳粹主义得以形成。

希特勒当政后的头几年，德国经济迅猛发展，取得了令国内外赞叹的奇迹。1932年有600万人失业，到1936年已减少到100万人。国民生产从1932年到1937年增长了102%，国民收入则增长了一倍。希特勒的个人威望也如日中天。当希特勒鼓吹国家社会主义和反犹排外、做着扩张领土积极准备的时候，德国人民也沉浸在一片爱国主义的迷狂之中。一般民众不说，就连获得过诺贝尔文学奖的君特·格拉斯也参加过党卫军。著名的德国核物理学家海森伯格，也在爱国主义感召下为他的祖国研究原子弹。还有一位天才的电影女导演瑞芬斯塔尔，她拍的纪录片《意志的胜利》《奥林匹亚》至今都是电影人必看的经典，但她也是纳粹主义最狂热的宣传者。爱国的激情几乎裹挟了所有德国人民，容不得一点反对的声音！1939年德国进攻波兰时动用了150万兵力，到1941年进攻苏联时，竟动用了550万大军！随着侵略战争初期取得的节节胜利，民众爱国热情几乎到了疯狂地步。

日本军国主义从1868年明治维新以后形成并发展，其思想渊源为古代、中世纪的日本武士道精神。而在军国主义意识支配下的武士道，对内成为毒化和控制日本国民思想的工具；对外则疯狂扩张，踏上侵略亚洲各国的道路，同时也将日本民族引向灾难，成为侵略战争的罪恶之源。

日本近代军国主义的发展可分为三个阶段：

第一阶段是孕育形成阶段。从明治政府成立起到西南战争结束的1877年。在这期间，日本确立和巩固了以天皇为中心的中央集权政府，建立起军国主义的经济基础，建立了军国主义的武装和警察、监狱，并开始对外实行侵略扩张。

第二阶段是近代日本军国主义体制完全确立阶段。自陆军卿山县有朋发布《军人训诫》和《参谋本部条例》的1878年至日本发动甲午战争的 1894 年。这一时期，日本在政治、军事、经济、文化思想各领域均确立起军国主义体制。

第三阶段是发展与演变阶段。从甲午战争后的 1895 年至法西斯军国主义败亡的 1945 年。日本近代军国主义确立后，几乎是每 5 年就对外用兵一次，直至彻底败亡。1936 年法西斯政府上台，则是近代日本军国主义的极端表现形式。"帷幄上奏"制度规定日本军部有权就重大和机密事件，避开政府，直接上报天皇，使军队更加肆无忌惮，助长了军事扩张国土的气焰。

日本统治者长期利用国民的岛国心理和危机意识，进行侵略扩张思想的宣传灌输。早在幕府时期，丰臣秀吉就基于日本国土狭小的国情，提出了侵占中国、朝鲜、印度，建立东亚帝国的企图。后来天皇又颁布了《教育敕语》，规定在青少年中进行忠君爱国和军事教育。还建立起靖国神社制度，只要是为国捐躯，不管地位出身多低贱，国家都在靖国神社立灵位，成为国家之神，可以享受国家和万民祭祀。二战中日本神风突击队等年轻军人上阵前都以"靖国神社相见！"相鼓励，以之为荣。没有这种全民爱国、扩张领土的群众基础和思想基础，日本是发动不了大规模的侵略战争的。

德、意、日法西斯发动的第二次世界大战给全人类造成了深重的灾难。战争中大约有 7000 万人死亡。其中，苏联约为 2800 多万，中国约为 1800 多万，美国约为 42 万，英国约为 40 多万，法国约为 80 多万人，其中平民占到多数。另外还有至少 1.3 亿人受伤，合计伤亡 1.9 亿人（其中苏联约为 6000 万伤亡，中国约为 3500 万伤亡）。轴心国方面，德国有 2800 万人死伤；日本有 690 万人死伤；意大利有 70 万人死伤。

第二次世界大战先后有 60 多个国家和地区参战，波及 20 亿人口（占当时世界人口的 80%）。战火燃及欧洲、亚洲、非洲、大洋洲和太平洋、印度洋、大西洋、北冰洋。作战区域面积为 2200 万平方公里，交战双方动员兵力达 1 亿人，直接军费开支总计约 3 万亿美元，占交战国国民总收入的 60% 至 70%，参战国物资总损失价值达 4 万亿美元。按 1937 年的可比价格计算，日本侵略者给中国造成的直接经济损失 1000 亿美元，间接经济损失 5000 亿美元。

历史的经验教训告诉我们，爱国主义是一把锋利的双刃剑。很多有识之士已经看到这一点，下面我们来看看其中的 12 个人的观点：

1. 爱国主义是一堆易燃的垃圾，任何想照亮自己名字的人只要朝它丢根火柴就可以了。——安布罗斯·比尔斯

2. 爱国主义是流氓无赖们最后的藏身之地——塞缪尔·约翰逊

3. 每当一个国家的政治、经济出现重大危机的时候，爱国主义的破旗就又散发出臭味来。——列宁

4. 爱国主义就是积极地为了微不足道的原因杀人并被杀。——勃特兰·罗素

5. 除非你把爱国主义从人类中驱逐出去，否则你将永远不会拥有一个宁静的世界。爱国主义是一种有害的、精神错乱的白痴形式。爱国主义就是让你确信这个国家比所有其他的国家都要出色，只因为你生在这里。——乔治·萧伯纳

6. 那些没有自尊的人仍然可以是爱国的，他们可以为少数牺牲多数。他们热爱他们坟墓的泥土，但他们对那种可以使他们的肉体生机勃勃的精神却毫无同情心。爱国主义是他们脑袋里的蛆。——亨利·大卫·梭罗

7. 民族主义是我们的乱伦模式，是我们的偶像崇拜，是我们的疯狂。"爱国主义"是它的迷信崇拜。不必说，我所谓的"爱国主义"态度将自己的国家置于人道之上，置于正义与真理的原则之上。——埃里克·弗罗姆

8. 要让我们爱我们的国家，我们的国家应该可爱才行。——爱德蒙·柏克

9. 真正的爱国主义不排斥对于其他人的爱国主义的理解。——伊丽莎白女王二世

10. 异议是爱国的最高形式。——托马斯·杰弗逊

11. 我们爱的是国家为人民谋幸福的国家，不是人民为国家做牺牲的国家。——陈独秀

12. 对祖国来说，没有比一切都满意的爱国者更可怕的敌人了。——涅克拉索夫

怎样克服极端的宗教主义、民族主义、爱国主义思想，防范它们给人类造成恶劣的后果，是摆在当代人类面前的一个重大课题，也是一个难题。

人类历史上早就有一些先知提出了"四海一家，亲如兄弟"的理想。

两千四百多年前的春秋战国时代，墨子提出的"非攻"学说，就是人类和平相处的思想源头。他的《非攻》一文共有 3 篇，上篇阐述攻打别国是盗窃行为，是最大的"亏人自利"。中篇阐述攻战的损失和战争的破坏力量。下篇进一步指出，攻伐是"天下之巨害也。"每个统治者都应该醒察。

大家应该都听过贝多芬的《第九交响曲》中的"欢乐颂"吧。作品大约创作于 1819 到 1824 年间，是贝多芬全部音乐创作生涯的最高峰和总结。交响曲意境深邃、气势磅礴，抒发了人们渴求和平，人人友爱的美好理想，每听一遍都感人至深，有如沐浴在爱的光辉里。

八、世界大同思想

我是直到去年才读到广东南海康有为先生的《大同书》的，一读便深深为他的思想所震撼！

1898 年戊戌变法失败后，血的教训，使康公看到国家民族的苦难更加深重，他流亡日本，佛教、西方进化论学说和空想社会主义对他产生了一定影响。但是《大同书》的思想仍基于儒家的博爱观，"思有以拯救之"。他依据《春秋》公羊传三世说和《礼运》中的"小康"、"大同"说，来表述人类历史的三个阶段，即由"据乱"进

为"升平"（小康），由"升平"进为"太平"（大同）。在大同世界，人们都成为幸福无比的"神圣"。这种大同极乐世界，正如《礼记·礼远》篇所说的那样："大道之行也，天下为公，选贤与能，讲信修睦。故人不独亲其亲，不独子其子，使老有所终，壮有所用，幼有所长，鳏寡孤独废疾皆有所养，男有分，女有归。货恶其弃于地也，不必藏于己；力恶其不出于身也，不必为己。是故谋闭而不兴，盗窃乱贼不作。故外户不闭，是为大同。"

《大同书》全书共 30 卷，约 20 万字，分为 10 部，其中最具独创性的思想是主张废除国家，走向"去国界合大地"的盛世。到那时，已没有了国家，全世界统一为一个政府，分若干区域进行管理。世界总政府及各区政府皆由民选。人类可以从此罢刀兵，息战火，幸福生活在地球之上。尽管康公提出的公有制、建立一个实体的世界政府等观点有值得商榷之处，但他提出的超越国界，实现人类和平共处的方向是发人深醒的，也是完全正确的。

第二次世界大战后，出于对战争特别是原子弹极其恐怖的后果的反省，爱因斯坦说："我不知道第三次世界大战会用什么武器，但我知道第四次世界大战时，人类只能用木棍和石头作战。"他还预示说："除了建立一个世界政府以外，没有拯救文明和人类的其他办法。"

1974 年，日本著名学者池田大作到伦敦拜访著名历史学家、12 卷《历史研究》作者阿诺尔德·J·汤因比，两人进行了若干次长谈，谈话内容编成了《展望二十一世纪》出版。两人都"一致预言并期待着人类在其历史发展的下一阶段，会实现政治与精神方面的大同。""如不尽早实现政治统一，人类肯定是不能继续存在下去的。"他们认为"武力统一世界的尝试，只能是自取灭亡，达不到统一的目的"。他们期待"世界被统一在一个政府下的过程时，出现一个新的世界宗教，作为大同世界各国人民的精神纽带。""通过宗教方面的革命，使人的思想感情急剧地广泛地发生变化。"

最近费孝通老先生提出一个口号："各美其美，美人之美，美美与共，世界大同。"也是对人类未来的一种深切期望。

伦敦奥运会开幕式上演唱了一首披头士约翰·列侬的歌《幻想》，这首歌创作于1971年，是当时美国人民普遍的反对越南战争心理的强烈反映，在很大程度上可以说，这首歌已经成了和平、反战、理性、至善至美的代名词。歌中唱道：

幻想再也没有国界之分

没有杀戮，没有牺牲，更没有宗教之分

幻想所有的人，能够生活在和平之中

也许你会说我是个追梦人，但我不是唯一的一个

我希望有一天你能加入我们

大同世界就此诞生

人类长期以来幻想的没有国界、民族、肤色、宗教、地位之分的平等社会，人人自由博爱的世界，有可能实现吗？梦想的光芒能照进现实吗？我的回答是肯定的。尽管这一梦想现在看来还很渺茫，实现梦想的征程还很漫长、曲折、复杂、艰难甚至倒退，也许要等上千年，也许其中会发生暴力流血，但总有梦想成真的那一天！

我的理由是：

（一）世界大同是人心所向

随着人类理性认识的提高，越来越多的人们会记取暴力战争的血的教训，反思极端国家主义、民族主义、宗教主义的弊害，认同文化的多样性，宽容、包容异族、异见甚至是仇人的思想意识逐步深入人心；珍爱每一个个体生命，人权高于国家主权的观念将逐步深入人心，冲破国家、民族、宗教的樊篱，人类和平共处、全球一体的渴望和呼声会越来越强烈。因为只有世界大同才能从源头上消灭战争，实现人类更高水平的幸福生存和发展，否则，人类将只能深陷在国家、民族、宗教的长期纷争流血的火坑里，万劫不复。人类慢慢形成的这种共识，是推动世界大同的强大力量。

（二）世界大同是大势所趋

随着全球化进程向深度和广度发展，出入境免签证扩大化，语言翻译同步化，跨国界、跨民族、跨宗教的人员交流交往更趋密切，通婚更为频繁，人类血缘联系的纽带织成的网络会越变越繁密，跨国亲戚关系会越来越多，发动战争就等于去打亲人；贸易更加频繁，国家间的经济依存更加紧密，全球经贸形成你中有我，我中有你，一荣俱荣，一损俱损的格局下，发动战争就等于损失自己的财富；全球通讯网络一体化，交通运输直通化，商品和服务标准统一化，文化资源共享化，信息传播实时透明化，使世界变成一个地球村，发动战争就等于损害每一个村民的利益，引起众怒。世界军费开支是各国政府和人民的沉重负担。2011年，全球军费高达16204亿美元，其中美国就占了6983亿，中国排第二，1194亿。大多数国家军费都占GDP的2%到5%，我国为1.28%。世界一统之后，这笔巨额资金就可以用于公益事业和民生建设，增加人民福祉，相信这是全世界人民都渴盼的好事，除非他是一个战争狂人。

（三）世界大同具备了基本条件

首先是交通运输发达，公路、铁路、水路、航空构筑起立体通道，并形成了全球化的网络，便捷高速，使全球人流、物流基本实现通畅无阻。其次是信息交流实现了实时化，GPS实现了全球性监控天网，为全球化管理和统治提供了可能性。三是商品和服务的全球统一标准化正在向广度和深度发展。四是同声翻译技术的完善将消除语言交流的障碍。五是国际统一大市场正在逐步形成，贸易壁垒正在逐步消除，尽管这一过程艰难而曲折。六是国际货币体系呈现出在斗争中逐步融合统一的趋势。

（四）世界大同正在路上

人类已经尝试建立起了一些跨国组织，并有扩张发展的势头。如联合国、红十字会、世界卫生组织、世界银行、世界货币基金组织、国家原子能结构、世界贸易组织等，加上绿色和平组织这样的全球化民间组织，据不完全通计有 3 万多个。还有许多跨国公司。最值得一提的是依地缘关系建立起来的国家间合作组织，在全球形成了几个大的利益共同体。亚洲有东南亚国家联盟（东盟）、南亚区域合作联盟阿拉伯国家联盟、欧洲有欧洲联盟（欧盟）、非洲有非洲联盟（非盟），美洲有北美自由贸易区（北美自贸区）、南美国家联盟等等。世界各地小区域内的国家能够求同存异合作发展，放大到全球，一旦条件成熟，也是能够联合起来的。

当然，全球化的阻力也是很强大的。一是思想上的障碍。长期积淀形成的民族国家观念根深蒂固，各国人民很难接受把国家主权让渡给一个世界政府。二是政治上的障碍。各国政党和政客们为了维护自身的统治和利益，会为全球化设置重重藩篱。不同国家的政治制度也水火难容。人们对美国等霸权主义恨之入骨。三是经济上的障碍。国家间贫富差距大，唯利是图的跨国公司无耻地榨取贫国人民的血汗，世界银行等国际组织被大国所主导，引起大多数国家和人民的不满。四是社会制度的障碍。部落酋长制国家、封建专制国家、权威统治国家、资本主义国家并存于世，很难站到同一条起跑线上。五是文化上的障碍。不同国家、民族、宗教的文明和文化传统有许多矛盾相悖之处，包容融合很困难，熔铸一种人类共同的文化需日长久。

环顾当今世界，人类走向大同的路径大概有三条。一条是一国主导，全球整合。即由实力最强的一个国家，通过军事、经济、政治等手段迫使其他国家自愿、半自愿或被迫组成一个世界政府。一条是联盟整合，全球一体。即在现有的世界各大国家合作组织基础上，各国通过协商谈判，制定宪法，组织起世界政府。一条是法律一统，全球合作。即由若干国家或政府合作组织牵头制定统一的世界合作政府法律，包括加入世界合作组织的程序法（含加入条件、承担的义务、享有的权力、合作的办法等），由各国政府和人民自愿选择何时加入。第三条路正是欧盟所走过的道路。今天的欧盟由

27 个国家组成，其中欧元区有 17 个国家，总人口有 5.02 亿多，区域面积近 432.5 万平方公里，2011 年 GDP 达到 15.788 万亿美元，人均 3.1548 万美元，是世界最大的经济体。

欧盟各国虽然分治，但国家间的合作是全面而深入的。政治上，建立了欧盟委员会（相当于政府）、欧盟理事会（分事项设立，有 20 多个，由成员国的部长级代表组成，商定各国没有让度给欧盟而各自保留的权力所涉及的议题。）、欧洲议会（行使立法权）、欧洲法院、欧洲审计院等全面的组织机构；政治合作内容很广，包括地区发展、社会发展、环境保护、共同外交与防务、司法与警务合作等等。经济上，制定了共同的财政政策、产业和技术开发政策，建立了统一的共同市场，实施共同的农业和渔业政策、外贸政策、共同的运输、能源、电讯政策和跨欧网络计划，建立了货币联盟。还有很多合作项目在商定，已有的合作项目也在不断扩大和深化。

回顾欧盟走过的 60 年风雨之路，有以下四条经验：

（一）法律先导，凝聚人心

从最早的《巴黎条约》《罗马条约》到《布鲁塞尔条约》《里斯本条约》，总是由有远见卓识的政治家们会商制定多赢的、可操作的法律框架，来凝聚共识。先制定游戏规则再组织游戏。至今，欧盟制定的法律法规涉及从遗传分类到人权保障的方方面面，已经长达 8 万页！

（二）利益吸引，自愿加盟

虽然入盟需要各国政府和人民把部分主权让渡给欧盟实施，达到入盟条件也需要各国完善自身的制度和管理，有时甚至是痛苦的改革，但多赢的游戏规则使入盟者都能获利，所以，许多国家都排队等着入盟。对欧盟条约的认可过程，也是各国人民克服狭隘的国家观念，融入更有益的世界大家庭的自我教育的过程。这个过程完全是自愿的，没有武力威胁和强迫，这也增强了各国人民维护欧盟法律的自觉性。

（三）从小到大，逐步发展

从最初的 6 国，发展到 9 国、12 国、15 国、25 国、27 国；从最初的煤钢产销合作开始，发展到全面经贸合作乃至货币统一，再发展到外交、国防、环保、社会、文化等领域的全面深入的合作，欧盟成长的步伐不急不躁，有条不紊，虽然有过挫折，但始终向前。

（四）多元一体，统分结合

欧盟的口号是"多元一体"。这是欧盟之父让·莫奈一开始就提出的全新理念。欧洲联合，是像美国那样组织各州商议制定一部宏观的宪法，确立一个实体国家的政治体系，一步到位地实现联合，还是另辟蹊径？莫奈和同行们走的是另一条路，他的第一个原则就是不要蓝图，"欧盟不会一蹴而就地或根据一个全面计划建成。它只能通过具体的目标来完成。"莫奈通过建立基于人性和利益的理性设计的法律体系和机制，发展出欧洲政治的"看不见的手"，从维护各国的国家利益中孕育出一个有序的欧盟新社会。莫奈并不试图废除单一的民族国家和民族主义，而只是通过将主权国家联合起来而改变其原有的各自为战的格局，形成一个"你中有我，我中有你；一荣俱荣，一损俱损"的利益共同体——欧盟。

九、结论：爱的真谛

（一）爱是无私的

怀有任何获利目的的施爱行为都不是真正的爱，不管这个目的是物质上的还是精神上的，也不管是为名还是为利。《圣经·新约·马太福音》中写道："不可将善事行在人的面前，故意叫他们看见。……你施舍的时候，不可在你前面吹号，像那假冒伪善的人在会堂里和街道上所行的，故意要得人的荣耀。……你施舍的时候，不要叫左手知道右手所作的。要叫你施舍的事行在暗中。"爱，就应该是全身心的付出，不计任何回报。

（二）爱是平等的

《金刚经》开头就写到："尔时，世尊食时，著衣持钵，入舍卫大城乞食。于其城中，次第乞已，还至本处。""次第"，也就是挨家挨户依序乞食，不跳过一家。这就是体现佛教徒的没有"分别心"，无论贫富，化缘时都要挨次走到。释迦牟尼的门徒迦叶尊者是印度的大富豪家庭出身，但他特别同情贫苦大众，所以常到贫民区化缘。另一个门徒须菩提则喜欢到富贵人家乞食。佛陀就曾批评教育他们这是不平等的。因为在佛教看来，施食给僧尼就是在供养佛，是施爱积德的行为。僧尼应该把这种行善的机会平等地给予众生。爱，就应该克服有选择性的偏向，不存任何"分别心"。

（三）爱是包容的

证严上人曾说过"普天三无"的名言："普天之下，没有我不爱的人"；"普天之下，没有我不信任的人"；"普天之下，没有我不原谅的人"。这是何等的襟怀啊！特别是人与人、家与家、族与族、国与国之间发生利益纠纷、矛盾冲突时，在面对仇人时，我们也应该奉献一片爱心。

（四）爱是节制的

《大智度论》云："有利益我者生贪欲，违逆我者而生嗔恚，此结始从不智生，从狂惑生，故是名为痴。三毒为一切烦恼根本。"贪是指对世俗世界中有益于我的东西的贪恋和追求，佛教中用鸡的形象来表示。嗔是指因为自己的贪念得不到满足而生愤怒之心，佛教中用蛇来表示。痴是指对自己产生贪念和嗔怒的原因的无知。而要消除这三毒，唯有克己。怎样做到克己呢？佛教给出的道路是：戒、定、慧。戒，就是遵守佛教的戒律来约束自己的行为，但合规的行为并不一定发自内心，可能是被动的，因此，这只是修行的初级阶段。定，是指不仅要按照戒律来规范自己的行为，而且要从主观思想上完全安心于这种生活，树立守佛的意志，变被动忍受为主动享受，这是修行的中级阶段。慧，是指通过修炼认清了世界的本质，不再迷惑，达到跳出轮回，脱离生死的妙境，这才是修行的最高境界。佛教的修行之道，对我们学会正确地去爱，应该是有重要的启迪意义吧！

健康·生活

养心——人生幸福之路

【嘉宾简介】

韩望喜，中国人民大学伦理学博士，香港中文大学访问学者。主攻德性伦理学，长期致力于人性与人生问题的研究。作为主要研究人员，两次获得国家社科基金项目。专著有《善与美的人性》、《人文颂》等。中央电视台理论专题片《道德的力量》的主要撰稿人之一，《深圳市民行为道德规范》的主要执笔人之一。

【按语】

中国哲学的基本问题是心与物，而心尤其重要。"不识本心，学法无益"，向外驰求，不能得法。只有用心，才能明照一切。人有四心：仁爱之心、道义之心、礼敬之心、智慧之心。

人活在世界上，不仅仅是靠食物，还需要心灵的滋养。

心灵要广阔。

《庄子·秋水》里写了一个故事：七、八月份发大水的时候，黄河泛滥。黄河之水是那么宽阔、那么汹涌，两岸之间沙洲都看不到了，牛马都分辨不清楚了。黄河的水是如此的浩荡，河伯感到非常满足，"以为天下之美，为尽在己。"以为天下所有的美好、雄伟、壮阔都在我这里了。当河伯顺流而下，看到北海之神若，看到海洋的辽阔、海洋的浩渺无边的时候，他感到好汗颜、好惭愧，感觉自己小小的黄河跟大海相比，真算不了什么，为何自己如此自得，如此见笑于大方之家呢？

海神若对河伯说："你汗颜就对了。人其实都是受眼界局限的。井蛙不可以语于海，夏虫不可以语于冰，曲士不可以语于道。"井中之蛙，它能看到的天空只是一小片，你怎么跟它讲大海的辽阔、讲人生的深邃之道？人如何理解这个世界？都是从自己这个主体出发的，人生活的时空如此狭小，又受自己的欲望的裹挟和蒙蔽，其实每个人都是井底之蛙。我在深圳那么一小片天空，你在东莞这么一小片天空，怎么能够像宋儒张载那样的"大其心"呢？怎样让我的心灵变得谦逊深邃，让我能以深远的心智听见遥远的声音？我怎样能以谦逊的心去倾听他人的耳语？风从天际而来，传来大地之声，我怎么能够听懂四季的消息盈虚？天地之大，我如何忘了"我"而能融入大道，融入这个世界？"井蛙不可以语于海，夏虫不可以语于冰。"只活了一个夏天的虫子你怎么给它讲冬天的寒冷，它没有真切地体验，它不能理解另外一个时空的现象，我们也是夏天的虫子，被自己那么狭小的生活时空所局限，认为我们所处的生活时空就是一切，认为我们所经历的生活经验就是本来应有之生活经验，实际上未必如此。

还有一句话叫"曲士不可以语于道"。这是教养受到束缚的缘故。心灵特别受束缚的人，他的思维狭隘，心胸狭小，你怎么跟他讲人生的道理？只能像六祖那样，请他退席。一个人只向往钱和权，你怎么跟他讲"仁、义、礼、智、信"这样一些人生永恒的道理呢？老子曾经说过，"上士闻道，勤而行之"，真正智慧的人闻道，立刻去实践；"中士闻道，若存若亡"，中等心智的人闻道，半信半疑，非常迟疑；"下士闻道，大笑之，不笑不足以为道"，下等根器的、思想狭隘的人一听说"道"就大笑不止，认为荒诞不稽。有人之所以对人生大道鄙薄、嘲笑、讥讽、不屑，乃是因为这些人的心，不能闻道，不能体道，不能了悟。闻道要有一种什么样的心？虔诚的心、谦卑的心、诚挚的心，朝闻道，夕死可矣。

禅宗二祖问达摩祖师："我的不安，求师父为我安心、传法"。达摩祖师答："轻心、慢心，焉能闻法？"没有至诚的心，没有相信的心，没有整个生命的投入，如何能闻道？闻道并不是听见，而是用心去感悟。心外无法，心外无道，道不远人。耳朵听见是没有用的，要用心去听见，养心很重要。

过去老师带学生，会游学，一边走，一边见机启发。儒家的王阳明大师有一次带学生游学，走到一个地方，看见那里的禾苗长得非常茂盛，便问他的学生："为什么这个地方的禾苗长得如此茂盛？"学生答道："禾苗茂盛，乃是因为有根基的缘故。"老师就说"禾苗之生长是因为它有根基，难道人他就没有根基了吗？人的根基是什么？是良知啊，这是天放置在人们心中的灵明的根，有了这个根，这个世界才生生不息。"人的生命成长，人格成长靠什么？不是外在的东西，是心中的良知，灵明的心，能思索、能同情、能恻隐、能欢笑、能悲哀、能流泪的心。《中庸》上第一句话是"天命之谓性，率性之谓道，修道之谓教。"我的良知是天所赋予的，人人皆有，本自具足，永恒不变的，是人之所以为人的规定性。有了这颗心，这个世界才能够生生不息。有一颗爱人的心，关切的心，这个世界才会生机勃勃，一颗冷漠的心、杀戮的心会使这个世界变得荒芜，一片死寂。中国的传统哲学讲得最多的是心和物的关系。我和你是什么关系，我和一花一木是什么关系，我和这个世界是什么关系。为什么我与他们息息相关，心心相连，生死与共。修佛的人都向往西方极乐世界，六祖慧能大师说，你若心不善，那西方极乐世界就与你相隔十万八千里，你的心若善，西方极乐世界就在眼前。

175

我们要了解中国文化，了解中国哲学，首先须认得的一个"心"字，如果不认得这个字，就无法理解中国文化的气质。

为什么要谈"心"？这要来到孟子的门前，孟子很了不起，我们真应该"孟门立雪"，虚心求教。孟子是儒家心学最大的代表，扩充了孔子的思想，尤其是关于人性、人心的问题。从哲学上说，若说人心是善的，是天赐的灵根，那么，必须要回答更深层次的问题，人性是不是善的？在天性上、在自然上，人性是不是善的？人性是不是本原之善，没有任何矫饰？人性是不是本自具足的善？人生的一切之善是不是从这里生发出来的？不谈人性，人心就没办法谈。人性就是人的本性，人性如何？我们看到有些人极端善良，有些人极端邪恶，我们看到有的人非常忠良孝顺，有的人极端刻薄自私。人世上为什么会有大忠和大奸？如果人性原本是善的，是什么使它发生了逆转？如果人性原本是恶的，是什么使它获得了改变和提升？

人性的善恶，还是要回到先秦，要回到孟子的思想。孟子和另外一个哲学家告子曾经有关于人性到底是善良的还是邪恶的辩论。如果人性本身就是邪恶的，就像辣椒它本性就是辣的，那么我们接受教育也没有用，除非改变基因。两位大师在争论。告子说"其实人性没有善恶，或者说有善、有恶。"人性像水一样，东边决了口子，水就会往东边而流，西边决了口子，水就往西边流。水没有东、西之分，人性也没有善恶之分。一般人听了这个论点都没有办法辩驳，但是孟子就这个水的例子反驳说，"也许你说得有道理，哪里决了口子，水就往哪里流。但是你有没有看到万川之水，都是从高处向低处流的，这就是水的本性。"全世界的人看来，万川之水都是从高处流向低处，这是不变的，这是水的本性和规律。孟子说："水无有不下，人无有不善"。天下之水都是从高处往低处流的，这是水的自然流向，人心也是如此，从本原上说，人心都是善良。上天赋予之性，并没有恶。

很多人会说，夫子你怎么这么迂腐，你怎么不张眼看这个世界呢？你说人都是善的，为什么有那么多邪恶的人？惨无人道的杀人、放火、贩毒、抢劫，这些事情是谁做出来的，岂不是人做出来的？那么，您怎么解释这些？若是邪恶从人性的本源上是不存在的，请问人的邪恶是从哪里产生的呢？

孟子奠定了中国文化"性善论"的基础，"性恶论"的基础由儒家的另一位大师荀子所确立。今天专讲孟子。孟子讲了一个故事叫做"牛山之木"，是关于牛山上树木的故事。可以从这里听到他的心声。从前有一座山，叫做牛山，山上的树木曾经很茂盛，因为它靠近大城市，人们经常拿着刀斧上山砍伐，它还能保持茂盛吗？尽管它日夜生长，雨露也在滋润着它，并非没有新芽长出来，但是牛羊接着又来这里放牧啃食，所以，牛山变得光秃秃的了。人们见它现在光秃秃的，便误以为它不曾生长过树木，这难道是牛山的本来面目吗？

即使是人，难能没有向善的仁义之心吗？他之所以丢失了他的善心，就像刀斧对着树木一样，天天去砍伐，此山还能苍翠茂盛吗？今天要别墅，明天要豪车，去抢，去偷，不知悔改，心灵还能虚明茂盛吗？人是有本心的，而人欲所弊，使人昏昏，心灵得不到滋养，干涸荒芜，那就离禽兽不远了。眼见有人变作了无恶不作的禽兽，我们就以为他不曾有过好的资质，这难道是人本来的情状吗？就跟牛山上的树木一样的，树木被砍掉了，你认为它本来就没有，其实山上曾经是有树木的，你的心中原是有良知的，只是被你的熏习束缚住了，珍珠染污，不能呈现本性的光洁。

夫子说的"山"指的是人，山上的"树"指是人心。你今天看到这山是光秃秃的，并不能证明这座山它从来就是光秃秃的，你今天看到这人穷凶极恶，就说他的恶是天生的，是命定的，他在妈妈怀抱的时候就是邪恶的种子，这对吗？对中国人来说，很难接受这个定论。人为什么会作恶？夫子在这里说了一句话，这是因为人心失去了滋养。任何事物，得到滋养就能生长，而失去了滋养就会凋

177

零枯萎。一棵树需要浇水，一朵花需要阳光，如果5年、10年都不给一滴水，一缕阳光，它就会枯萎、凋零。"物皆然，心为甚"。天下之物都是这样，人心更是如此。人本有向善之心，就像山上的青草本来是繁茂的，可是你天天去砍伐，却不知道滋润。每天砍伐，整日看到钱财，心灵得不到滋养，就会枯竭了。我们内心之所以会有强大的力量，是因为君子的心能够坚守，要能立在道上，矢志不渝。所以，要让心中德性的幼芽去生长，要让心中德性的树木去生长，不要让牛马去践踏，不要让飞鸟去啄食。我们要问自己，你什么时候洗过自己的心呢？

洗心就要用圣贤的话。颜之推的《颜氏家训》，里面讲到"教妇初来，教儿婴孩"。孩子生下来就要教育。颜之推讲了一个故事，说有一家人，非常宠爱自己的儿子，如果儿子说了一句很机灵的话，父母恨不得全天下的人都知道，到处宣扬他的儿子是多么聪明、多么机灵。如果儿子说了一句很不得体的话，从不批评，也不教育，而是捂着盖着。孩子在这种氛围下成长，到了结婚的年龄去当兵，因为在军中出言不逊，最后被大将军周逖抽肠衅鼓。中国文化认为教儿子要趁早，在他的心灵刚刚萌发的时候就应该用正确的思想、正确的价值观念来教育，如果一直娇宠，无法无天，最后当他走到社会的时候，发现这个世界的价值观跟他妈妈所教的完全不同，社会要求人和人之间必须互相尊重，要遵守社会的道德规范和法律规范，他会疑惑：是这个世界错了吗？为什么不一样了呢？在家里我可以为所欲为，想打谁就打谁，为什么到社会上我要受到管束、节制呢？他就想不通，就不认为是自己的错，他会认为是这世界的错。这个时候，这个孩子就无药可救了，他的一生彻底毁灭了。

一个人身体坏了，可以救治，若是心坏了，万牛莫挽。孟子说，常人只是顾身体的需求，忘了心灵的声音。他说乡下的人早上把鸡、犬放出去，到了傍晚的时候会呼唤它们回来。为什么你的心放逸了这么久了，你还不知道把它呼唤回来呢？为什么不能觉醒呢？

　　孟子又说，你的无名指能屈不能伸，这点小毛病就跑到秦国、楚国去治疗。但是人心如此之坏，为什么不知道去医治呢？

　　我们种树，有桐树、梓树，要精心呵护，给它浇灌、给它阳光。但是你的身心坏了，为什么不知道去呵护呢？把错误的当作正确的，把丑的当作美的，为什么不能擦亮眼睛去发现问题所在呢？你的心灵和神智在沉睡，为什么不能从梦中醒来呢？人真是短视啊，人真是不知类啊，就是不知道比较，不知道什么重，什么轻，不知道什么贵，什么贱。身和心到底哪个更重要？我们经常觉得身体是最重要的，但是忘了心灵，这个心灵更加重要。我们经常说要识大体，顾大局。孟子说，大体就是心，"先立乎其大者，则其小者，弗能夺也"，价值观立定之后，就富贵不能淫、威武不能屈，就能做大人君子。树立了"仁、义、礼、智"的心，邪恶的东西就没有办法把你引诱过去。

　　其实人人都时刻处在焦虑之中，都处在心灵的挣扎之中，我们经常要问自己：我要往哪里去？我要站在道义这里，还是站在邪恶一边？我要尊重这位老人吗？或者我要暴打这个老人吗？我要抱起被车碾过的孩子吗？还是我要冷漠地走过？我要好好呵护这个家庭，还是轻易背叛这个家庭？我在社会上需要对人友好、尊重，还是对人非常轻蔑、冷漠？我到底要走哪条路呢？到底应当怎么走呢？这堆钱放在这里我要拿吗？或者不拿？每时每刻都在问自己。

　　问题是，我们选择的时候，到底是听从心灵的呼唤还是听从身体的叫嚣？心灵的声音，哪些是出自良知，哪些是出自欲望的呢？就像柏拉图曾经问他的门徒："到底是肉体更重要，还是灵魂更重要呢？"如果肉体更重要，我就应该侍奉肉体；如果是灵魂更重要，我就应该侍奉灵魂。当然我觉得身体很重要，灵魂也很重要，灵魂是人生的引导。两者应该有一个非常好的平衡，但是最重要的还是要让灵魂照亮你人生的道路。

　　曾经有一个故事，说的是杨朱在歧路上（分叉路口）哭泣，人们问他为什么要在这里哭呢？他说我之所以跪在这里哭泣，是因为我不知道该走哪一条路。一条路可以往南，一条路可往北，一条路可往东，一条路可往西，我到底应该选择哪一条呢？而我选择这一条之后，就没办法再回头了，我应该怎么做呢？难道这个不重要吗？难道道路的选择对人生不重要吗？说完这番话，又在那里哭。

我们要不要哭？中国的文化其实是教人在躯体内还要有一个光照闪耀的灵魂，这个灵魂是超越了躯体和上天连在一起，所以叫"天命之谓性"。天是道德之天，义理之天，它就在我的心里。正因为与天合一的道德，使个人显得非常伟大、强壮。人之所以伟大，不是因为肉体，比你强壮的肉体有的是，而是因为人的心智、人的灵魂。

前年到台北的时候，我参观了台北故宫。那里有一个鼎。鼎是用来焚香祷祝，向上天来祈祷的。那只鼎的铭文上写道：王啊，如果你能够敬天保民，我保你子孙繁衍、城墙坚固。如果不能敬天保民，城墙将会坍塌，子孙将会流散。这是警醒啊。中国古典哲学一直以来都在心和物的关系，也在讲天和人的关系。人如何与天相应？儒家说，天就是人，人就是天。道家说，凡人要有一颗天心。在儒家看来，父要慈，子要孝；兄要友，弟要恭。所有家庭关系、社会关系要处理得好。在孔孟儒家看来，所有的人与人的关系不应当在法庭上处理，你做了什么事，难道你当事人心里不清楚吗？儒家盼望用心和细微的感情去处理好这些关系，因为儒家相信，会有一个基本的心和基本的人性在。

儒家讲到心，心从最初的善良变为邪恶，是因为它缺乏洗涤，蒙上了灰尘，是因为它缺乏滋养，变得枯萎。心到底分哪几种呢？孟子说，人有四肢，心也有四心，人心有四种：仁、义、礼、智。

我具体地讲一讲"仁、义、礼、智"这四心是怎么样在生活中来展现出来的。今天的时间可能只够讲"仁心"这一节了。仁心就是关爱的心、关怀的心、博爱的心、宽容的心、同情的心，这是"仁"的最大魅力。

关于"爱"，其实东、西方都是一样的。古希腊的柏拉图讲一个故事。苏格拉底在宴会上问一个学生"什么叫做爱？"学生阿迦通说"老师你问倒我了，关于爱的定义可能有很多种，但是我所体会的是：爱神行走在人和神心灵的最柔软的地方，可以说爱是最柔软的心。"当我们拥抱一个人的时候，当我们把生命献给一个人的时候，我们的心是非常柔软；当我拒绝一个人，冷漠一个人的时候，其实心如铁石。爱是柔软的，但是在儒家文化看来，爱是有分远近和等次，要以心传心，从内向外推。儒家说"登高必自卑，行远必自迩"，意思是我们登上高高的山，一定要从山脚下开始，我们要行万里之遥一定要从眼前的第一步开始。这就是儒家所讲的"知所先后，则近道矣。"爱人，从爱亲开始，爱天下之人，要从爱自己的父母,爱自己的儿女开始,这样的爱才会有落脚的地方。儒家说"仁者爱人。"可是这个爱是怎么样能够发展出来的呢？怎么样从我的心里生发出来、涌现出来、推己及人的呢？为什么我会跟你们分享呢？为什么一件衣裳我可以脱给你穿呢？为什么一间房屋我可以与你共享呢？我自己享受不好呢？为什么要跟你分享？为什么要牺牲我自己而成全你们呢？

儒家认为，爱最初是从家庭里培养出来的，是从亲子之爱培养出来的，自然就能够"老吾老以及人之老，幼吾幼以及人之幼"。你爱自己的父母，能够想到天下人的父母，关心自己的儿女，能够想到天下人的儿女。这个情感才能够以心传心，将心比心，才能够将爱从我自己推导到别人身上去。任何一个人，如果说我不爱自己的父母，但是我爱你；或者说我不爱自己的父母，但是我爱天下的人，这都绝对是假的。因为这个爱没有地方可以生长，也没有地方可以落脚。阳明大师也说过，你的参天大树从哪里来的，是从最小的种子来的，这个种子是从家庭的亲子之爱培养出来的。

墨家也说过，我想把别人的妈妈当作自己的妈妈，别人的爸爸当作自己的爸爸，别人的孩子当作自己的孩子。说得非常好，理性上很好，但是在情感上实现不了，苦了自己，也苦了天下人，所以墨家学说灭亡了。儒家为什么能传下来，是因为它很切合人的心理和情感。做任何事情，如果太远离人的心理和情感的话，那这个事情绝对做不下去，所以儒家的《中庸》说"知所先后，则近道矣。"这就是中道，因为过犹不及。中道之处，它能够真切体会到人的内在情感，如何一步一步推导出去。所以《孟子·梁惠王》说"未有仁者遗其亲者也，未有义者后其君者也。"没有一个仁爱的人，会把自己的父母遗弃，没有对国家忠诚的人，会把国家的利益放在自己利益后面。做一个仁者，首先必须有孝道，有亲子之爱。

深圳创作的客家山歌交响乐里面一首《劝孝歌》，最后一句话是"可怜天下父母心"。教育孩子是为了让孩子真正理解父母的爱。很多时候可以让孩子帮忙做家务，最重要的不是锻炼他的身体，而是锻炼他的心灵，让他知道感念父母的恩德，体会生命源头的意义。有时候别人给我们一碗饭、一杯水，我们都很感谢，有谁想过父母对我们长久付出的忍耐和关爱。让孩子帮忙做点家务事就能够从心灵、灵魂理解到父母的爱是不求回报的爱，多么真挚、深厚。

《圣经》里有一句话："爱是恒久忍耐，又有恩慈"。当我们自己做了父母之后，再来回忆父母的恩德，会泪流满面。有一次孔子的学生宰予跟孔子争论父母去世之后是不是要守三年之丧。宰予认为，为父母守丧三年，时间未免太长了，"君子三年不为礼，礼必坏，三年不为乐，乐必崩。"意思是儒家这么看重礼乐，如果三年不练礼乐，就会荒废。宰予又问"旧谷既没，新谷既升，钻燧改火，期可已矣"。去年的谷子吃完了，该换新的谷子了。钻木头取火的木头用了一圈了，该换新的木头了。到底多长时间为合适呢？孔子用另外一种方式来启发宰予："一个君子在守丧的期间非常地悲凄、难过。吃不下、喝不下，也不能住在父母惯常住的屋子里，因为会睹物思人非常难过。你说一年够了，那么在守丧期间，吃白米饭，穿锦缎衣裳，住在大屋里，你的心安不安呢？"宰予说："安。"

结果孔子让宰予出去了，孔子关上门在屋子里哀叹，"予之不仁也！"多么没有人心啊！"子生三年，然后免于父母之怀，子亦有三年之爱于其父母乎？"就是说一个人出生后，三年才会离开父母的怀抱，父母舍不得把他放在地上，怕磕着、碰着、冻着、饿着。如今父母去世了，你说守丧一年就够了，很快忘记父母，难道你对父母连三年的爱都没有吗？你小的时候，没有领受过父母三年的爱吗？这是孔子问他学生的话，我们也要问自己，我们对父母的爱到底有几年呢？儒家不仅在理性上讲人性，讲爱，同时在情感上让人们去体会这种爱。真正的孝是什么？不是父母说什么就是什么，不仅仅是这样。真正的孝是不要让父母蒙羞，要给这个家族争光，要给这个国家以荣耀，而不是给这个家族、国家以羞辱。所以孔子有一句话叫"父母唯其疾之忧"，就是说父母只为孩子的身体疾病而担忧，那孩子也就是孝了。也就是说父母担心只是孩子身体有没有生病，并不为孩子的情操、道德、行为、言语而操心，这就已经是孩子在尽孝了。有多少的孩子是让父母操心，有多少的孩子言语行动是让这个家族蒙羞，让父母蒙羞。真正最大的不孝，莫过于此。

真正的孝是对父母的思念，那种骨肉亲情是不能割舍的情感。西方人认为，上帝爱世人，所以世人平等相爱，因为有上帝的爱，所以人人都要仿效这种爱，以这种精神去爱你的邻人。这是一个哲学系统。西方很讲究平等，人与人是平等的。在中国文化里，爱不是来自神，而是来自人，来自心灵。它的爱是来自心灵的甘泉的涌动。在清明节的时候祭祀先祖，是在感念先祖的恩德。我们对父母表达自己的孝顺，也是在感念父母的恩德。我们从一点一滴里学会怎么去爱人。从人生中每一句言语、每一个笑脸去体会什么是关切、什么是同情、什么是爱。这是东方人在生活中学习的行为方式。西方人经常到教堂去听道，我们是在生活中学习为人处世之道。我们是在父母的教诲、在老师的叮咛、在同事、朋友的关切之间学会了友爱，学会了表达爱。过去有一句话叫做"父母之年不可不知也；一则以喜，一则以惧"。父母的年龄子女不能不知道啊，一方面很高兴，一方面又恐惧。如果父母亲 80 岁了，我们做子女的还能在父母面前，心里多么欢喜、高兴。无论我年纪有多大，有父母在，我就是小孩子。可是你转念一想，父母已经 80 岁、90 岁了，他们还有多少岁月陪伴我们呢？想到这里，心中就会非常酸楚和悲痛。父母在的时候，子女们经常会忽视父母，忽视父母情感的需要、内心的感受。但是当父母去世了以后，子女们再回想起来真的会泪流满面。中国人的情感，东方人的智慧是从生活中一点一点体会出来的。是用心去体会，心和世界是紧紧连在一起的。为什么有楼，是因为有人有心才会建这栋楼。为什么有这张桌子？有人有心才会有桌子。为什么有我和你在这里谈话，是因为有这个心所以我们才在这里。有了心才有了这个物，没有这个心就没有这个物。心外无物。

有一次阳明大师到南镇去游玩的时候，他的学生随他在一起，看到岩中花树自开自落。他的学生说："老师，我抓到你理论的漏洞了，你说'心外无物'，但是你看这岩中花树，自开自落，与你我的心有什么相干呢？"阳明大师说："你没有看到这朵花之前，你的心与这朵花同归与寂，当你来看此花的时候，此花的颜色一时明白起来，便知此花不在你的心外。"是啊，我们相遇之前，你我同归于寂，现在我们弦歌相对，攀谈人生的道理，你我在各自的心中一时明白起来，便知此花不在你心外，便知你不在我心外，我亦不在你心外。多少年后回想，还知道有一个人，曾经与我们讲心和物，讲这个世界在随着我的心转动。

一个孩子的健康成长，跟妈妈的心有没有相干？如果妈妈是爱他的，是关怀他的，他会成长得好。如果妈妈是冷漠的，这个孩子会怎么样？这个孩子会成长为暴徒或者流氓。夫妻之间，如果没有丈夫的心，这个家庭会好吗？如果没有妻子的心，这个家庭会好吗？不要以为家庭是家庭，心是心。心就是家，家就是心，家就是放心的地方。

"云想衣裳花想容"，人们结婚都喜欢华丽的衣裳，漂亮的首饰，希望一切都很美好，但是一定要问自己的心，华丽的嫁衣为谁而披？如果你是为了钱，而不是为了人，你可能会在宝马车里哭泣终生。如果你想不通人心，千万不要结婚。因为等待你的会是悲剧，而不是幸福。幸福是什么？养心才是幸福之乐，没有心就没有幸福。

在学校里，如果老师不尽心地教孩子，不关爱这些孩子，没有爱心管束这些孩子，这些学生将会没有向学的心，向道德的心，那将会怎么样？我们在职场中间，如果根本不关切公司的未来，公司完全是自己捞钱，也不关切我们，大家将会怎样？分崩离析。在这个世界，心和物的关系是最重要的关系，在任何时候，你想到物是连在你的心的，你就会变得非常慈善、宽容，心变得非常柔软。当你做牛奶的时候想到这些牛奶是给妈妈怀里的孩子吃的，我会怎么样做，我的心在哪里，我的心柔软，我要做得很纯净，很美好，尽我的心做到有营养，让妈妈怀抱里的孩子长得白白胖胖，健康成长

人做任何事情，都要能想到背后是谁来消费这个产品，是谁在用这些东西。人做任何事情要看到物，最重要的是要看到物后面的人。我们看到有形的东西，也要看到无形的东西。我们看到身体的时候，更要看到灵魂，这样才是正确的道路，生命才能够生长。当人的心坏了，这个世界就已经是坏了，人也不可能生存，因为人没有落脚之处。心是最坚强的，心是最柔软的，所以把心养好，正视我们的价值观，把价值观放在很重要的地位来认识和考量。我们真正沉下心来思考人为什么要活在这个世界上，我们的所作所为，我们的言语心相到底怎么影响这个世界的走向，这是非常重要的事情。

古希腊的柏拉图认为存在两个世界，现实世界和理念世界。我们这个世界是不真实的，理念世界才是真实的。就像月亮一样，水中之月是不真实的，天际的月亮才是真实的。灵魂在理念界的时候是非常崇高、伟大、纯洁的，灵魂与我们的肉体相结合的时候，受肉体的束缚，我们灵魂的光彩看不到了。他有一个很好的比喻，灵

魂好像一颗珍珠一样，被厚厚的蚌肉所包裹，见不到最美好的东西。这其实讲的是物质欲望对灵魂的束缚。当然我们需要物质的满足，这绝对是重要的，没有物质的满足每个人都不可能幸福。但是在某种程度的物质满足之后，心灵应该有一个更加美好的境界。对人有博爱，有关怀，有尊重，有包容，有怜悯，有同情，是唯一光明的道路、正确的道路，这就是养心。

情绪管理与健康

【嘉宾简介】

肖梅，毕业于中山医科大学，东华医院普外科副主任护师，国家心理咨询师，从事临床、教学及科研工作20年余，具有丰富的临床工作经验。

【按语】

假如生活欺骗了你，不要悲伤，不要心急，忧郁的日子里需要镇静，相信自己吧，快乐的日子将会来临。学习管理自身情绪，有益身心健康。

追求健康是人的天性，消灭疾病是人的梦想，这种天性和梦想推动医学研究的飞速发展。在100多年前，医生在细菌感染面前措手无策，如今，细胞的研究已经在挖掘人体潜在的可能，让越来越多的绝症得到根治，医学技术的突飞猛进，让无数生命重新焕发光彩。然而，却有一片乌云给我们的生活蒙上了一层阴影，这就是心理疾病。

首都医科大学调查显示，我国抑郁症发病率呈逐年升高的趋势。据统计，抑郁症的年患病率是5%~10%，而发达国家的抑郁症是11%。我们国家的情况跟这组数据很接近，说明我国经济高速发展的状态。也因此，大家的工作压力大了，抑郁、焦虑等情绪也随之增多。有专家表示：人人都可能患上抑郁，却很少有人知道该如何面对抑郁。

一、不良的情绪对健康的影响

何谓不良情绪，不良情绪有两种情形，一种是过于强烈的情绪反应，表现为情绪激动、急躁、愤怒等等。这种情绪的控制下，一个人的工作和学习效率会降低。在这种情绪的影响下，我们的推理辨别能力将会受到抑制，不能正确评价自己的行动的意义和后果，也就是说自制力会受情绪的影响而降低。因此，过于强烈的情绪反应，要有所意识，有所控制，避免形成个人自制力低下，造成不良事件的发生。第二种是持久性的消极情绪，消极情绪主要表现为焦虑、忧愁、悲伤、痛苦。短暂的消极情绪对身体没有什么不良的影响，但持久的消极情绪能对身体造成不同程度的损害，引起人体的心血管系统、消化系统、呼吸系统、内分泌系统等各种躯体疾病。

在此讲一则身边发生的故事：有一个老人家，退休那年被告知得了糖尿病。他年轻时是一名会计师，对同办公室的一个同事的所作所为总是看不顺眼，每当看到这位同事，就会莫名地厌恶、生气。当他患病后反思自己，认为自己不应该这样做，也许宽容地对待每一个人，负性情绪也不会太多太久，也许就不会患糖尿病了。他不是学医学专业，也不了解心理学，但是他从中总结了他前半生引起疾病的根源，这是有一定道理的。

心灵测试是利用潜意识的原理通过简单的判断来揭示测验者意识到的心理内容，使大家通过心灵测试初步了解自己，不能作为诊断心理疾病的依据。

现在我们进行一个心理测试，主要是测试自己的压抑程度。在公交车上，邻座睡着的人把头靠在你的肩上，你会怎么样？A、忍耐；B、肩膀推回去；C、离开座位；D、不会觉得不快，也不加以理解。请选择你的处理方式。选择A的会受到外来攻击却内心忍耐的被动性格，压抑度相当高；选择B的虽会反抗，但并不能获得成功，仍是无法摆脱压抑的消极性格；选择C的为了排除压抑，采取了逃避的态度，但是到达极限时，便只有退缩而措手无策；选择D并不会去排除压抑，也不会逃避，但事实上仍难以摆脱压抑的影响。

二、负面情绪宣泄的方式

压抑、负性的情绪在所难免但切不可沉溺于压抑的泥潭中不能自拔，而应尽快调整心态和情绪，采取积极的行动拂去心头的尘土，让心情新鲜快乐起来。该怎么宣泄？

第一，你可以走进大自然，有时压抑是产生于长时间的工作，得不到合理的休息，不仅身体逐渐吃不消，也让心理承担着巨大的压力。当你觉得无法继续工作时，想一下是不是太久没有休息了，思维已经僵化了，工作效率已经下降了。如果是这样，你要果断地走出去，走进大自然呼吸新鲜空气或者休息一段时间，有利于提高你的工作效率。

第二，把心里的痛苦说出来，有压抑情绪的人大多不愿意把自己遇到的事情向别人诉说，他们独自承担打击或者压力给他带来的伤害，这种自我压抑除了使精神状态变得更糟糕外，还导致个人走向自闭和孤独。假如能够把痛苦说出来，即使别人不能给你指导，你说的过程已是实现自我疏导的过程，当你说完这件事情之后，心里会感到舒服得多。大家如果有痛苦可以找自己的亲人、同事朋友或者是你的爱人倾诉。亲情、友情和爱情是人生的"护航舰"，平时在管理自己情绪的时候可善于利用这三类人对自己的帮助。

第三，通过体育锻炼来疏解压力。体育锻炼是一项很好的自我调节的活动，特别是脑力劳动者的效果尤为显著。运动后会感到特别的轻松、心情愉悦。根据自己的体能选择合适的运动量，注意"过犹不及"。

　　第四，积极培养自己的艺术情操，多参与艺术活动。听音乐、弹琴、跳舞、唱歌、书法、阅读都属于非常受欢迎的艺术活动。艺术活动对人的神经系统和内分泌系统有积极的冲击力，使人在精神上容易产生一种无法用语言表达出来的欢快感。东华医院在2011年成立了属于自己单位的书友会，常年开展读书及分享活动，受到了广大职工及职工家属的欢迎。大家都认为，参与评书、品书、说书这样的活动意义非凡，既可以引导大家共同学习，培养阅读的好习惯，也可以为同事们提供一个公共平台，大家定期相聚，围绕不同的主题畅所欲言，形成积极乐观的氛围。

　　第五，哭泣。哭泣看似一种很悲观、消极的行为。但是，适当的哭泣是有益身心的。科学家发现：哭泣时，流下眼泪能清除人体内过多的激素，大家会感到哭泣后有"雨过天晴"的清新感。哭泣是人的一种保护反应，也是调节身心平衡的一种方式。通过哭泣，人的负性情绪强度上会降低40%。相反，强忍着眼泪等同于"自杀"，有一谚语"男儿有泪不轻弹"，这使得许多男生受到这一思想的影响而强忍着负面情绪带来的痛苦，给身心带来许多不良的影响。一个人，在艰难、痛苦的时候不流眼泪，这样很可怕，情绪容易走向极端而产生自杀的念头，所以，如果你在脆弱和无助的时候，你的正确选择是像小孩一样痛快地哭泣。"身体发肤，受之父母"，要好好地爱护，切不可轻生。

　　另外强调一点，哭泣不要超过15分钟，因为通过哭泣宣泄负性情绪的时候会消耗很多能量，比如肺部的活动、呼吸肌的运动，还有情感的付出等等，哭泣超过15分钟会使身体变得虚弱，虚弱的身体不利于排解负性情绪，对身体反面有害。

　　第六，放声大笑有益健康，精神乐观可使气血和畅，生机旺盛，善于发现一些开心的、快乐的，能让自己大笑的事情，这样可以无形中把自己心中的压抑宣泄出来。笑是一种独特的运动方式。但是，大笑时交感神经兴奋性增高，肾上腺分泌增多，引起全身血管收缩，血压升高，心跳加快，容易诱发脑溢血或心肌梗塞，因此笑也要有所节制，还要注意场合、时间、环境，比如在吃饭时不要大笑，否则会有食物误入气管的危险，睡前也不宜大笑，以免影响睡眠。

三、焦虑、紧张、恐惧、悲观、抑郁这些情绪的处理

焦虑，是一种复杂的心理，是对某种事物的热烈的期盼，形成担心失去这些期待和希望。比如，一个女孩见到男孩一见钟情，她很喜欢他，但是又担心这个男孩子对她没意思，所以她越想越多，逐渐地形成一种焦虑的情绪。这种焦虑形成后，她就会表现得烦燥、压抑、愁苦，其外显形式是精神不集中、坐立不安、失眠、梦中惊醒等。

心理学家曾经做过这样一个实验：组织3组人，让他们分别向着10千米以外的3个村子进发。第一组的人既不知道村庄的名字，也不知道路程有多远，只告诉他们跟着向导走就行了。刚走出两三千米，就开始有人叫苦；走到一半的时候，有人几乎愤怒了，他们抱怨为什么要走这么远，何时才能走到头，有人甚至坐在路边不愿走了；越往后，他们的情绪就越低落。第二组的人知道村庄的名字和路程有多远，但路边没有里程碑，只能凭经验来估计行程的时间和距离。走到一半的时候，大多数人想知道已经走了多远，比较有经验的人说："大概走了一半的路程。"于是，大家又簇拥着继续往前走。当走到全程的3/4的时候，大家情绪开始低落，觉得疲惫不堪，而路程似乎还有很长。当有人说："快到了！快到了！"大家又振作起来，加快了行进的步伐。第三组的人不仅知道村子的名字、路程，而且公路旁每一千米都有一块里程碑，人们边走边看里程碑。行进中他们用歌声和笑声来消除疲劳，情绪一直很高涨，所以很快就到达了目的地。

心理学家从这个实验中得出了这样的结论：如果人们的行动有明确的目标并能够不断将行动与目标加以对照的话，那么他们就清

191

楚地知道自己与目标之间的距离，这样人们行动的动机就会得到维持和加强，就会自觉地克服一切困难，努力实现目标。

怎样克服焦虑情绪？

焦虑情绪时，首先要意识到自己这是焦虑的心理，要正视它，不要用自认为合理的其它理由来掩饰它的存在。第二是树立消除焦虑的信心。第三是转移注意力，比如户外活动，参加体育锻炼可以转移注意力。第四，把心放宽能有效地抑制焦虑。第五是心理咨询，在重度焦虑的情况下，要抱着积极的态度去进行心理咨询，不要一个人扛着，如果情况无法被及时控制下来，将会对人的损害更加严重。

如何缓解急性焦虑的发作？

急性焦虑发作时，出现呼吸急促，导致体内二氧化碳减少，出现头晕、四肢刺痛等身体症状。所以要想缓解急性焦虑发作要学会控制呼吸——腹式呼吸。腹式呼吸的做法：保持坐姿，身体后靠，不要驼背，五指并拢，双掌放在肚脐上，把你的肺想象成一个气球，用鼻子长长地吸一口气，把气球充满气，保持2秒钟，这时你看到你的手被"顶起"再用嘴呼气，给气球"放气"，看你的手是否在慢慢地回落。学会腹式呼吸后，开始练习时，不让呼吸变快。要用4秒的时间吸气，再用4秒的时间呼气。控制呼吸不仅有"急救"的作用，还能够降低平时的焦虑水平，必须每天坚持练习多次，在你练习的时候，它已经在帮助你降低对焦虑的易感度，更重要的是，如果不能达到不假思索地使用这种呼吸法，在焦虑发作时，是派不上用场的。

紧张，一个人处于极度紧张时，往往会表现出惊慌、恐惧、愤怒或者苦闷、忧愁、焦虑等情绪，这种情况也叫紧张反应。能引起心理紧张的事物，称为紧张源。躯体性的紧张源，如强烈的噪声、身体患病或不适等；社会性的紧张源，指社会动乱、战争以及生活变故的影响；心理性的紧张源，如某些不良的猜测、心理冲突与挫折。比如高考前的同学们非常紧张，这个紧张就是心理性的紧张源；

文化性的紧张源,指从一种文化环境进入另一种生疏的文化环境时,在语言、习惯和生活方式等方面所遇到的问题。

高度紧张对身体的危害:紧张反应是人体对外界刺激的一种保护性机智制,对人体健康一般无大的影响。但如果外界刺激过分强烈,要较长时间处在紧张状态中,有可能引起心身疾病。高度紧张促使激素大量分泌,降低身体免疫系统的功能,削弱机体对疾病的抵抗力。持续过度的紧张不仅导致抑郁,而且导致高血压,溃疡病,糖尿病、心脏病、中风等疾病。有研究表明,冠心病的病人有91%从事强烈而持久的紧张工作,比如律师或者外科医生他们就是长期处于高度持久的紧张状态,所以从事这两个职业的人得冠心病的几率会比其他职业多。

如何消除紧张?

首先要注意避免紧张源。当我们产生紧张的情绪时,可以采取回避或躲开紧张源的方式,以减少紧张所带来的不适。当紧张的情绪反应已经出现时,有效的调适方法应该是坦然的面对和接受自己的紧张,比如要参加高考同学,这时候要告诉他不要与这种不安的情绪对抗,而是体验它,接受它。因为这个紧张情绪人人都会有。直到考试后,或者若干年后再回味,当时的那些紧张都成为了很多人一生中美好的回忆,这就是我们常说的经历是一种财富。第二,紧张时做一些放松身心的活动,用身体的放松对抗精神的紧张,比如活动身体的一些大关节和肌肉,做的时候速度要均匀缓慢,动作不需要有一定的格式,只要感到关节放开,肌肉松弛就行了。第三,将注意力集中在日常用品上。当感到非常紧张时,看着一朵花、一点烛光,细心观察它的细微之处,内心就能逐渐地平静下来。第四,闭上眼睛,着意去想象一些恬静美好的景物。第五,做一些与具体事情无关的事情,自己比较喜爱的活动,如游泳,洗热水澡,听音乐等。第六,如果你感觉到紧张难以承受,你不妨躺下来,紧张情绪会立刻缓解很多。第七,生物反馈的方法,这是医疗机构常用的消除高度紧张的一种方法，适用于精神处于高度紧张状态的患者。

恐惧是一种非正常的心理状态，是由于人体本身经历的扭曲或伤害引起的。恐惧的症状表现分为：社交恐惧症、场所恐惧症和特定恐惧症。社交恐惧症在我们国内较多见，因为我们的社交比较内敛，跟陌生人说话就会脸红、心跳加快，脸色接着变得苍白，手脚打颤等等，女性多于男性。场所恐惧症，一个人到一个很宽阔的广场，他就会感觉到心跳加快，冒虚汗，然后头晕、目眩站不稳，这是空间的恐惧症，在我们国家比较少，在西方国家场所恐惧症的人比较多。而恐高症，指的是到达一定高度的人，出现害怕，冒汗，脸色苍白，想从高处跳下去的冲动。

如何摆脱恐惧的困扰呢？要消除恐惧感，就要勇敢地面对引起恐惧的事物，学会控制、调节自己的恐惧情绪。当你感到恐惧时不要坐着不动而是起身走动，不妨试着收缩及放松各部位的肌肉。紧张过度的情绪会形成恐惧，而加重恐惧心理，容易产生恐惧心理的人，尽量不要吃含咖啡因的食物，如咖啡、茶和巧克力。必要时可到医疗机构进行心理治疗中的系统脱敏法或冲击疗法，可以有效地消除恐惧情绪。

悲观是一种心理上的自我指责，情绪低落，对自己的过去无论是否有过成就，都一概加以否定，心理上充满自责和痛苦。悲观者对未来缺乏信心的。他们在认知上否定自己的优势与能力，无限放大自己的缺陷。在人际交往中，悲观者有取悦他人的倾向，承担不属于自己的过错，胆小、怕事、怯懦，习惯于退缩和忍让，在心理上往往相当痛苦。悲观的情绪对健康会造成一定损害的，美国心理学家约纳斯·格达做了这样一个研究，他查看了3500人在1962年到1965年间的医疗记录，这些人当初都做过明尼苏达多项人格测验，这是一种关于个性及生活经历的心理测验，40年后，到了2004年，格达对这些人进行了跟踪调查，发现那些在个性测试中悲观表现得分高的人，出现痴呆的风险比其他的人高出30%。心理学家发现，悲观主义者眼睛往下看，而乐观主义者向上看。人总是低着头的话，就会更加悲观地进行思考。只需改变习惯，将目光稍稍抬高一点，就会减轻悲观情绪。

有这样一道讨论题，在做重要的事情时，要做好失败的准备，这样即使真的失败了也不会感到太过于失望，大家认为这个说法正确吗？现在差不多有一半的人认为是正确的，也有一半的人认为是不正确的。心理学家对这个问题也非常感兴趣，并且作了测验，他们在研究的过程中就推翻了这个观点，他们认为失望的反应来自于每个人的人生观，期盼成功的人对周围事物的看法是积极向上的，而在事情完成之前就预计要失败的人是积极地面对失败，事实上他们内心希望自己能够做得很好，当真的失败后他们就会非常在意，会责备自己。所以他内心的痛苦会更多，而不是减轻。

抑郁在心理学界称为心灵感冒，就像平时感冒一样很平常，非常普遍的病态情绪，很容易化解，但是如果得不到有效的调适后果可能会非常严重。它主要表现为心境低落，思维迟缓和意志减退。为什么冬天容易抑郁呢？因为冬天的光照时间明显缩短，大脑深处的松果体分泌的褪黑素会大量地增加，从而改变人的正常精神状态，光照能有效地抑制褪黑素的分泌，所以冬天不能总是待在屋里，而应尽可能地到户外晒太阳。

如何化解抑郁？

第一，治疗抑郁的关键是能清楚地确认并承认自己抑郁。第二，有了苦闷要学会向人倾诉。第三，请心理咨询师进行心理治疗和环境治疗。崔永元患了抑郁，生活和工作受到严重的影响，可是他现在主持节目还是一样的精彩，一样的幽默，通过治疗抑郁心境是能够改善的。第四，严重抑郁是可以服用抗抑郁药物进行辅助治疗，但要在医生的指导下进行。

如何让心境平静？

第一，环境对人的情绪情感起到重要的影响和制约作用。这里指的环境是生活环境和工作的环境，比如我工作的桌面经常呈现凌乱，当要找某份资料的时候都得费很多功夫和时间，又发现整个桌面都是灰尘，那你当时的心境肯定是浮躁的，不容易平静的。另一个是生活环境。如果家里干干净净、整整齐齐的，你一进到这个家就会感到心情舒畅、很幸福。如果家里乱七八糟的，空间又狭小，长期住在这样环境里面的人，心情会浮燥，难以平静的，所以要注意工作、学习和生活环境的改善。

第二，经常与自己的心灵对话，倾听自己心灵的语言，大家可能觉得这很难做到，你可以试着找一个清静的地方，问问自己最需要什么，然后作一次深入的对话，你会从中发现自己内心最需要的是什么。

第三，放过别人是慈悲，放过自己是智慧。像毛主席说的一句话，要团结我们身边的人，包括我们的敌人。这是很有智慧的一句话，在职场中，友好地对待同事，宽容地对待他们，也等于宽容地对待自己。

第四，大自然的美景能够旷达胸怀，欢娱身心，调节人的心理活动有着很好的效果。

如何平息怒火？

心理学家总结了走出愤怒情绪三部曲：

第一步，保持冷静。很多人知道，平息怒火必须冷静，把怒火使劲往自己内心压进去，实际上是不能平息的，今天能压，明天能压，后天能压，可是大后天你不一定能压，当压不住时，你爆发出来的怒火将更加恐怖。所以每次出现引起自己发怒的时候要注意宣泄出来：首先保持冷静，刚开始可以强迫自己，从 1 默念到 100，运用腹式呼吸的方法慢慢地念，直到心情平静下来。第二，在一个没人的地方大叫几声，把自己负性的东西叫出来。第三，在家里可以摔打着沙发上的海绵、靠枕这些软性的东西。第四，女孩子可以看看自己喜欢的衣服，购物可以让你的怒火渐渐消除。第五，可以去操场跑几圈，把心中的怒气宣泄完。

第二步，试着问问自己。当你把第一步作完了，你的怒火已经降到一半了，这时候，你可以问问自己这使我受到伤害了吗？情况真的严重到需要暴跳如雷吗？

第三步，表达自我。当情绪得到控制，深呼吸后，就可以表达自己的感受了。当你表达自己感受的时候，很可能对方还会给你一个刺激，如果这时候你完全被激怒了，请重新回到第一步，而不跟他争吵。当进行到第三步心情平静了，你表达的语言不再会灼伤别人，而是比较客观地说出你内心的感受和想法，别人会了解你是如何想的，如何感受的，承认自己的愤怒，然后管理好它，以适当的言语和行动表达出来。这个做法是善待自己和他人的一种好方法。

【互动问答】

听众： 我的恐高症非常严重，但家住25楼，我真害怕有一天我会往下跳。

肖梅： 恐高症的一个特点就是站在一定高度就会产生恐惧、面色苍白、心跳加快、出虚汗，然后最典型的想法就是我想跳下去，也许我跳下去会很舒服。可不可以跳？是不是跳下去很舒服呢，这大家都很清楚，但恐高症的人就有这样的冲动，所以他们很怕自己控制不住这个冲动突然跳下去。如何摆脱恐高症的困扰呢？首先学会我们前面学习的放松训练，直至能在实际生活中运用自如。接着要勇敢地面对恐高症，学会控制、调节自己的恐惧情绪。你可以站在你产生恐惧的最低高度（如15楼），当你感到恐惧时不要坐着不动而是起身走动，不妨试着收缩及放松各部位的肌肉，用全身的放松来对抗你的恐惧心理，从而使恐惧感逐渐消失。你能克服15楼的高度，你可以升高到16楼、17楼、19楼，按一定的规律去升高高度并且适应。要是你站在25楼已经没有想往下跳或者非常害怕的症状，你的恐高症就消除了。如果不能做到，必要时可到医疗机构进行心理治疗中的系统脱敏法或冲击疗法，可以有效地消除恐惧情绪。尽量不要吃含咖啡因的食物，如咖啡、茶和巧克力。

听众： 我在一家私营企业做行政人事工作，这份工作琐事相当多，有时候难免有不尽人意的地方，也导致和同事之间有过冲突。我也压抑着自己的情感，这种压抑我觉得越来越多，已经睡眠不好、头痛。请问如何调整自己的情绪，不让工作中的坏情绪影响健康？

肖梅： 许多人的工作繁琐，压力大，得不到合理的休息，加之睡眠不好，思维僵化，工作效率低。实际上，大家的内心是希望把这份工作做得更好，把效率提高起来，但总是事与愿违，这是许多人都会出现的状况。你不妨试一试做一些喜欢的运动来调节情绪。不要拿没有时间当借口，借鲁迅先生的一句话"时间就像海绵里的水，你是可以挤出来的。"如果运动你不感兴趣，你试着去做一些其他自己喜欢的事情，购物、听音乐、唱歌，通过有计划地安排这些活动，来缓解内心的压力；并保证每天7~8小时睡眠，这对消除疲劳有帮助。还要清楚地认识，不能轻易否定自己的工作能力，有许多人跟你一样，也有相同的感受，调整心态和情绪，采取积极的态度面对生活和工作，你的压抑感就会减少。注意工作和生活环境的改善，保持平静心境。同事之间产生冲突时，可应用走出愤怒情绪三部曲来平息怒火。

生活中的信息安全和隐私保护

【嘉宾简介】

　　陈定权，博士，中山大学副教授、硕士生导师。中国图书馆学会、广东省图书馆学会会员，广东省高等学校"千百十工程"第四批培养人（校级），第三届广东省宣传思想战线"十百千工程"优秀人才培养对象（社科类，第三层次）。

2009 年曾应美国驻华大使馆邀请，赴美国参加"国际访问者计划（IVLP）"活动，考察美国图书馆管理；美国威斯康星大学麦迪逊校区图书馆学信息学研究院访问学者。

【按语】

　　在网络时代、信息时代，隐私被透明化，个人信息无处不被追踪。在生活中，我们要养成信息安全与隐私保护的意识和习惯。

一、个人信息安全与生活紧密相关

　　首先，通过几个真实例子来感受与生活紧密相关的个人信息安全问题。

第一个案例：2008 年"艳照门"事件

艺人陈冠希与其他一些女艺人的不雅照片被泄露的事件曾引起了轩然大波。2008 年，某网友在天涯社区上发布了一组与陈冠希相关的不雅照片，后在网络广泛流传。这种比较重要且极度隐私的个人信息是怎样被泄露出去的呢？起因就是陈冠希笔记本电脑在拿去维修期间，被人偷偷拷走了硬盘上的照片。这些照片是陈本人拍摄并存放在个人电脑上的。其实，很多人的电脑上都会有一些个人照片或个人文档，笔记本电脑出了故障拿出去维修也是常有的事情。从法律角度看，如果是双方自愿的行为，陈冠希是无罪的，但是传播的人就涉嫌传播淫秽信息罪。

第二个案例：2012 年"QQ 盗号软件"事件

2012 年 10 月，家住广西南宁的黄女士与平常一样打开 QQ，与远在加拿大温哥华读书的儿子聊天。某天，她收到了儿子信息："钱花完了，给我打点钱过来"，并特别交代她这笔钱不要像以往那样转换成加元，而是直接转到国内的某个帐号上，有人就帮忙换成加元，可以省掉汇费等等。就这样，骗子通过盗号软件，前后骗走了黄女士 18 万元。日常生活中，QQ 号码被盗也是常见的事情，关键是骗子通过盗号软件盗取了黄女士儿子的 QQ 号码，还长期关注往来的 QQ 信息，了解到各种的账号之间的关系以及家庭背景等等，待时机成熟时就冒充她儿子进行诈骗。骗子准备得很充分，手段也层出不穷，让一般人防不胜防。

第三个案例：晒微博招绑架之祸

在微博上随时晒工资、晒幸福、晒痛苦等等，已经成为了很多人的"家常便饭"。成都青白江区就有一位母亲，经常在微博上发布儿子的信息，比如今天获奖了，在哪里吃饭等等，结果因为泄露了儿子的班级信息，招来了儿子被绑架之祸。微博@南京女刑警就提醒过市民，轻易不要透露孩子姓名、学校和家庭住址等信息，不要让不法分子"有机可乘"。

第四个案例：乱弃包装惹杀身祸

2011年7月，家住福建省厦门市的女白领刘艳在屋内被人杀害。起因是刘艳是名"购物控"。每次收到网购物品，她经常将留有电话、地址的外包装随手扔到小区的垃圾桶旁。结果，大学毕业后一直待业的陈海平无意中发现了这些信息。一时兴起，他冒充快递员带着自己制好的包裹敲开了刘艳的家门。陈海平进屋后想劫财劫色，遇到刘艳激烈反抗后将其杀害。很多人可能不太在意这些包裹外包装上贴的地址单，觉得这些信息没什么用，但是一旦被坏人利用之后，这些信息就很有"价值"了。

通过以上这4个例子，我们可以回想一下在自己的生活当中是否也经常丢弃或者泄露这些个人信息呢？信息安全和隐私看似离我们这些普通人很遥远，但其实它们与我们的日常生活是息息相关的。

二、什么是信息安全

信息安全是在技术上和管理上为数据处理系统建立的安全保护，保护计算机硬件、软件和数据不因偶然和恶意的原因而遭到破坏、更改和泄露，这是学理上的定义。信息安全需要技术和管理双管齐下，保证信息的保密性、完整性、可用性、可控性和不可否认性。简单地讲，保密就是不让别人看到；完整是指不能让信息被非法篡改；可用性是指保证信息在需要的时候可被使用；可控性是信息传播及内容在掌控之中；不可否认性是指用户无法否认某种行为。

在当今的互联网上，总有一双眼睛在默默无声地盯着你，你的一举一动都在监控之下。各个国家出于安全的考虑，都对网络进行严密监控，美国也不例外，甚至更为严密。我们每个人的上网痕迹都有记录。在需要的时候，警察会根据相关政策调出这些记录。说起来信息安全很复杂，但作为普普通通的用户，我们更关心信息安全的两个方面。其一是信息保密性。要防止信息泄露和信息非法使用。所谓信息泄露，是指信息有意无意地泄露给某个非授权的人或集体，如买车之后，车主个人信息经常被非法泄露给各种保险公司，常会接到推销车险的电话。信息非法使用是指某资源被某个非授权的人或实体使用，或被授权的人或实体以越权方式使用，比如在一些场合需要复印身份证和填写个人信息的表格，别人就有可能拿着你的身份证复印件等去做其他用途，例如非法办理信用卡，所以每次使用身份证复印件的时候，都应该注明"仅供办理什么业务使用"和当前时间等。有些大型的正规公司，一般会在身份证复印件上盖上某个业务印章和时间。其二是个人计算机可用性。要保证个人的计算机，包括手机、笔记本、台式机、平板电脑等设备处在良好的运行状态，免受病毒、木马、恶意软件等的骚扰。

三、隐私与隐私权

所谓隐私，是指个人私事，个人信息等个人生活领域内的事情，不为他人知悉。隐私权作为一种基本人格权利，是指公民"享有的私人生活安宁与私人信息依法受到保护，不被他人非法侵扰、知悉、搜集、利用和公开的一种人格权"。这是学理上的理解。我国现行的法律是将隐私保护纳入到个人信息保护下，目前还没有出台独立的隐私保护相关法律。

据媒体报道，有些单位居然在工厂厕所、桑拿室等场所安装了摄像头，哪怕是出于安全考虑，但也直接侵犯了别人的隐私；人肉搜索，展现网络的无穷力量，"表哥"、"房叔"等，只要被盯上，就会被挖出层出不穷的信息；一位厦门市民遭遇电话轰炸，对方叫嚣如不给 300 元，就不断发短信打电话骚扰，让他痛苦不堪。所以不要认为，个人信息安全与隐私保护只是那些艺人、官员和教授等公众人物的事情。我们任何人都有自己的隐私和隐私权，哪怕是街上流浪的艺人，抑或是深陷囹圄的犯罪分子。

在个人信息与隐私之间并没有清晰的分界线，这需要因人而异。有些人出于工作需要要把电话公开，这些自愿公开的个人信息就不属于隐私。但是个人的电子消费卡、上网卡、上网帐号和密码、交易帐号和密码等等都应该属于隐私。隐私没有保护好，是很容易出问题，会给我们带来麻烦甚至是经济上的损失。比如，火车票实名制后，票面上印刷的的二维码就含有姓名、身份证号码等信息。如果乱丢弃火车票，就有可能把隐私泄露出去，黄牛党提前用你的身份证注册，到时你自己就买不到票，就只能从黄牛党处买了。再比如，国内毕业生喜欢用人人网，国外有相近的 facebook，都是实名制的网站。有一些企业在招聘的时候，就会上这些网站浏览应聘人员的个人状况，假如上面尽是写是郁闷彷徨、无聊压抑等负面信息，也许企业就考虑不要你了。其实，这些都是你自己主动透露的隐私信息。

哪些属于重要的个人信息和隐私呢？一般包括：姓名、肖像、住址和电话号码、邮箱地址等；年龄、身高、体重、心理疾病、女性三围等；个人的信用和财产状况，包括信用卡、电子消费卡、上网卡、上网帐号和密码、交易帐号和密码等；朋友往来（社会关系）、夫妻生活、婚外性行为等；身体的隐蔽部位、日记内容、通信秘密等；某些个人兴趣或爱好等等。对这些重要的个人信息，大家在日常生活中，要有隐私和隐私保护意识，轻易不要将这些重要的个人信息透露出去，尤其是在互联网上。

四、如何保护个人信息和隐私

在网络无处不在的信息时代，我们大概可以从以下八个方面入手，基本上可以有效保护好个人信息和隐私。

第一，确保个人计算机安全。一要安装安全"三件套"：防火墙、防病毒软件和防恶意软件。特别是单位的计算机一定要安装防火墙。安装这"三件套"后，计算机的运行速度一般会下降一点，但安全有了保障。有些软件公司将这三件套捆绑式销售，对用户而言就比较方便了。二要定期清理电脑垃圾、不良插件和使用痕迹，特别是在网吧、图书馆、办公室等非私人场所使用电脑后，要注意清理痕迹，重要文件要彻底删除，例如用软件强制粉碎功能以防止被人恢复。三要严格控制个人电脑，不要随意安装和卸载软件，在安装软件的过程中要留意是否捆绑其他软件（恶意软件、流氓软件或是病毒软件）。四要定期更新操作系统和浏览器，及时打上各种补丁，提高机器的安全性。

第二，科学设置密码并加强保护。一般来说，电脑密码要设定至少 8 字符，可设置英文跟数字，英文分大写和小写，再加上一位特殊符号，如逗号、感叹号等；银行卡密码设定，就不要设置为生日、车牌号、门牌号等与身边相关的数字。有些人存折多，为了简单起见，将所有密码设置成一样的，那样风险可就大了。要把常用的密码写下来，在他处秘密存放。另外，要充分利用网络软件自身提供的密码保护机制，设置各种密码保护问题，以便再次取回密码，确保账号安全。还有些网站允许用 E-mail 作为账号名，这时对应的密码就不要设置成跟 E-mail 一样的密码。这是因为一旦网站账号信息被泄露后，对方就会打开你的邮箱获取更多的信息。

第三，养成良好的网络使用习惯。一是要使用知名的浏览器访问网站，如微软的浏览器 Internet Explorer、谷歌的浏览器 Chrome 或火狐的浏览器 Firefox 等，尽量不要使用杂牌浏览器，因为它里面可能存在着很多漏洞或陷阱。二是不要访问不良网站。这些网站经常是木马和病毒横行，会在你不经意间安装一些软件来窃取信息，或者故意弹出信息（例如诱惑的美女图片），诱导用户点击，以提高网站的点击量和广告价值，有时出现浏览器不断弹出诱惑性的网页，导致浏览器死机。这些不但会影响你的工作，甚至会破坏你的公众形象。三是要谨防网络钓鱼。一些仿冒网站通过邮件或者网站，欺骗计算机用户泄露个人和财物信息，这种方式称为联机仿冒。联机仿冒网站骗局从看似来自受信任源（如银行、信用卡公司或可信任的在线商店）正式通知的电子邮件开始。在电子邮件中，收件人被定向到要求提供个人信息（例如帐号或密码）的欺骗性网站。该信息通常用于身份偷窃。比如，把中国工商银行网址中的 ICBC 变成"1CBC"（字符 I 变成数字 1），用户一时察觉不到，输入的帐号密码信息就被仿冒网站截获了，然后再转到 ICBC 网站，如果你足够细心，你会发现 ICBC 网站还会让你再次输入账号密码。这就是"网络钓鱼"。四是不要点击打开来历不明的邮件与链接。要有意识地仔细查看邮件的主题和发件人，若判断是垃圾邮件或广告邮件，就不要打开它，直接删除。

第四，谨慎使用手机（智能手机）。手机通讯录里不要设置老婆、老公、儿子等表明两人关系的名称。否则，一旦别人拿到你的手机，就可以凭此来作案。现在智能手机跟电脑差不多，也可以下载和安装各种各样的软件。如果不慎安装了恶意软件，对方就有可能窃取信息、消耗流量、远程监控等等，同时我们要安装并适时更新专业手机安全软件。有数据统计，64% 的手机被感染过病毒，几乎所有的病毒类型都带有资费消耗的特性。要谨防智能手机泄密，尽量不要用手机拍摄和录音敏感的信息，确实要摄录，则及时备份、导出和删除。当需要彻底淘汰手机时，要彻底清除手机上的各类重要信息，甚至是物理破坏存储设备，不要擅自丢弃或出售。现在有一类成功人士，开始"返璞归真"，重新购买那些只能打电话和收发短信的简单手机。这也是一种隐私保护的行为。

第五，使用 QQ 和微博的注意事项。尽可能要设置密码保护，尽量不要在 QQ、微博中公开真实姓名、工作单位和其他个人信息，不要贪图方便，在 QQ 上传送信用卡账号信息。QQ 空间里的信息可以设置保密，需要密码才打开，从而降低泄密的风险。不要随意点击 QQ 聊天或 QQ 邮件中来历不明的 URL 链接，以防遭遇"QQ 钓鱼"。同时我们要注意，在 MSN、QQ 上聊天是可以被监听的。例如，上海有小两口在同一单位工作，上班时候通过 MSN 调情，结果被同事取笑而搞到打官司。还有，微博是公开的，江苏某局长却以为微博和

QQ 一样，是某种私聊工具，结果通过微博实时公开发布约情人开房的信息，从而贻笑大方。

第六，谨慎使用 WiFi。无处不在的 WiFi，方便但不安全。在公共场所找到免费的 WiFi 链接时，一定要看清楚是不是正规商家提供的，有时可以向商家工作人员进行确认，特别要留意冒充的 WiFi，如 StarBuckuIS（冒充 Starbucks），要拒绝来历不明的 WiFi 链接。有些恶意的 WiFi 链接，可以窃取你的 QQ 密码、银行账号、购物账号等信息，这些可能会给你带来麻烦或损失。另外，要关掉智能手机或笔记本电脑的自动链接免费 WiFi 的功能，链接与否，要在自己的掌控之中。

第七，养成良好的资料备份习惯。现在很多手机也有备份功能，可将号码、通讯录、短信等存储到 U 盘里，或与电脑同步。现在一些高级的智能手机还具备远程破坏、自动销毁信息的功能。一旦手机丢失后，机主可以发个指令（信息）过去，手机会自动销毁所有信息。个人计算机上的数据也要定时备份到 U 盘，并妥善保管。一般家庭只要不是存放图片、视频、电影类多媒体文件，1G~2G 的 U 盘也就差不多够用了。

第八，养成良好的信息安全、隐私保护的意识。我们要有良好的信息（隐私）保护意识，有了这个意识，就可以主动避免因个人信息、隐私泄露而带来的麻烦。例如，我们在送修手机或电脑之前，检查一下上面有没有重要的个人信息；在收到汇款通知或借款请求的时候，要多一个警惕之心，通过另外一个渠道去确认，例如手机上会经常收到这样的短信，"我的帐号已变，请打款到 XX 帐号"。就是这类骗局，但偏偏有不少生意人因业务太多而中招。还有，我们在各种网站、会展以及其他场所登记个人信息时，也要多个心眼，看看哪些信息可以填，哪些可以不填；在点击未知网址或者打开新文件之前，要思考一下，这里面是否有什么陷阱，是否会泄露个人信息或者隐私，是否会引起中毒或感染病毒等。

五、结束语

这是一个隐私透明的年代，也是一个隐私无处不被追踪的年代。处在这样的年代，我们无法控制整个互联网，我们能够控制的，其实只有我们自己。安装必要的安全保护软件，养成良好的使用习惯，具备良好的信息安全或者隐私保护意识，可以在很大程度上有效地保护个人信息和隐私。当然，最终保护个人信息和公民隐私要靠法律，依靠比较健全的法律体系，这是最根本的也是最后的保障。

【互动问答】

听众： 科技进步是不是带来了很多负面的东西？

陈定权： 科技是把双刃剑。网络的存在可以在很大程度推动了中国的民主化进程，人人可参政了，发表言论也比较自由。网络的普及，降低了信息交流的成本，也提高了信息交流的效率。但是网络上也充满着谣言和骗局。任何东西都有两面性，科技本身没错，关键在于使用者，看谁使用，怎样使用。我们要看到科技带来的好处，充分利用它，但也防范它的不足。

听众： 现在很多网络用户认证都需要密码，请问对于密码保护有什么建议？

陈定权： 密码很重要。一般情况下，我们不能把密码存在计算机里，可以写在纸上，在另外的地方存放好。密码在易记性跟安全性之间需要有一个平衡，要好记，就不安全，要安全，可能就不好记。

谁动了我们的钱包

【嘉宾简介】

郭显军，暨南大学经济学院经济学硕士，广东财经大学金融学院老师，主要讲授经济学原理、微观经济学现代观点、金融理论与实务、投资银行理论与实务等课程。

郭显军

【按语】

了解通货膨胀的来龙去脉，管住我们的钱包。

在生活中，我们会听到一些抱怨：工资挣的越来越多，但是买的东西却越来越少。多挣的钱到哪了？也就是说谁动了我们的钱包？按经济学观点，这实际上是通货膨胀现象所带来的问题。

什么是通货膨胀？到底是什么原因造成了通货膨胀？通货膨胀的后果和影响有哪些？在面对通货膨胀现象发生时，如何管住钱包？

一、何为通货膨胀

经济在增长，个人收入也应该要实现同步增长，这个"收入"

指购买力。举个例子：十年前买个鸡蛋饼 2 元，现在可能就要 6 元，价格是十年前的 3 倍，但是我们的收入可能并没有涨 3 倍，这就意味着购买力在下降，货币在贬值。中国人民银行在 2013 年第一季度公布调查报告显示，61.2% 的居民认为物价"高，难以接受"，该比例高于去年第四季度的 58.5%。在某些特殊的时刻，农产品在大幅涨价，影响到居民实际生活水平时，劳动人民发挥智慧创造出反映物价上涨的名词，如："豆你玩"、"蒜你狠"、"糖高宗"、"姜你军"，反映了老百姓对物价上涨的不满。

在经济学上，通货膨胀是在纸币流通的条件下，流通的货币超过实际需要量而引起的货币贬值、物价持续而普遍上涨的经济现象，其实质是社会总需求大于社会总供给的现象。通货膨胀有几个特点：

第一，一般商品、服务价格在上涨。一般商品、服务是指与生活密切相关的吃、穿、用、住、行，而不是股票、债券这些金融资产价格的变动，要明确对象。

第二，价格水平全面的上涨。即商品和服务项目价格水平全面上涨，而非具体商品和服务项目价格或部分地区价格水平的上涨。

第三，价格持续性上涨而非偶然、短期上涨。持续时间通常为六个月。如价格超过六个月一直在上涨，就是发生了通货膨胀。

第四，物价上涨的原因是因为货币供应量过多而造成。一种商品的价格受供给和需求的影响，影响供给和需求的因素有很多。起因是货币供给过多的物价上涨才是通货膨胀。

通货膨胀是最隐秘的一种抢劫方式。国际著名经济学家哈耶克曾说："通货膨胀是由政府及其人员造成的，除此之外任何人都不可能造成通货膨胀"。20 世纪 30 年代，国民政府发行的货币叫法币，当时买一个面包要拎一大捆钱去。2006 年的津巴布韦，打出租车的乘客一上车，就要开始数钱付出租车费，且面额是每张 100 万元。到目的地时往往还没有数完。通货膨胀最严重时，津巴布韦币面值达 1000 亿。这些都不是负责任的政府所为。

二、通货膨胀的衡量

（一）常见的三个指数

通货膨胀率是通胀的衡量指标之一，即货币超发部分与实际需要的货币量之比，用以反映通货膨胀、货币贬值的程度，而价格指数是反应价格变动趋势和程度的相对指标。也就是衡量在社会中流通的货币"多"了多少。需要明确两个问题：现在社会中流通的货币有多少，社会中应该流通的货币是多少。但社会中到底需要多少货币，这个问题谁都无法回答。在实践中，一般不直接、也不可能计算通货膨胀率，而是通过价格指数的年增长率来间接表示。一般包括以下三个指数：一是消费者物价指数（CPI），是对一个固定的消费品篮子价格的衡量，主要反映消费者支付商品和劳务的价格变化情况，计算公式为 CPI=（一组固定商品按当期价格计算的价值／一组固定商品按基期价格计算的价值）×100%。以一瓶水为例，2012 年 3 月价格 3 元，2013 年 3 月价格 3.2 元，那 CPI 就是 106.7%。我们 CPI 增幅（增长幅度）浮动来衡量物价的变动情况，如 2012 年全年的 CPI 增幅 2.6%，即 2012 年总体物价水平比 2011 年的物价水平增长了 2.6%。二是生产者物价指数（PPI），是衡量制造商和农场主向商店出售商品的价格指数，主要反映生产资料的价格变化状况。三是 GDP 平减指数，是基于国内生产总值（GDP）的计算，指名目 GDP 与经通货膨胀修正后的 GDP 两者间所使用的金钱之比例。

（二）重点介绍 CPI

CPI 是与生活最密切相关的经济名词，它指城乡居民购买消费品服务项目的价格，反映居民家庭一般所购买的消费商品和服务价格水平变动情况的指标。我国 CPI 的计算构成包括食品、烟酒及用品、衣着、家庭设备用品及维修服务费、医疗保健及个人用品、交通和通信、娱乐教育文化用品及服务、居住等八大类，39 个中类，262 个基本分类，涵盖了城乡居民的全部消费内容，各大类价格指数的权重分别约为：食品34%，日用品5%，衣着9%，家庭设备及维修4%，医疗保健11%，交通通信9%，娱乐教育文化15%，居住14%。指标并没有把房屋价格统计在内，原因是国际惯例并不统计房屋价格，从经济学上讲，购买房屋的支出算投资，不算消费。但国际惯例会将房租价格放在居住消费中，包括自有住房如出租值多少房租，也应包含在居住之内。国家统计局会在全国各个地方选择有代表性的消费品检测价格，乘以各大类权重，得出CPI数值。

CPI的用途主要有三个方面：一是度量通货膨胀，或通货紧缩。如果CPI的增幅连续六个月超过3%，表明通货膨胀已发生。二是国民经济的核算。核算GDP或各种统计资料时，要剔除价格因素的影响。三是契约指数化调整。例如在薪资报酬谈判中，雇员希望薪资增长能等于或高于CPI。按照国家统计局公开的数据来看，2013年2月份，全国居民消费价格总水平同比上涨3.2%。其中，城市上涨3.2%，农村上涨3.3%；食品价格上涨6.0%，非食品价格上涨1.9%；消费品价格上涨3.3%，服务价格上涨3.1%。2012年的物价水平比2011年上涨了2.6%，意味着物价变化不大。有些物品价格在上涨（如：食品），有些在下降（如：汽车），二者抵消之后造成总指数变化不大。哪些行业涨幅大呢？房子！但是房子价格并不统计在内。大家会说，我们的感受与国家给出的权威数据有差异。因为每个人的个体感受、收入水平、消费水平都不一样，大家关注的可能是曾经消费或正在消费的物品（服务），而有些物品的价格变动可能就感受不到了，同时也有不希望物价上涨的潜意识在作用。

我们来看看CPI的缺陷在哪？第一，权重不合理。八大类里权重最高的是食品，占34%，只要食品的价格不发生大幅波动，CPI就没有太大波动。比如，务农的成本因为农药、化肥、人工价格上涨而增加，政府会给予农民农机补贴、农药补贴、粮种补贴等，将食品价格进行一些控制，CPI还是没有太大的变化。第二，严重低估居住类的费用。居住的权重为14%，含美国、加拿大、欧盟等国家惯例设居住权重为30%。第三，不符合目前的消费结构。目前食品占居民消费的比重与以往相比已经下降，但旅游费用的支出占了日常支出的很大部分，但这部分不包含在以上八大类之中。第四，比重更改时间较长，5年才改一次。

CPI与存款利率的关系。通货膨胀的衡量指标对于保证我们的钱袋子有什么意义？有什么借鉴价值？我们去银行存钱的时候，会关注银行利息，但这个是名义上的利息，货币的价值是波动的，我们要考虑实际的利润（收入）。如果物价水平上升，意味着实际利率下降，如果存款利率保持不变，物价持续上涨后，甚至可能出现负利率，使存款人的资本遭受损失。为了继续吸引存款，就要弥补物价上涨给存款人带来的这种损失，银行就必须考虑合理提高利率水平。所以，利率水平与CPI具有同向变化的趋势，物价水平的变动成为影响利率水平的因素之一。以2011年国家经济运行过热的一年为例，2010年12月CPI增幅4.9%，到2011年6、7月，达到最高值6.4%和6.5%。同期的人民币存款利率，以1年定期利息来比较，2011年2月9日是3.0%，4月6日是3.25%，7月7日加息到3.5%。也就是说，2010年7月份存进10000元，一年利息350元，实际CPI是6.5%，一年后亏了300元，购买力只相当于一年前的9700，这就是大家都不喜欢通货膨胀的原因。

三、什么造成了通货膨胀

造成通货膨胀的原因是政府货币供给的增加，即供给货币超过实际的需求。社会上需要的货币量与两个方面有关：物品与劳务的生产总量和货币的周转速度。政府根据需要的物品和劳动总量来供应货币，如供应的货币少时会出现价格下降现象，人民银行再进行调控，增加货币供应量；如投放的货币量超过实际需要的货币量时反映的现象就是通货膨胀，再把多余的货币量回收。每年生产的物品和劳务在增加，经济在发展，GDP在增加，人民银行对货币的供给量也会设定增速，每年增加 17%、18% 左右。

央行发布的初步统计数据显示，2 月份新增贷款 6200 亿元。同时，2 月末，我国货币供应量余额达到 99.86 万亿，逼近 100 万亿，居世界第一（是排名第二的美国的 1.5 倍），同比增长 15.2%。从 2002 年初的 16 万亿，到如今逼近 100 万亿，10 多年里我国货币供应量增长超过 5 倍。

按国家对应的货币层次划分为 M0、M1、M2。M0= 流通中的现金；M1= 流通中的现金 + 银行定期存款；M2= 流通中的现金 + 活期存款 + 定期存款 + 非银行金融机构在金融机构中的存款。M0 是衡量一个国家或地区货币供给量的指标。我们来看 100 万亿有没有超过实际需要的货币量？经济学家估算 M2 与 GDP 的比值（即"货币量与 GDP 比值"）维持在 1.5 倍算正常水平。2011 年中国 GDP 总量为 47 万亿元人民币，据政府多次预测，2012 年中国 GDP 增速会在 7.5% 以上，假设增速为 8%，那么 2012 年的 GDP 总量预计为 51 万亿左右。也就是说，目前我们广义货币余额已经是 GDP 总量的 1.9 倍，也就是说超过了 1.5 倍，货币量与 GDP 的比值超过了实际需要的比值，一系列的问题会随之带来。大家可能会想，政府印的这么多钱哪去了？似乎工资也没涨，企业利润也没升，钱大多流入到楼市了，大家会发现房价在快速上涨。而这个房价上涨的很多原因在于政府货币供应量的增加。当然，这里面有一部分属于被动增加，目前中国的外汇管理体制要求中国企业出口换回的货币必须进行外汇结算。例如，出口物品换回 100 美元，兑换给银行，银行给你 620 人民币，这 620 人民币是拿美元换回的，所以这一部分货币也造成 M2 增加。

四、通货膨胀的代价

发生通货膨胀，意味着财富进行转移，一部分的财富从老百姓手中转移给政府。物价上涨导致钱贬值。比如，现在工资 2000 元钱，刚好保持目前的生活水平；物价上涨一倍，工资 4000 块钱，还是保持以往的生活水平，但工资超过 3500 元后需缴纳个人所得税，所以这部分钱就通过税收转移给了政府。所以说，党的十八大报告中提出 2020 年实现城乡居民人均收入比 2010 年翻番，是扣除物价上涨因素翻番，如果没有这个前提，那么这个目标就没有意义。同时，还要排除人为压低 CPI 指数的可能。

说起通货膨胀的代价，介绍一下皮鞋成本、菜单成本，这些是经济学中的原生态的叫法。通货膨胀有五种成本，其中之一称为皮鞋成本或鞋底成本，指当发生通货膨胀时，必须频繁到银行去存钱，以保证所持资金的市值，频繁地光顾银行，必然使鞋底磨损得较快，所以将这种成本称为皮鞋成本，泛指为了减少货币持有量而产生的成本。另外一种成本是菜单成本，指零售商对价格调整时所产生的成本负担，包括印刷新清单和目录的成本、把这些新价格表和目录送给中间商和顾客的成本、为新价格做广告的成本、决定新价格的成本，甚至还包括处理顾客对价格变动怨言、甚至导致顾客流失的成本等。其实，发生通货膨胀受损害最大的是拿固定工资的群体——依靠退休金生活的退休者与工资收入相对固定的劳动者，他们的收入比较固定，很难根据物价变化来调整，实际购买力下降最多。

五、面对通货膨胀我们如何应对

怎么解决通货膨胀带来的问题？对于老百姓来讲就是管好钱袋子，对政府来讲就管好印钞机。

管好钱袋子，可以做投资理财。黄金作为抗通胀最好的物品，适宜长期投资、长期持有。艺术品投资需要专业知识，一般人不建议介入。而现在房价也一直在涨，至于房价的走向，有两种对立的声音，未来有很多变数，另外房子投资的资金量较大。至于股市，需要有独到的判断力和观察力，以及非常灵通的信息渠道。因此，建议做长期投资可以买黄金，短期理财可以买货币基金、债券基金和国债等。

【互动问答】

听众：如何看待人民币国际化？

郭老师：目前世界上唯一一个世界货币占主导地位的还是美元，一个国家的货币要充当世界货币应该具备几个条件：一是此货币可自由兑换，即世界各国银行都认可。而目前人民币尚未达到这个水平。第二，人民币应该是比较稳定的，国家有责任维护货币的稳定。第三，人民币要走国际化的道路，必须在汇率方面实行完全放开。

听众：如何看待收入分配改革问题？

郭老师：这里面有几个方面的问题：第一，劳动收入与资本收入已经出现严重倒挂，初次分配与二次分配不平衡，还有不同行业之间差距太大。比如金融业和农林牧副渔业，两个行业之间收入差异较大。第二，垄断企业与非垄断企业差距大。在执行市场经济制度过程中，既讲公平又讲效率，但必须要先效率后公平，现在最大的问题就是效率上去了公平没跟上。所以要规范垄断行业的过高收入，政府要补位不能失位，要建立全方位的高层次高水平的社会保障制度。现在，继续推进改革的每一步都是困难的，但要迎难而上。

听众：我国为何需要这么大的外汇储备？

郭老师：目前我国外汇储备达到 3.44 万亿，当中有一部分约 70% 为美元资产，我国是美国最大的债权国。当前高额的外汇储备带来的问题有：一是美元贬值导致外汇储备贬值；二是外汇账款增大导致货币供给量增加，造成通货膨胀现象；三是造成贸易摩擦，我们大量产品出口美国，导致美国国内相关生产产品的企业倒闭，大量工人失业，美国会采取一些如反倾销税等反制手段，导致两国之间的经济贸易受到影响。

东莞市民学堂公益讲座活动目录

序号	时间	讲题	主讲嘉宾	嘉宾简介
			2005 年	
1	5 月 29 日	读书的四种境界	商友敬	著名教育专家、上海师范大学教授
2	6 月 12 日	温故知新——《论语的现代解读》	林举英	东莞市委党校教授
3	9 月 30 日	新时期以来文学发展的潮流与演变	刘元举	著名作家、辽宁省原鸭绿江文学社长、主编
4	10 月 5 日	从广东漫画看中国漫画的发展	朱松青	广东著名漫画家、广东美术学院教授
5	10 月 6 日	阅读与人的素质的全面提升	徐雁	著名书评家、阅读学专家、南京大学教授
6	10 月 15 日	阅读城市	李津逵	城市研究专家、深圳市城市化研究会副会长
7	10 月 16 日	做现代文明人,从读书开始	张谨	广东省委党校哲学博士
8	10 月 21 日	儿童成长与艺术教育	欧阳逸冰	中国儿童艺术剧院前院长、国家一级编剧
9	10 月 22 日	国防·读书·东莞	胡思远	军事专家、中国国防大学教授
10	10 月 22 日	养成读书习惯终身受益	叶永烈	著名作家
11	11 月 5 日	当前教育的几个问题	王守昌	全国政协委员、华南师范大学教授
12	11 月 12 日	古建筑与今人的对话	王世仁	国家历史文化名城保护专家委员会委员、国家一级注册建筑师
13	11 月 19 日	经典文化与儿童启蒙教育	王财贵	全球儿童读经教育发起人
14	11 月 20 日	1421:中国发现美洲	加文·孟席斯	英国退休海军军官
15	11 月 27 日	青春是一个生命大主题	严凌君	深圳育才中学高级教师,"青春读书课"创立者,《青春读书课》中学生系列人文读本丛书编著者
16	12 月 4 日	感悟西部·亲历可可西里	王华礼	环保志愿者,曾两次深入可可西里
17	12 月 11 日	中国电影百年变奏	蓝天	北京师范大学文学硕士、东莞理工学院副教授
18	12 月 17 日	迎接现代挑战的心理健康素质	耿文秀	心理学研究专家、华东师范大学教授、博士

序号	时间	讲题	主讲嘉宾	嘉宾简介
19	12 月 18 日	中国当代阅读现状的分析与思考	王余光	北京大学教授、博士生导师
20	12 月 25 日	大脚走天下	曾凡忠	青年作家、诗人、报纸收藏家
2006 年				
21	1 月 1 日	营建书香型的家庭	商友敬	著名教育专家、上海师范大学教授
22	1 月 8 日	中国书画的创作与欣赏	陈放	中国百杰书画家、世界华人书画研究院院长
23	1 月 15 日	如何正确维护权益	李伯侨	暨南大学法学院教授、律师
24	2 月 23 日	关于我国能源发展战略的思考	徐建中	中国科学院院士
25	3 月 5 日	和谐社会中的两性关系调适	艾云	广东省作家协会《作品》杂志社副主编、一级作家
26	3 月 7 日	做一个优秀的企业公民	王石	万科董事长
27	3 月 12	美的追求与妙的感悟——中西方园林艺术的比较	凌晓蕾	东莞理工学院中文系党总支副书记
28	3 月 19 日	中小企业发展与无形资产经营	汪海粟	中南财经政法大学教授、博士生导师
29	3 月 19 日	科举制与人事制度改革	林举英	东莞市委党校副教授、《东莞党校》主编
30	3 月 25 日	关注动物福利问题	王华礼	环保志愿者
31	3 月 26 日	将成功传给下一代——当代子女教育的特殊问题及对策	梁宇雄	英豪家庭教育研究所金牌讲师
32	4 月 2 日	伊朗核问题与中东局势走向	殷罡	中国社科院西亚非洲研究所研究员、中东问题权威专家
33	4 月 9 日	解读传统——中国画的当下意义	林若熹	广州美术学院教授、博士
34	4 月 16 日	活得精彩 活得开心	KC 老师（黄继志）	成功励志讲师、专业魔术师
35	5 月 6 日	艺术欣赏系列讲座之一——东西方插花艺术	凌晓蕾	东莞理工学院中文系党总支副书记
36	5 月 14 日	八卦，中华大地上的第一篇章——重新认识中华文化（之一）	刘明武	工程师、文化研究工作者
37	5 月 20 日	八卦，中华大地上的第一篇章——重新认识中华文化（之二）	刘明武	工程师、文化研究工作者
38	5 月 21 日	艺术欣赏系列讲座之二——钢琴音乐鉴赏与演奏技法	徐婷婷	沈阳音乐学院钢琴硕士、东莞理工学院艺术系教师
39	5 月 27 日	如何让孩子成功学习、自信成长	邹华权	少儿成功学习高级讲师
40	5 月 28 日	读书有益　藏书有道	胡义成	职业藏书家
41	6 月 4 日	八卦，中华大地上的第一篇章——重新认识中华元文化（之三）	刘明武	工程师、文化研究工作者
42	6 月 11 日	城市与当代人的想象	高小康	中山大学教授、博士生导师

218

序号	时间	讲题	主讲嘉宾	嘉宾简介
43	6月17日	创意·创业·成功	朱蔼风	职业经理人，现任明彩控股有限公司（港资）总经理
44	6月18日	八卦，中华大地上的第一篇章——重新认识中华元文化（之四）	刘明武	工程师、文化研究工作者
45	6月25日	八卦，中华大地上的第一篇章——重新认识中华元文化（之五）	刘明武	工程师、文化研究工作者
46	7月2日	东江纵队革命故事主题讲座	王冲	东江纵队老战士
47	7月9日	女性健康与美	谷柯	主任医师、东华医院妇科主任
48	7月16日	侠——平民理想与文人心态	田根胜	东莞理工学院中文系副主任、副教授、博士
49	7月22日	家教中的"心灵沟通"	马妙璇	国家心理咨询师
50	7月23日	中国对世界的影响	庞中英	南开大学教授、博士生导师、全球问题研究所所长，国际时事评论员
51	7月30日	话说长征	陈泽华	广州军区政治部政研室研究员、军旅作家
52	8月6日	东莞，认识及展望系列讲座之一——绿色和谐东莞离我们有多远	刘治猛	教授、研究生导师，现任东莞理工学院科研处副处长、东莞市清洁生产科技中心主任等职
53	8月13日	东莞，认识及展望系列讲座之二——东莞历史文化名人概述	杨宝霖	全国特级教师、东莞文史专家
54	8月20日	关爱读者，将和谐之光播撒千家万户	徐春莲	《家庭》期刊集团社长、总编辑
55	8月27日	东莞，认识及展望系列讲座之三——轨道交通对东莞城市发展的影响	欧阳南江	副教授、博士、国家注册城市规划师，现任东莞市规划局副局长
56	9月3日	练就魅力口才	唐戈隆	当众讲话培训高级讲师
57	9月10日	文献、文化与现代文明	王宗义	研究馆员、上海图书馆《图书馆杂志》社副社长、常务副主编
58	9月17日	口腔保健知识	李海洋	主任医师、医学硕士、广东省口腔医学会理事、东莞东华医院口腔科主任
59	9月24日	如何进行有效沟通	张军	聚才国际教育机构培训讲师
60	9月28日	阅读·文化·城市	王余光 梁晓声 白化文	北京大学教授 著名作家 著名文史学者
61	9月28日	市民与读书	梁晓声	著名作家、北京语言大学教授
62	9月29日	读书、治学与从师	白化文	北京大学教授、著名学者
63	10月6日	以书为友——我与书的故事	胡义成	职业藏书家
64	10月7日	家庭教育的核心——情商教育	卢红	青少年心理健康教育专家
65	10月15日	重读经典，打扫孔家殿	刘明武	工程师、文化研究工作者
66	10月22日	中国改革进程中的社会公平问题	卢周来	青年经济学者

序号	时间	讲题	主讲嘉宾	嘉宾简介
67	10月29日	亲子阅读：给孩子爱与智慧	柳明	作家、曾任《家庭》杂志主编
68	11月5日	优势不等于优秀	黄任锋	作家、诗人、励志歌手
69	11月12日	东莞，认识及展望系列讲座之二——东莞历史文化名人概述（二）	杨宝霖	东莞文史专家、全国特级教师
70	11月19日	苏轼诗中的人生感悟——忧生伤逝与美在当下	程亚林	武汉大学文学院教授
71	11月26日	东莞，认识及展望系列讲座之二——东莞历史文化名人概述（三）	杨宝霖	东莞文史专家、全国特级教师
72	12月3日	预防艾滋病　健康你我他	张巧利	医学硕士、东莞市疾病预防控制中心副主任医师
73	12月10日	和谐社会与司法公正	陈斯	高级法官、广东省东莞市中级人民法院副院长
74	12月16日	雅思（IELTS）教育	亚洲雅思研究会专家	
75	12月24日	在生活中发现美，创造美	彭庆元	中国散文诗学会理事、深圳市作家协会理事
2007年				
76	1月7日	狂犬病——可防不可治的疾病	张巧利	医学硕士、东莞市疾病预防控制中心副主任医师
77	1月14日	重建人文精神	王守昌	华南师范大学教授
78	1月21日	中国人如何快速记忆、提高学习能力	张杰	从事大脑潜能开发研究、培训工作，2003年代表中国首次获得"世界记忆大师"称号
79	1月27日	好颜好语好人生	蔡昂融	聚才国际教育机构首席教练、国际皮纹分析师协会会长、台湾资深企业教练
80	1月28日	批评和表扬孩子的艺术	卢红	青少年心理健康教育专家
81	3月18日	如何提升个人素质，稳步迈向成功	肖扬	长期从事教育工作，获北京师范大学与华南师范大学双硕士学位
82	3月25日	善于转换生活的视角	马绍斌	心理学专家、教授，原暨南大学医学院副院长
83	4月1日	健康的生活方式	谷柯	主任医师，教授，东华医院妇科主任
84	4月8日	为您的形象增添魅力	刘树谦	副教授，广州大学纪委副书记、广州市委讲师团成员、《广州市民礼仪手册》副主编
85	4月15日	如何提高文学修养	曾明了	中国作家协会会员、东莞市文学艺术院作家
86	4月29日	医学发展与胃肠健康	刘玉杰	主任医师、东华医院消化内科主任、副教授、广东省医师协会消化内镜工作委员会常委

序号	时间	讲题	主讲嘉宾	嘉宾简介
87	5月6日	音乐启迪人生——让音乐助您的孩子健康成长	顾应龙	广州交响乐团演奏员、全国少儿小提琴教育学会理事、广州小天使交响乐团荣誉团长
88	5月7日	不容忽视的青少年性教育问题	卢红	青少年心理健康教育专家
89	5月13日	整形美容——离您越来越近的大众消费	苏顺清	中山大学附属东华医院外五科主任、主任医师、教授、硕士生导师
90	5月20日	国家战略能力与大国博弈	张文木	北京航空航天大学战略问题研究中心教授、国际问题专家
91	5月26日	家长们不应该问孩子们的100个问题	谢文钦	爱迪生文教事业机构负责人、台南市家长会联合会理事长
92	5月27日	读书随谈——从佘家的三条遗命说起	杨河源	研究馆员、中国图书馆学会专业委员会委员
93	6月3日	中国禅宗六祖慧能生平和思想	林有能	广东省社科联学术规划部主任、广东禅文化研究会副会长
94	6月10日	近视眼的治疗与预防	张敏	东莞市人民医院眼科主任、主任医师
95	6月17日	日常实用礼仪	伦丽青	东莞理工学院师范部（艺术系）办公室主任
96	6月24日	劳动争议处理方法与技巧	石远山	广东明冠律师事务所律师
97	7月8日	21世纪健康新观念	吴兰迪	教授、主任护师
98	7月15日	求职面试就业礼仪	伦丽青	东莞理工学院师范部（艺术系）办公室主任
99	7月22日	中国社会与中国男人形象调查报告	张结海	上海社会科学院社会学研究所研究员
100	7月29日	女性美丽健康的奥秘——性激素	曾春英	东莞市桥头医院妇产科主任、主任医师，教授
101	9月2日	发现智力优势 策划孩子未来	肖计划	留美医学博士后、广州医学院附属广东妇儿医院儿童心理中心教授
102	9月9日	尿路结石的防治	袁明杰	东莞市人民医院普济分院泌尿外科副主任、泌尿外科主任医师
103	9月23日	中国和平崛起与军事安全	宋晓军	《舰船知识》杂志网络版主编、清华大学国际传媒中心特约研究员、中央电视台时事评论员
104	10月1日	审美的缺失与回归	刘树谦	副教授、广州大学纪委副书记、广州市委讲师团知名讲师
105	10月5日	亲子共读的艺术——为孩子打开通往心灵的门窗	陈书梅	博士、台湾大学图书咨讯学系暨研究所副教授
106	10月14日	读《论语》，学做人	钱逊	清华大学教授。曾任清华大学思想文化研究所所长，兼任中华孔子学会副会长，国际儒学联合会、中华炎黄文化研究会理事
107	10月21日	对外开放与国家经济安全	江涌	经济学博士、中国现代国际关系研究院经济安全研究中心主任
108	10月28日	为天地立心——《西游记》与中国文化的第一次"西化"	金岱	华南师范大学教授、博导，广东省作家协会副主席，广东省文艺批评家协会副主席

221

序号	时间	讲题	主讲嘉宾	嘉宾简介
109	11月4日	凝固的诗情——城市雕塑解读	彭庆元	中国散文诗学会理事、深圳市作家协会理事
110	11月11日	党的十七大与东莞社会发展	李洪君	教授、东莞理工学院政法系系主任
111	11月18日	美国大选前瞻	袁鹏	中国现代国际关系研究院美国研究所所长、研究员，中央电视台"国际观察"时事评论员
112	11月25日	如何孕育一个聪明的宝宝	曾春英	东莞市桥头医院妇产科主任、主任医师
113	12月2日	国学异端，心病良药——《庄子》的一种解读	曹础基	华南师范大学中文系教授
114	12月9日	《孙子兵法》与现代商业	普颖华	首都师范大学教授、兼任清华大学、北京大学客座教授、中国未来学会军事分会常务理事
115	12月16日	审美在当代生活中的意义	刘李伟	华南师范大学政治与行政学院教授
116	12月23日	谁将主导阿拉伯世界？	殷罡	中国社会科学院西亚非洲研究所研究员、中央电视台"国际观察"特约评论员
117	12月30日	与成功有约	邹金宏	香港国际成功学会创办人之一，成功学研究者
2008 年				
118	1月6日	李白的悲剧与诗	戴伟华	华南师范大学文学院教授、博士生导师、中国唐代文学学会常务理事
119	1月13日	如何培养孩子的耐挫能力	卢红	青少年心理健康教育专家
120	3月2日	扣开幸福之门	苏亚玲	东莞理工学院副教授、国家二级职业心理咨询师
121	3月9日	职业女性与中国式的婚姻	周琪	诗人、编审、《看世界》杂志社副社长、总编辑
122	3月16日	韩非的法治思想	曹础基	华南师范大学中文系教授
123	3月23日	《劳动争议调解仲裁法》综合解读与应对策略	杨建燎	广州劳动和社会保障局原法规处处长、广东白云学院特聘教授
124	3月30日	疯狂学英语 激情迎奥运	唐娟	疯狂英语成人口语专业讲师
125	4月5日	生命发现生命励志讲座	冯刚	"野驴之父"
126	4月6日	我的鲁迅观	黄新康	华南师范大学中文系教授、博士生导师
127	4月13日	如何帮助孩子树立正确的消费观念	卢红	青少年心理健康教育专家
128	4月20日	阅读疗法——谈阅读素材在情绪纾解上的作用	陈书梅	博士、台湾大学图书资讯学系暨研究所副教授
129	4月27日	音乐艺术欣赏系列——舞曲的欣赏	徐婷婷	沈阳音乐学院钢琴硕士、东莞理工学院艺术系教师
130	5月3日	恋爱、婚姻、家庭二三谈	柳明	作家、曾任《家庭》杂志主编
131	5月11日	音乐艺术欣赏系列——交响诗的欣赏	徐婷婷	沈阳音乐学院钢琴硕士、东莞理工学院艺术系教师
132	5月18日	职业病预防	熊俊	东莞市疾病预防控制中心副主任医师

序号	时间	讲题	主讲嘉宾	嘉宾简介
133	5月25日	世道人心三十年	黄纪苏	社会学者、剧作家、中国社科院研究员，现任《国际社会科学杂志》副主编
134	6月1日	《聊斋志异》的解读——兼谈如何读书	何天杰	华南师范大学文学院教授，原古代文学教研室主任
135	6月8日	千古忠贞千古仰　一生清醒一生忧——论屈原与中国传统文化	曹础基	华南师范大学中文系教授
136	6月15日	音乐艺术欣赏系列——夜曲的欣赏	徐婷婷	沈阳音乐学院钢琴硕士、东莞理工学院艺术系教师
137	6月22日	从"抗震救灾"看非军事行动	宋晓军	清华大学国际传媒中心特约研究员，中国中央电视台时事评论员
138	6月29日	经典教育　经典人生	孟谦谦	深圳鹿鸣学堂讲师
139	7月6日	农村改革30年：三步走了大半步	李昌平	河北大学中国乡村建设研究中心主任研究员
140	7月13日	当代思潮与社会变迁	袁伟时	中山大学哲学系教授
141	7月20日	音乐艺术欣赏系列——组曲的欣赏	徐婷婷	沈阳音乐学院钢琴硕士、东莞理工学院艺术系教师
142	7月27日	优生优育及孕产期保健	陈健华	东莞市人民医院普济分院妇产科副主任、主任医师
143	8月3日	转型期中国家庭的文化和结构性张力	刘学勇	法学（社会学）博士、华南师范大学政治与行政学院讲师
144	8月10日	孔门弟子的思想史形象	陈少明	中山大学哲学系教授、博士生导师，兼中国哲学研究所所长
145	8月17日	孩子教育的科学方法——如何选择兴趣班、学科和专业	黄永润	东莞众智心理咨询中心心理咨询师
146	8月24日	谈谈《雷雨》	黄新康	华南师范大学中文系教授、博士生导师、广东鲁迅研究学会副会长
147	8月31日	音乐艺术欣赏系列——协奏曲的欣赏	徐婷婷	沈阳音乐学院钢琴硕士、东莞理工学院艺术系教师
148	9月7日	汉语言文字的奇情妙趣	江澄格	加拿大温哥华菁华书院教授、台北市文山区社区大学教授、四川大学古籍整理研究所客座教授
149	9月14日	谈判心理学——优势谈判	郭红蕾	中粮集团营销总监、企业培训师，国家二级心理咨询师
150	9月20日	如何维护牙齿健康	李惠忠	东莞市人民医院口腔科主任、口腔医学副主任医师
151	9月21日	当前国家经济形势和经济安全	张宏良	中央民族大学教授、证券研究所主任
152	10月3日	读书杂谈	林贤治	著名作家、诗人、鲁迅研究专家、花城出版社编审
153	10月5日	众说纷纭的阿Q	黄新康	华南师范大学中文系教授、博士生导师、广东鲁迅研究学会副会长
154	10月12日	腹有诗书气自华——谈谈读书的意义	曾璐	暨南大学国际关系专业硕士、博士，现任教于华南师范大学政治与行政学院

序号	时间	讲题	主讲嘉宾	嘉宾简介
155	10 月 19 日	华尔街"飓风"对中国经济的影响	江涌	经济学博士、中国现代国际关系研究院经济安全研究中心主任
156	10 月 26 日	清初爱国诗人与战士：屈大均	何天杰	华南师范大学文学院教授、原古代文学教研室主任
157	11 月 2 日	如何突破企业人力资源发展的瓶颈	李先勋	汉语言文学学士、聚成企业管理顾问有限公司讲师
158	11 月 9 日	漫步美丽	彭晓云	广东省医学会整形外科分会委员、东莞市医学美容中心主任、副主任医师
159	11 月 16 日	美国大选后处在转折点上的中国与西方	庞中英	南开大学教授、博导、全球问题研究所所长，国际时事评论员，美国布鲁金斯学会高级访问研究员
160	11 月 23 日	华夏雅韵，太古遗音——源远流长的中国古琴艺术	陈磊	广东省音乐家协会会员、广东省古琴研究会副会长、中国琴会会员
161	11 月 30 日	关爱生命——让基因帮您把握健康	向胜昌	东莞市精优生物科技有限公司总经理
162	12 月 7 日	中国先民的恋爱与婚姻	王余光	北京大学教授、博士生导师
163	12 月 14 日	郑观应的生平与思想	刘圣宜	华南师范大学教授、博士生导师、岭南文史研究所所长
164	12 月 21 日	音乐艺术欣赏系列——协奏曲的欣赏	徐婷婷	沈阳音乐学院钢琴硕士、东莞理工学院艺术系教师
165	12 月 28 日	做一个英雄的父母	黄圆澄	知名于马来西亚、新加坡、台湾等地，被称为亚洲"心、身、灵"十大讲师之一
		2009 年		
166	1 月 3 日	金融危机背景下的职场生存之道	陈火阳	职业经理人
167	1 月 11 日	口腔保健知识讲座	刘恭奇	主任医师、教授、口腔颌面整形外科专家、东莞健力口腔医院副院长
168	2 月 22 日	群经之首——《易经》	曹础基	华南师范大学中文系教授
169	3 月 1 日	启航创业梦想 成就明天辉煌	杜海东	广东省科技干部学院创业教育中心主任
170	3 月 8 日	行为中的养生艺术	苏小文	北京中医发展基金会理事，广东省人口文化促进会常务理事长
171	3 月 15 日	从冰凉的墓砖读出炙热的乡情	李凭	北京大学历史学博士，现任华南师范大学二十四史研究中心主任、教授、博士导师、中国魏晋南北朝史学会会长
172	3 月 22 日	如何对孩子进行励志教育	卢红	青少年心理健康教育专家
173	3 月 29 日	妙不可言——艺术的魅力	费邓洪	广东省当代文艺研究所研究员，音乐研究室主任
174	4 月 5 日	怎样读《易经》	曹础基	华南师范大学中文系教授
175	4 月 12 日	儒家道德重估——五四精神之反思	王海明	北京大学哲学系教授

序号	时间	讲题	主讲嘉宾	嘉宾简介
176	4月19日	家长如何帮助孩子提高学习兴趣	宋承昊	青少年成功心理学专家，全国中学远程教育技术专委会教研主任，CCTV-少儿《成长在线》专家组成员，CCTV-2青少年家庭教育理财教育专家
177	4月26日	巴赫和亨德尔——巴洛克时期的音乐	徐婷婷	沈阳音乐学院钢琴硕士、东莞理工学院城市学院文学与艺术系讲师
178	5月3日	创业东莞 我先行	杜海东	广东省科技干部学院创业教育中心主任、劳动与社会保障部认证培训师
179	5月10日	中国禅宗发展：一祖到五祖	林有能	广东省社科联专职副主席、广东禅文化研究会副会长、六祖慧能思想研究专家
180	5月17日	青少年心理健康与自我调节	张小远	南方医科大学心理学系主任、教授、博士生导师
181	5月31日	劳动者在职期间的法律风险防范	徐超	广东君华律师事务所执业律师
182	6月7日	做一个魅力女人	吴晓	武汉大学博士、深圳职业技术学院企业经济研究所所长，兼任东莞市智远职业培训学校名誉校长、总顾问
183	6月13日	大气污染的危害与防治	熊幼林	东莞圣源环保科技有限公司董事长
184	6月14日	小本创业 如何才能选到一个好位置	曾鹏	广东省科技干部学院经济管理学院主任
185	6月21日	关注军事大国化的日本动向	金灿荣	当代中国国际关系领域专家、中国人民大学国际关系学院副院长、教授、博士生导师
186	6月28日	如何让孩子过有意义的暑假	林绍辉	特级教师、北京四中网校全国讲师团首席高级讲师
187	7月5日	《易经》的文化价值	曹础基	华南师范大学中文系教授
188	7月12日	经济发展态势和就业形势分析	邓少海	广东省委部门借调干部、高校副教授。
189	7月19日	中西艺术性格的差异	费邓洪	广东省当代文艺研究所研究员、音乐研究室主任
190	7月26日	营养与健康	马静	中山大学公共卫生学院营养学系教授、研究生导师
191	8月2日	饮水与健康	苏涵	中国健康饮用水专业委员会会员
192	8月9日	海顿、莫扎特、贝多芬——古典主义时期的音乐	徐婷婷	沈阳音乐学院钢琴硕士、东莞理工学院城市学院文学与艺术系讲师
193	8月23日	《易经》的智慧	张涛	历史学博士，北京师范大学教授、博士生导师，北京师范大学易学文化研究中心主任，中国易学文化研究会会长
194	8月23日	全球化进程中的中国国家利益	张文木	法学博士，北京航空航天大学战略问题研究中心教授。
195	8月30日	咬人的女权主义与诱人的女性主义？——兼谈妇女发展	曾璐	暨南大学国际关系专业硕士、博士，现任教于华南师范大学政治与行政学院。

225

序号	时间	讲题	主讲嘉宾	嘉宾简介
196	9月6日	生命在你手中	柴铁劬	教授，针灸博士，博士生导师。曾任广州中医药大学针灸推拿学院院长
197	9月13日	过敏性鼻炎的诊断与治疗	段卫红	主任医师、东莞市人民医院耳鼻喉科副主任
198	9月20日	如何让你的事业更成功	邹金宏	成功学励志讲师
199	9月25日	阅读与人生	曹文轩	中国作家协会全国委员会委员，北京作协副主席，北京大学教授、博士生导师
200	9月26日	危机挑战下广东企业家的转型与升级	李阳春	广东省工商业联合会副主席、省总商会副会长、中国民营经济研究会常务理事，全国工商联执行委员，省政协委员
201	10月4日	《红楼梦》诗词导读	张海鸥	中山大学中文系教授、博士生导师
202	10月11日	80后：新媒体时代的青春文化	江冰	广东商学院人文与传播学院副院长、教授。
203	10月18日	文化鉴识与文学鉴赏	傅剑平	华南师范大学文学院教授
204	10月25日	中西乐器及其名曲漫谈	任达敏	星海音乐学院作曲与作曲技术理论教授、音乐研究所所长
205	11月1日	谈谈亲子交流的方式和技巧	卢红	儿童文学作家、青少年心理健康教育专家，东莞市政协委员，历程文化顾问有限公司首席心理咨询师
206	11月8日	音乐巨人贝多芬	徐婷婷	沈阳音乐学院钢琴硕士、东莞理工学院城市学院文学与艺术系讲师
207	11月15日	《劳动合同法》的理解与适用	邓云龙	广东尚宽律师事务所律师
208	11月22日	古典的智慧与和谐的人生	德音	中华慈善总会国学工程中心、德音文化教育中心负责人；《国乐启蒙》编者
209	11月29日	全球金融危机背景下的中美贸易摩擦	刘丰	南开大学周恩来政府管理学院国际关系系讲师，"中国国关在线"网站执行主编，清华大学国际问题研究所《国际政治科学》编委
210	12月6日	家庭教育心灵分享	廖烟楚	全球华人潜意识全人格教育专家、台湾家庭幸福教育学会理事长、台湾人格教育推动委员会理事、台湾御瑄意识开发有限公司执行总监
211	12月13日	健康和谐之道	秦增财	东莞市永成企业管理顾问有限公司董事长、东莞市永欣建筑材料有限公司董事长、NLP高级执行师
212	12月20日	李斯特和肖邦——浪漫主义时期的两朵奇葩	徐婷婷	沈阳音乐学院钢琴硕士、东莞理工学院城市学院文学与艺术系讲师
213	12月26日	从梁启超看中国知识分子的担当	王新才	武汉大学信息管理学院副院长、教授、博士生导师
214	12月27日	高雅艺术与健全人格的建立	满天澄	中国人民解放军南京政治学院军事新闻系文化传播教研室教授

序号	时间	讲题	主讲嘉宾	嘉宾简介
		2010 年		
215	1 月 3 日	小说是什么	汪晟	《文化周末报》主编，莞城作家协会主席
216	1 月 10 日	了解过敏，预防过敏	李俊杰	东莞市人民医院皮肤科主任、主任医师
217	1 月 17 日	科学发展观与现代人生	邹荫生	原中国图书馆学会理事、核心期刊《图书馆论坛》原常务副主编、广东省图书馆学会资深专家、研究馆员
218	1 月 24 日	中国传统文化与当代市场经济	郭齐家	北京师范大学教育系教授、博士生导师
219	1 月 30 日	3G 演绎精彩人生	陈波	高级工程师、东莞市通讯业资深专家
220	1 月 31 日	文化软实力与文化产业的发展	谢有顺	中山大学中文系教授、博士生导师，文学博士，一级作家
221	3 月 7 日	藏书风雅说东莞——近现代东莞藏书家漫谈	傅剑平	华南师范大学中文系教授
222	3 月 14 日	艺术的灵魂与艺术教育	费邓洪	广东省当代文艺研究所研究员，音乐研究室主任
223	3 月 21 日	弘扬感恩文化，共建和谐社会	黄铁苗	广东省委党校经济学部教授、广东省人大立法顾问、广东省人民政府发展研究中心特约研究员
224	3 月 28 日	情绪与压力管理	陈蔚齐	NLP 专业执行师、美国催眠师学会认证催眠治疗师、非凡教育训练机构有限公司特聘教练
225	4 月 11 日	以医入道解读人身和人生	李俊杰	主任医师、教授，现任东莞市医学会皮肤科分会主席，中国皮肤科医师协会委员，中国美容与整形医师协会委员，广东省皮肤科医师协会常务委员
226	4 月 18 日	东莞历史文化漫谈	林举英	东莞市委党校教授，《东莞党校》主编
227	4 月 23 日	时代转型　阅读永恒	王余光	历史学博士，现任北京大学信息管理系教授、系主任
228	4 月 24 日	如何引导孩子讲故事	司学松	东莞市教育局市语委办副主任、国家级普通话水平测试员、高级讲师
229	4 月 25 日	综论千年典藏，评说百家盛衰——中国藏书文化纵览	肖东发	北京大学新闻与传播学院教授、博士生导师，北京大学现代出版研究所所长
230	5 月 2 日	商业交易的风险防范与控制	邓云龙	广东尚宽律师事务所律师
231	5 月 9 日	钱学森之问与儿童潜能的保护与开发	卢红	儿童文学作家、青少年心理健康教育专家，东莞市政协委员，历程文化顾问有限公司首席心理咨询师
232	5 月 22 日	财务自由之路	杨柳根	财商教练、财商人生东莞财富管理中心总裁
233	5 月 23 日	社会转型期的中国热点问题透视	程青	作家，新华社资深记者
234	5 月 30 日	云南行摄	马旭	东莞理工学院师范部艺术系讲师

序号	时间	讲题	主讲嘉宾	嘉宾简介
235	6月5日	超越自我　必将成功	冯刚	中国摄影家协会会员、著名野生动物摄影家、乌鲁木齐摄影家协会副主席
236	6月6日	校园凶手为什么杀孩子——大手印文化与当代人的心灵困境	雪漠	著名作家、东莞文学院签约作家
237	6月13日	讲话能力就是生产力——职场表达与当众讲话艺术	唐戈隆	中华德者口才网首席口才教练
238	6月20日	美国权力衰落了吗？	达巍	美国大西洋理事会、约翰·霍普金斯大学任访问学者，现任中国现代国际关系研究院美国研究所副所长、副研究员
239	6月27日	岭南文学与城市文化	柳忠秧	诗人，现任湖北省文联文学艺术院特聘副院长、广东省文化学会副会长
240	7月4日	做个优秀业务员	陈财源	销售精英培训网首席讲师
241	7月11日	智者理财有道	杨柳根	财商教练、财商人生东莞财富管理中心总裁
242	7月18日	痔疮的预防与治疗	苏振坤	东莞市人民医院肛肠科副主任，副主任医师
243	7月25日	中印边界问题：历史与现状	宋德星	南京国际关系学院教授，博士生导师
244	8月1日	业务员的"钱"景	鲍冠欧	风险管理顾问，IARFC国际认证财务顾问协会会员、美国百万圆桌会会员
245	8月8日	负责任的旅行	李松涛	深圳市登山户外运动协会秘书长，户外运动教练，自由撰稿人，摄影师
246	8月15日	大学毕业生如何就业	黎明	资深人力资源管理专家，现任中国人才服务网华南区总经理，中国上海人才市场高级职业指导师，长三角学生就业协作网学生就业指导讲师团团长
247	8月22日	"莞香"与东莞历史文化	刘建中	东莞市委党校文化教研室主任、教授
248	8月29日	社交礼仪与交往技巧	刘玉涛	华南农业大学营养学博士，现任广东省博士团团长、广东省科普团团长
249	9月5日	七弦雅韵——中国古琴艺术欣赏	曾凡忠	东莞市嘉美文化传播有限公司董事长、中国民族管弦乐学会会员、琴筝和鸣国乐馆首席古琴专业教师
250	9月12日	迎亚运学礼仪——魅力个人形象的塑造与提升	李缨	东莞理工学院文学院副教授
251	9月19日	我们需要一个什么样的民族主义？	张睿壮	美国伯克利加州大学政治学博士，南开大学国际关系学系教授、博导，国际问题研究院院长、美国研究中心主任
252	9月26日	老子的道德观	曹础基	华南师范大学教授
253	10月3日	读图与读书	袁敦卫	中山大学文学博士，东莞市委党校文化教研室研究员
254	10月10日	书的诱惑	黄仕忠	中山大学教授、中国古文献研究所所长，中文系中国古典文献学专业博士生导师
255	10月17日	金庸小说与中国文化	李杨	北京大学中文系教授，博士生导师

序号	时间	讲题	主讲嘉宾	嘉宾简介
256	10 月 24 日	透过菲律宾人质事件，看香港媒体环境与东南亚华人现状	张翠容	香港资深新闻工作者
257	10 月 31 日	东莞诗歌源流	杨宝霖	东莞著名文史学家
258	11 月 7 日	速度与激情：晚清改革回顾	雪珥	澳大利亚华人，非职业历史拾荒者
259	11 月 14 日	老子哲学思想与为人处事	刘庭华	解放军军事科学院原军史部研究室主任、研究员、博士生导师
260	11 月 21 日	有效沟通成就职场人生——荐《杜拉拉升职记》	高云丽	东莞市检察院检察官
261	11 月 21 日	中国人的圣经——细读《论语》	余辉胜	东莞市检察院检察官
262	11 月 28 日	优秀人才是如何炼成的	朱喻	人力资源培训师
263	12 月 5 日	富爸妈 富孩子 富过三代的 FQ 教育	夏裕	财商教练
264	12 月 12 日	文史治学经验谈	曹础基	华南师范大学中文系教授
265	12 月 19 日	食品安全 健康人生	周显宏	副教授，东莞理工学院化学与环境学院应用化学教研室主任、东莞市食品安全专家委员、东莞市清洁生产科技中心成员
266	12 月 26 日	走近晏阳初	毛启荣	四川省晏阳初研究会常务理事、致公党乐山市委老龄委副主任、乐山市中区关工委宣讲团成员

2011 年

序号	时间	讲题	主讲嘉宾	嘉宾简介
267	1 月 2 日	世界伟人的海外传奇	毛启荣	四川省晏阳初研究会常务理事、致公党乐山市委老龄委副主任、乐山市中区关工委宣讲团成员
268	1 月 9 日	审美的养成	王义军	青年书法家，川音美术学院国画系副教授
269	1 月 16 日	趣谈汉字：形声字的发展与教育	江澄格	中国文化大学文学士、韩国成均馆大学文学硕士
270	3 月 6 日	中国社会分层的结构与演变	李毅	美国伊利诺大学社会学博士
271	3 月 13 日	"让光影飞"——摄影艺术的魅力	胡克嘉	中国摄影家协会会员、广东省摄影家协会理事、高级会士，广东省青年摄影家协会顾问，东莞市文联委员、东莞市摄影家协会副主席兼秘书长
272	3 月 20 日	城市，从伟大到幸福	袁敦卫	中山大学文学博士，中共东莞市委党校文化教研室讲师，东莞文学艺术院第三届签约作家
273	3 月 27 日	迈向成功的秘诀	王飞	资深培训师
274	4 月 24 日	重返经典阅读之乡	柯汉琳	华南师范大学文学院教授，博士生导师
275	5 月 1 日	幸福其实很简单——谈阳光心态的培育	刘建中	东莞市委党校文化教研室主任、教授
276	5 月 8 日	"检察书友会"品书荐书活动——《奇人马云》	黄元超	东莞市第二市区检察院检察官

序号	时间	讲题	主讲嘉宾	嘉宾简介
277	5月8日	"检察书友会"品书荐书活动——《动物农场》	付军	东莞市第三市区检察院检察官
278	5月12日	读懂中国崛起：从"文明型国家"视角看"中国模式"	张维为	日内瓦外交与国际关系学院教授、日内瓦亚洲研究中心资深研究员、春秋综合研究院客座研究员、复旦大学兼任教授
279	5月15日	职业规划	黎明	资深人力资源管理专家，万宝盛华（中国）雇员事业部高级经理，西安外国企业服务有限公司总经理
280	5月22日	家庭如何塑造人	丁冠清	NLP教练、资深培训师
281	5月29日	走进数字文化空间	陈晨	东莞图书馆馆员
282	5月29日	体验移动数字阅读	施志唐	东莞图书馆馆员
283	6月12日	社交礼仪	杨丽	广东省科技干部学院经济学教授
284	6月19日	人人可以上北大——揭密高材生培养之道	周建斌	北京大学博士、教育心理学硕士，北京大学社会调查研究中心特聘研究员
285	6月26日	《幸福的方法》导读	袁敦卫	中山大学文学博士，中共东莞市委党校文化教研室讲师，东莞文学艺术院第三届签约作家
286	7月3日	电视连续剧背后的故事	何继青	广州市委宣传部副部长、市文联党组书记，国家一级作家
287	7月10日	歌声飘过九十年——经典红歌欣赏	彭庆元	中国作家协会会员，中国散文诗学会理事，广东省作协会员，深圳市作协理事
288	7月17日	毛泽东的读书生活纵横谈	刘庭华	解放军军事科学院军史研究所研究员、博士生导师，首席军史专家，中宣部"马克思主义理论研究和建设工程"课题组主要成员
289	7月24日	中国人的景观大道——进藏之路与西藏的旅行	李松涛	深圳市登山户外运动协会秘书长，户外运动教练，资深旅行爱好者，自由撰稿人，摄影师
290	7月31日	放眼未来，更要把握当下——揭密高考成功之道	贺熹	清华大学国际经济与金融专业大二学生，2009年高考广东省理科投档分第一名
291	8月7日	趟过爱情这条河	唐丹阳	婚恋家庭指导师，行为心理训练资深专家，心理剧导演
292	8月13日	高通胀下的投资理财之道	杨柳根	CFP（国际金融理财师）、财商教练、新浪网特聘财商顾问、泛珠经济》杂志副总经理、东莞市工商联（总商会）执委
293	8月13日	摄影——来源于生活的艺术	叶健强	著名纪实摄影家，《羊城晚报》摄影部主任
294	8月14日	建设资源节约型环境友好型社会	黄铁苗	广东省委党校经济学教授、广东省人大立法顾问、广东省人民政府发展研究中心特约研究员

序号	时间	讲题	主讲嘉宾	嘉宾简介
295	8月28日	中国民族乐器的魅力	曾凡忠	联合国教科文组织国际音乐教育学会会员、中国古琴学会会员、中国民族管弦乐学会会员，东莞维美文化传媒集团董事长、琴筝和鸣国乐馆馆长
296	9月4日	桐城派与古代散文的文学化	何天杰	华南师范大学文学院教授
297	9月11日	家庭需要经营——幸福家庭的密码	唐丹阳	婚恋家庭指导师，行为心理训练资深专家，心理剧导演
298	9月18日	性格分析与职业塑造	林苏军	心理学硕士、性格分析专家、资深职业顾问
299	9月24日	8000米的生命高度	张梁	深圳登山协会副会长，2010年广州亚运会火炬手，2008年完成世界三极，2011年5月完成六座8000米山峰攀爬，十五次高海拔攀登经历，获国家体育运动一级奖章和国家级登山运动健将称号
300	9月25日	契诃夫的小说世界	刘建中	中国比较文学学会会员、中国写作学会会员、外国文学学会会员，广东省作协会员
301	10月1日	从《富春山居图》谈起——漫谈中国传统绘画之美	何水法	中国著名花鸟画家，全国政协委员，浙江省政协常委，中国美术家协会理事，中国美术家协会中国画艺委会委员，浙江省美术家协会副主席，西泠印社理事，文化部中国艺术研究院研究生院教授，乌克兰利沃夫国立艺术学院荣誉博士，浙江画院国家一级美术师
302	10月9日	人际风格与魅力沟通	何欢	国家心理咨询师，资深培训师
303	10月16日	藏书、读书与收藏	胡义成	广东省古玩商会副秘书长、职业书画收藏家
304	10月23日	读书：为人生充电	雪漠	著名作家、东莞文学院签约作家
305	10月30日	阅读与批判性思维	杨河源	佛山电视台评论员、佛山市政协委员、中国图书馆学会图书馆与社会阅读委员会委员、广东省文艺批评家学会会员、佛山市文艺批评家协会副主席
306	11月6日	莫泊桑的小说世界	刘建中	中国比较文学学会会员、中国写作学会会员、外国文学学会会员，广东省作协会员
307	11月13日	秋冬季中医药膳的应用	马斌	日本顺天堂大学医学博士，南方医科大学南大职业培训学院院长
308	11月20日	商业秘密保护	潘福昌	毕业于中国政法大学，执业律师
309	11月27日	把孝道传给下一代	唐戈隆	口才教练，2007年全国道德模范提名奖获得者
310	12月4日	感受幸福——谈积极情感的培养	林苏军	心理学硕士、性格分析专家、资深职业顾问

231

序号	时间	讲题	主讲嘉宾	嘉宾简介
311	12月11日	宋元碑刻中的社会生活	毛静	北京大学中文系古文献专业访问学者，江西师范大学江右思想研究中心特约研究员
312	12月18日	压力管理与身心提升	邹冯平	北京师范大学经济学硕士，PTT国际职业培训师，国家注册管理顾问师，国际NLP执行师，AITA国际认证高级管理顾问
313	12月25日	欧·亨利的小说世界	刘建中	中国比较文学学会会员、中国写作学会会员、外国文学学会会员、广东省作协会员
2012年				
314	1月1日	从齐白石上当说起——木版水印画的收藏与鉴赏	胡义成	广东省古玩商会副秘书长、职业书画收藏家
315	2月19日	做最好的家长——教好孩子就这么简单	莫忌华	佛山顺德李兆基中学高级教师
316	2月26日	向《西游记》取育儿经——每个孩子都是孙悟空	韦志中	武汉大学现代心理学研究中心特聘研究员，广州韦志中心理工作室创办人
317	3月4日	女性形象塑造与气质提升	司学松	东莞市语委办副主任
318	3月11日	我的养生理论与实践	安天祥	全国"五一劳动奖章"获得者，全国优秀科技工作者，制药高级工程师
319	3月18日	苍老日暮还行雨，老树春深更着花——吟诗作对的文化意涵与思想启示	陈肩	中山大学地球环境与地球资源研究中心研究员
320	3月25日	NLP情感关系密码	陈俊文	潜意识交流专家、NLP专业教练
321	4月1日	借力音乐女神 铸塑幸福人生——从贝多芬的妙喻说起	姜本中	资深音乐家。第四届中国演出家协会理事、广东省演出家协会常务理事
322	4月8日	开心父母 让爱流动	KC老师	魔术励志讲师、专业魔术师、赏识教育金牌讲师
323	4月15日	生活与诗	张海鸥	中山大学中文系教授、博士生导师
324	4月22日	中国崛起与"中国模式崛起"	秦晖	清华大学历史系教授，博士生导师
325	4月29日	万剪风情——中国剪纸艺术	曾凡忠	教育硕士，联合国教科文组织民间艺术国际组织会员、中国工艺美术学会、剪纸学会会员、中国国学研究会副长会兼研究员
326	5月6日	今日社会的道德状况与反思	袁敦卫	中山大学文学博士
327	5月13日	古典的天空——浪漫的音乐情怀	任达敏	星海音乐学院作曲与作曲技术理论教授、音乐研究所所长
328	5月20日	如何欣赏音乐	李自立	著名小提琴作曲家、演奏家、教育家。现任星海音乐学院小提琴教授、中国音协全国少儿小提琴教育学会会长、广东小提琴教育学会会长
329	5月27日	走遍天涯——旅游英语口语	曲彦静	新东方英语老师
330	6月3日	早期家庭教育的常见问题与对策	莫忌华	佛山顺德李兆基中学高级教师

序号	时间	讲题	主讲嘉宾	嘉宾简介
331	6月10日	2012年宏观经济形势与投资策略	杨柳根	CFP（注册理财规划师）、东莞市理财规划师协会副会长、东莞市工商联（总商会）常委
332	6月17日	心像乾坤——摄影艺术作品欣赏	胡克嘉	中国摄影家协会会员、东莞市摄影家协会副主席
333	6月24日	业务员的三个梦	鲍冠欧	IARFC国际认证财务顾问协会会员、美国百万圆桌会会员、台湾银行人寿保险首元保代首席理财顾问、广东医学院医疗保险系特约讲师
334	7月1日	在爱的滋养中成长	何欢	国家心理咨询师，资深培训师
335	7月8日	开心魔法学堂——培养良好心态 创建精彩人生	KC老师	魔术励志讲师、专业魔术师、赏识教育金牌讲师
336	7月15日	音乐照亮成功人生——从爱因斯坦说起	姜本中	资深音乐家。第四届中国演出家协会理事、广东省演出家协会常务理事
337	7月22日	大学生如何择业与创业	杨柳根	东莞市工商联常委、东莞市理财规划师协会副会长
338	7月28日	漫画的创作与欣赏	邝飚	著名漫画家，现供职《南方都市报》，任美术编辑、职业漫画撰稿人
339	8月4日	雅人深致——晋人尚"简"与王羲之的文章与书法之关系	祁小春	广州美术学院艺术学研究所教授兼中国画学院书法工作室主任，日本京都立命馆大学文学博士、中国书法家学术专业委员会委员
340	8月5日	天才背后的科学——蒙特梭利教育现代观	曾圣耀	美国俄亥俄州Xavier大学蒙特梭利教育硕士、资深蒙特梭利教育研究者
341	8月12日	悦读中西爱情诗	黄维樑	美国俄亥俄州立大学文学博士、香港中文大学中文系教授
342	8月19日	文学是什么？	袁敦卫	中山大学文学博士
343	8月26日	琴键上的浪漫——舒曼、肖邦、韦伯钢琴小曲赏析	姜本中	资深音乐家。第四届中国演出家协会理事、广东省演出家协会常务理事
344	9月2日	健康风险重——认识鼻咽癌	鲍冠欧	MORISON HILL TECH.COLLEGE毕业，IARFC国际认证财务顾问协会会员、广东医学院医疗保险系特约讲师
345	9月9日	洪湖浪和他的牛小米	洪湖浪	广东省作家协会会员，东莞文学院签约作家。
346	9月16日	文学与人生	胡海洋	中国作家协会会员，东莞市作家协会副主席、《东莞文艺》常务副主编
347	9月23日	机器与诗——文学与影像	穆肃	鲁迅文学院第八届高级研讨班毕业。媒体工作者、作家、纪录片导演、《东莞日报》文化记者。为东莞文学院首届签约作家
348	10月7日	文学的日常性与日常性的文学	詹谷丰	中国作家协会会员，广东省作家协会散文创作委员会副主任，一级作家。现任东莞市文联副主席，东莞市作家协会主席

序号	时间	讲题	主讲嘉宾	嘉宾简介
349	10月14日	走出爱的误区	詹显华	江西师范大学文学学士，合肥工业大学公共管理硕士，武汉大学在读法学博士
350	10月21日	感受宋词名篇的艺术魅力	戴伟华	华南师范大学教授，博士生导师，中国文学与文化研究所所长
351	10月28日	关联式读书与提问式读书——以品读《胡适口述自传》、《公正》为例	钱金庭 陈雪茹	钱金庭，东莞检察书友会成员，东莞市人民检察院检察官，法学硕士。陈雪茹，东莞检察书友会成员，东莞市第一市区人民检察院检察官
352	11月4日	传统诗文中的感恩意识	田根胜	文学博士，东莞理工学院文学院教授、院长，东莞理工学院学科带头人，《城市文化评论》主编
353	11月11日	东莞与莞香	曾明了	中国作家协会会员，一级作家
354	11月18日	日常生活的信息安全与隐私保护	陈定权	博士，中山大学副教授、硕士生导师
355	11月24日	花香何如书香远——中外经典阅读与古今文化传承	徐雁	南京大学信息管理系教授，江苏省政协常委，江苏省南社研究会会长，中国阅读学研究会会长，兼任中国图书馆学会阅读推广委员会副主任等
356	11月25日	家道文化与人生成功——智慧教育的思路与方法	姚鸿昌	中国人生科学学会理事，中国教育学会家庭教育专业委员会理事，河北传媒学院客座教授，河北慧聪公司企业文化顾问，高级工程师
357	12月2日	鲁迅的小说世界	刘建中	中国比较文学学会会员、中国写作学会会员、外国文学学会会员，广东省作协会员、东莞文联委员。现任东莞市委党校文化教研室主任、教授
358	12月9日	现代人如何"安心"？——雪漠解读《无死的金刚心》	雪漠	作家
359	12月16日	莫言的文学成就与围绕莫言的争议	黄忠顺	东莞理工学院图书馆馆长、文学院教授。主要从事中国现当代文学教学与研究
360	12月23日	亲子关系与家庭心理健康教育	王小棉	广东第二师范学院教育系心理学教授。广东省中小学德育研究与指导中心副主任
361	12月30日	当代电影潮流	严前海	中国传媒大学博士，电影学（影视艺术）教授，广东省哲学社会科学优秀成果获得者
2013年				
362	1月2日	在行走中认识世界	彭庆元	中国作家协会会员，中国散文诗学会理事，中国大众文化学会美丽文学专业委员会主任，广东省作家协会会员
363	1月13日	构建国际视野下的中国青少年犯罪预防新体系	沈琦	东莞市人民检察院宣讲团成员

234

序号	时间	讲题	主讲嘉宾	嘉宾简介
364	1月20日	人生成功八德	朱洪君	中国乡土艺术协会传统文化研究院执行院长，中国管理科学研究院心理咨询管理师
365	3月3日	转型社会，新型家庭——谈和谐家庭构建	陈翰武	中国演讲协会常务理事，湖北省演讲协会会长，高级心理咨询师，国家级普通话测评员
366	3月10日	人生须有好心态——"人生三宝"系列讲座之一	刘建中	东莞市委党校文化教研室主任
367	3月17日	养心——人生幸福之路	韩望喜	中国人民大学伦理学博士，香港中文大学访问学者，候任外交官
368	3月24日	情绪管理与健康	肖梅	东华医院普外科副主任护师，国家心理咨询师
369	3月31日	谁动了我们的钱包——解读通货膨胀	郭显军	暨南大学经济学院经济学硕士，广东财经大学老师
370	4月7日	阅读与人生——也谈读书改变命运	曾明了	中国作家协会会员，一级作家
371	4月14日	诗经中的情与爱	郑陶凌	东莞理工学院副教授
372	4月21日	我读故我在	胡野秋	文化学者、作家。兼任凤凰卫视《纵横中国》总策划、《凤凰影响力》策划人。香港卫视《东边西边》首席嘉宾
373	5月1日	文学的电影经验	严前海	中国传媒大学博士，电影学（影视艺术）教授，广东省哲学社会科学优秀成果获得者
374	5月5日	预防颈椎病，让工作生活更美好	敖立新	东华医院康复科副主任医师
375	5月12日	睡眠障碍的诊治与预防措施	孙凌瑜	副主任医师，神经内科副主任
376	5月19日	漫谈慢性病的自我调养	杨海龙	法学硕士，高级政工师，现为东莞东华医院院长助理兼办公室主任。东莞市政协委员
377	5月26日	关注脑健康，生活质量有保障	巴特尔	副主任医师，神经内科副主任
378	6月2日	阅读·莞城	巨野子木醉红颜	中学语文教师；麒麟原创工作室创办人
379	6月9日	谈谈文学鉴赏的一种基本能力——推想力	黄忠顺	东莞理工学院图书馆馆长、文学院教授
380	6月16日	连线高考：志愿填报的误区及技巧	魏东初	硕士，讲师。现任东莞理工学院招生与就业办主任、大学生职业发展与就业指导教研室主任
381	6月23日	从乡土中国到都市中国：认识城市化中的你自己	李永宁	美国哈佛大学访问学者，获德国卡塞尔大学博士，并应聘担任德国卡塞尔大学客座教授；广东外语外贸大学、广东国际战略研究院教授
382	6月30日	禅与中国文化	史幼波	著名诗人、作家，曾为资深媒体人，成都市佛教协会副秘书长，东莞慧韬书院首任院长

序号	时间	讲题	主讲嘉宾	嘉宾简介
383	7月7日	《工厂女孩》：聚焦女工，折射当代中国变化	丁燕	诗人、作家。东莞文学艺术院签约作家
384	7月14日	阅读，越幸福——数字时代，让孩子爱上阅读	彭才华	省骨干教师，"广东省名师"，广东省普通话测试员
385	7月21日	美术：儿童的第二语言——"番茄苗"约你一起看"童画"	邹尚民	东莞番茄苗美术中心特聘讲师，广美附中恩慈少儿培训中心教学主管，全国青少年儿童绘画大赛广东赛区评委
386	7月28日	媒体与我们的生活	袁敦卫	中山大学文学博士，东莞市行政学院副教授，东莞市文艺批评家协会副主席
387	8月4日	美国——中国——美国：西方教育给我们的启示	李柠	就读于美国亚利桑那州立大学，美国未来商界精英领袖成员，美国国家大学学者协会成员
388	8月11日	台风大揭秘	鄢俊一	北京大学研究生毕业，东莞市气象台副台长
389	8月17日	经典阅读的意义	王余光	历史学博士。北京大学信息管理系教授兼系主任。兼教育部图书馆学教学指导委员会主任，中国图书馆学会副理事长

后 记

公益讲座是公共图书馆开展社会教育，激荡市民思想，启迪市民智慧，促进知识传播的一个重要载体。自 2005 年 5 月以来，东莞图书馆创办了面向广大市民的"东莞市民学堂"公益讲座。经过几年时间的运作，东莞市民学堂已累计举办了近 400 期讲座，凝聚了一大批固定听众，形成了几大系列讲座，取得了良好的社会效益。不仅成为东莞"弘扬人文精神，发展公共文化，丰富市民生活，提升城市品位"的文化精品，而且还成为东莞市十大学习品牌之一。

东莞市民学堂公益讲座得以持续举办，得到了各级领导、政府的高度重视，他们为东莞市民学堂各项工作的开展提供了有力的政策、资金和环境保障。

为扩大讲座知识的传播范围，我们每年都精心挑选部分优秀讲座，通过录音整理，编辑成书，提供给市民学习。继《市民学堂》1～7 辑出版之后，我们今年继续出版《市民学堂》第 8 辑。

此讲座集得以顺利出版，需要特别感谢各位主讲嘉宾，他们非常乐意将讲座以文字、录像光碟的形式让更多的读者分享。

《市民学堂》第 8 辑从录音资料整理到最后与广大读者见面，历时数月。虽勉力为之，而纰缪仍多，如有知者，望不吝指正。

编者

2013 年 10 月